广告学专业“十四五”规划教材
应用型本科系列教材

影视广告制作基础

（第二版）

金水　于术　编著

中国传媒大学出版社
·北京·

作者简介

金水

北京服装学院广告学系教授，研究生导师，曾任北京服装学院广告学系主任；中国广告协会学术委员会委员，中国电影剪辑学会短片短视频艺术委员会理事，北京广告协会理事。研究方向：影视广告、短视频内容营销、广告创意与策划。著有《广告策划创意与案例分析》一书；荣获“北京国际创意奖2021年度领军人物”；曾担任虎啸奖、金犊奖、剪映大创、剪辑的力量、ECI艾奇奖、大广赛、北京国际公益广告大赛等赛事评委。

于术

英国视觉艺术家协会(VAA)会员、法国CFA艺术基金会艺术家会员。影视行业从业20余年，执导的公益电视广告作品《背影》荣获2017年第24届中国国际广告节“黄河奖”。

荣获2019年美国艺术大奖赛Masterpiece奖，这是该大奖赛举办15年来首次有华人获此殊荣，大奖赛参赛艺术家来自世界63个国家和地区。

2022年，拍摄制作的创意短片Asamsara on theRoad入围苏格兰艺术家协会(SSA)成立130周年在爱丁堡SummerHall电影院的展映。

2024年荣获来自世界五大洲20家博物馆和画廊联合评选出的世界艺术奖(WAA)最高奖项Masterpiece奖。

序

新媒体时代,影视广告已经远远超越了传统意义上的边界,它不再是单向传播的商业信息,而是演变成了一种多维度、交互性强、链接广泛的内容形式。影视广告凭借其独特的视听魅力和对新媒体平台的广泛覆盖,成为品牌故事讲述、文化塑造及消费者互动的强有力工具。随着科技的不断进步和数字媒体的广泛应用,影视广告制作已经不再局限于传统的摄影和剪辑技术,而是演变为一种涉及多种创作技能和艺术形式的综合实践。《影视广告制作基础》(第二版)这本书旨在引导学习者走入这一领域的核心,通过实践型的教学方式,帮助学生深化对各种艺术形式的数字媒体呈现的认识和理解。

借助社交媒体、短视频平台、直播、VR(虚拟现实)/AR(增强现实)技术等新媒体渠道,影视广告的传播更为迅速、广泛,且能够即时搜集反馈意见,实现与消费者的即时互动。这种双向甚至多向的沟通模式,增强了广告的参与性和影响力。大数据和人工智能技术的应用,令影视广告能够更加精准地定位目标受众,实现个性化推送和内容定制化,以满足不同用户的特定需求和偏好,提高广告的有效性和转化率。新媒体时代的影视广告因广泛的触达率和产生的深远影响,承担起了更多的社会责任,广告可以参与社会议题讨论,倡导正面价值观,成为推动社会文化发展的一股力量。总之,影视广告在新媒体时代,已从单一的宣传手段转变为具有强大链接性和影响力的综合性传播策略,它不仅促进了品牌与消费者之间的深度交流,也丰富了媒介生态,推动了广告行业的不断创新与发展。

《影视广告制作基础》(第二版)这本书的目标是全面装备学生在影视广告制作领域的专业知识和技能,培养他们的创新思维能力和实际操作能力。我们坚信,通过学习本书,学生能够在新媒体时代下的影视广告制作领域取得显著成就,并有效应对未来行业的挑战。

丁俊杰

2024 年 6 月 16 日

前 言

《影视广告制作基础》(第二版)是一本主要面向艺术类和非艺术类以及广告相关专业的学生编写的专业实践型教材,本书侧重于强化创作实践整体流程,让学生在实践中加深对各种艺术形式的数字媒体呈现的认识和理解,尝试综合各种创作技能去完成影视广告的艺术创作。第二版增加并修改了影视广告和网络广告,以及蒙太奇语言基础理论相关内容、增加了虚拟影棚拍摄、如何选择摄影机、AI(人工智能)在影视广告中的应用等内容。同时,本书注重弘扬社会主义核心价值观,增加了对专业思维、价值引领、实用生产的重要性的论述。

本书的教学目标是,经过学习本书课程,学生可以:(1)认识和了解数字影视艺术创作对多种创作技能技巧的综合运用;(2)深入理解数字媒体艺术作为一门独立学科对艺术创作的独特作用,做到在创作中融会贯通地运用各种手段与技能;(3)能够根据自己对艺术的理解创作数字广告艺术作品;(4)能够根据广告主的设计需要完成策划、制作、包装、合成等一系列工作,使自己的创作意图能够以艺术品的形式呈现出来,从而为将来进一步学习深造和工作奠定基础。

本书将简要阐述影视广告制作的基础理论,系统讲解从接单、创意、摄制到后期加工制作的完整过程。本书强调培养学生的动手能力,关注当前影视拍摄制作工具的发展和应用,以培养学生的影视广告意识、商业服务意识、统筹意识、影视广告创意与制作能力为目的。具体做法是:(1)教师深入讲解基本知识,分析公益广告、企业形象广告、产品广告的不同创作思路,综合讲解影视广告制作的基本流程;(2)学生自主进行案例设计创作并实际拍摄,自行设计完成影视广告作品,包含创意、文案写作、分镜头脚本设计、拍摄、后期数字合成制作等;教师指导学生组成创意小组,通过师生的课堂互动,让学生逐步完成影视广告的全部设计制作,并在设计制作过程中巩固影视广告制作的基本理论和技巧。

金水　于术

目　录

第一章

1

影视广告与数字视频

本章学习目标

☑了解影视广告的范畴。

☑了解影视广告的表现形式。

☑了解网络视频广告的特点和形式。

☑了解数字视频的制作流程。

第一节　影视广告的分类与制作特点

主要知识点

1. 影视广告的定义与分类。
2. 影视广告的制作特点。

一、影视广告的定义

影视广告，又称视频广告或视听广告，通常指结合了视觉图像、声音、文字和动画等多种元素，以电影、电视、网络视频、新媒体等为媒介，以动态画面的方式向观众传达商品信息、服务内容或理念的广告形式。影视广告利用视听语言将视觉艺术、听觉艺术及叙事技巧融为一体，创造出具有吸引力和感染力的传播效果，以达到推广产品、提升品牌形象、引导观众消费、开展公益宣传等目的。

影视广告具有高度的艺术性和技术性，要求制作者具备丰富的想象力、深厚的艺术修养和精湛的技术。同时，影视广告是现代营销传播中不可或缺的一部分，它能够在短时间内吸引观众的注意力并有效传递信息，它承载着企业的市场战略和营销目标，是品牌传播与市场推广的重要手段。

二、影视广告分类

(一)按播放媒介分类

(1)电视广告：在电视台或网络平台播出的影视广告，通常具有固定的播放时长和频次。

(2)电影广告：在电影放映前或放映中插播的广告，通常与电影内容相结合，以吸引观众的注意力。

(3)网络视频广告：在互联网视频平台或社交媒体上播放的广告，具有传播速度快、互动性强等特点。

(4)其他媒体广告：在公交、地铁或楼宇电梯广告屏上投放的视频广告。

（二）按广告内容分类

（1）产品广告：以推广具体产品为目的的广告，强调产品的功能、特点或优势。

（2）品牌广告：以塑造品牌形象和知名度为目的的广告，注重品牌理念的传达和品牌形象的塑造。

（3）服务广告：以推广服务为目的的广告，如旅游服务、金融服务等。

（4）公益广告：旨在宣传公共利益、社会问题或公共道德等非营利性内容的广告。

（三）按制作形式分类

（1）实景拍摄广告：在真实场景中拍摄的广告，具有较高的真实感和代入感。

（2）动画广告：利用动画技术制作的广告，具有较强的创意性和视觉冲击力。

（3）特效广告：结合特效技术制作的广告，通过特殊的视觉效果吸引观众的注意力。

（4）混合型广告：结合现场拍摄和动画技术的影视广告，相比其他广告形式更加新颖。

（5）AI 广告：运用人工智能（AI）生成视频与音频及相关内容的广告，统称为 AI 生成式广告。

（四）按时长分类

（1）短秒广告：一般时长在 5 秒至 15 秒之间，适合快速传递核心信息。

（2）长秒广告：时长在 30 秒以上，可以更深入地讲述产品故事、传递品牌理念。

（3）企业宣传片广告：时长在几分钟到几十分钟不等，可以让受众更加深入地了解企业理念及其社会价值。

（五）其他影视广告分类

按广告植入技巧，影视广告可分为自然植入、故事化植入、硬广植入、台词植入、道具植入、品牌植入、创意中插广告、场景植入、剧情植入、体验植入、描述植入等类型。此外，根据诉求方式，影视广告还可以分为理性诉求广告和感性诉求广告。根据产品所处生命周期的不同阶段，影视广告可以分为开拓期广告、竞争期广告、维持期广告等类型。

三、影视广告制作的特点

（一）影视广告制作的本质

影视广告制作的本质是表现形式的转换，通过广告制作，将产品描述由文字、平面表现转换为视听立体表现,而形式转换能否成功取决于广告质量是否足够优秀。制作者想要很好地控制影视广告的质量,就必须注意以下两点:

第一,了解广告消费者的心理。实际上,文字创意在转换为镜头语言的过程中,会面对不同程度的困难,甚至有的方案根本无法用镜头语言说清。例如:

大树与露珠=他和她分手

第二,从执行的角度看创意。从广告执行的角度,要求我们注意品牌与广告的吻合性、产品与广告的相关性、费用相对广告拍摄的可行性、制作技术与广告公司的优劣,以及广告制作人对视觉语言的理解力和视觉语言带给受众的震撼程度。

(二)影视广告制作的思维形式

1. 抽象(逻辑)思维

抽象思维以概念为“细胞”,让人们通过判断、推理等形式认识世界、表达思想、证明真理。

2. 形象(直感)思维

影视广告创意设计中的形象思维又叫蒙太奇思维。这种思维以意象为基础,借助想象来描述形象,把人们头脑中的意象外化为可感知的、他人能够理解的具体形象,以表达思想、传递信息、揭示真理。

3. 灵感(顿悟)思维

这种思维主要发生在人的潜意识中,是显意识和潜意识相互作用的结果,实际上是形象思维的扩大。

通常,影视广告创意设计以形象思维为主,以抽象思维为辅。

(三)影视广告创意设计要旨

1. 把握分寸

分寸把握失度,会使广告信息假、大、空。影视广告分寸把握失度具体表现为夸大商品性能或模特表演上的失度。影视广告的表现既要有艺术性,也要有科学性。

2. 诉求单一

诉求单一指影视广告要集中介绍商品某一方面的个性或特点,并尽可能用简练的视听语言去介绍。

3. 分清主次

在影视广告中，商品始终是广告的主角，演员的表演不能喧宾夺主。

4. 弘扬和借鉴相结合

影视广告应当用广大电视观众喜闻乐见、富有鲜明民族特色和民族风格的作品去感染观众、说服观众。

（四）影视广告的基本特点

影视广告作为一种独特的广告形式，具有以下几个显著的基本特点。

1. 视听结合，生动形象

影视广告通过影像、声音、文字等多种元素的结合，能够生动地展示产品或服务的特点和优势，使观众可以直观地感受到广告所要传达的信息。优秀的影视广告能够触动观众的情感，引发共鸣，进而令观众建立起与品牌的深层联系。通过情节构建、角色塑造和氛围渲染，广告可以激发消费者的喜怒哀乐并影响其购买决策。

2. 传播速度快，覆盖面广

影视广告可以通过电视、电影、网络等多种媒介进行传播，能够迅速覆盖大面积的目标市场。无论是城市还是乡村，无论是年轻人还是老年人，都可以通过不同的渠道观看影视广告。影视广告因其强烈的视觉和听觉冲击力，能产生深远的社会影响并形成口碑传播效应。

3. 创意性强，易于记忆

影视广告通常需要具有独特的创意和表现形式，创作者运用丰富的创意手法，如幽默、悬疑等，创作出吸引观众眼球的作品并给其留下深刻印象。通过巧妙的故事情节、丰满的人物形象和富有创意的视觉设计，影视广告能够树立独特的品牌形象并形成独特的广告风格，使消费者能够直观地感受到产品的实际效果和应用场景，强化了消费者对信息的感知。

4. 互动性强，易于营销

随着网络技术的发展，影视广告逐渐实现了与观众的互动。观众可以通过网络视频平台或社交媒体对广告进行点赞、评论和分享等操作，与广告主进行互动交流。这种互动性不仅提高了观众的参与度，也为广告主提供了更多的营销机会和手段。

5. 技术性强,制作成本高

影视广告制作涉及多个专业领域的知识和技能,包括摄影、剪辑、特效、音效等,具有较强的技术性特点。同时,由于需要使用专业的设备、场地和人员,影视广告的制作成本通常较高。但这也保证了影视广告在视觉、听觉和创意等方面能够达到较高的水准。目前,随着人工智能技术的发展,影视广告这种对创意和视觉效果要求极高的视觉呈现形式的水准有了很大提升。

综上所述,影视广告作为一种独特的广告形式,具有视听结合、传播速度快、创意性强和互动性强等特点。在现代商业活动中,影视广告已经成为品牌传播和市场推广的重要工具。作为一种重要的营销工具,影视广告在现代商业活动中扮演着不可替代的角色,了解其定义、分类及特点,对于从事广告策划、制作和投放的工作者来说至关重要。

第二节　影视广告的表现方式

主要知识点

1. 影视广告的表现方法。
2. 影视广告的优缺点。

一、影视广告的表现方法

(一)利用历史价值

利用“历史价值”作为影视广告的介入点,可以衬托出广告品牌所蕴含的博大精深的文化内涵,给人以深刻的感受,无形中提升了品牌的竞争力。这种方法不仅适用于再造具有一定历史但在市场竞争中日渐式微的老字号品牌,还适用于展现包含历史内涵的产品概念广告。影视广告想要利用好历史价值,可以充分运用多媒体的优势,在图像、声音、配乐、文字等方面与产品的历史渊源及内涵对接。如此一来,即使观众正在面临不断涌现的“新”品牌的冲击,这样的广告依然能够唤起观众对“老”品牌的历史回忆,让他们产生品质联想,凸显老字号的珍贵。这种方法还能够让新产品在缺乏独特功能诉求的前提下,依靠历史感向广告受众进行形象宣传。

(二)利用诗情画意

在广告中营造浪漫唯美的意境,从视觉、听觉上给观众以美感,使观众在享受中接受广告的本真诉求点,于无形中达到广告的目的,这就是诗意渲染法。诗意的广告切忌舍本逐末,一味追求意境,而要在营造诗化意境的同时,不忘体现产品本身的特点。诗意的广告对产品较为挑剔，如果目标消费群体整体素质较高，而产品本身的气质又富有诗意，两者相遇，便会相得益彰，否则也许会适得其反，弄巧成拙。

（三）利用感人的故事

通过讲故事来做广告是一种比较容易出效果的广告方式。完整的故事情节有助于观众理解和记忆广告，描述一段情节、讲述一个故事如今已是常见的广告创意手法。广告中高明的故事串联法在运用时一般会同时用到其他表现手法，如在故事型广告中加入制造气氛、悬念、幽默等表现手法，为产品讲一个故事，最后把消费者的注意力引导到故事的相关情感主题上。如果产品已经有了明确的个性与气质，那么影视广告在采用故事串联法时就必须顺应产品本身的亮点，否则，就要结合目标消费群体的心理需求去表现故事，这样才容易提升广告的传播效果。

（四）利用幽默喜剧

在广告中设置比较强烈的喜剧元素，可以给观众带来幽默感，使观众在愉悦的心理享受中对广告产生瞬时记忆，并在会心一笑后产生更多的回味。国外的广告比国内的广告更倾向于采用幽默的表现手法来反衬产品的亮点、功能以及对消费者的承诺，这种方法比直接叫卖产品更容易获得观众的认同，更能让观众以愉悦的心情接受广告的卖点，让他们把收看广告变成一种乐趣，从而引发广告的口头二次传播，延长广告的传播寿命，扩大广告的传播范围。

（五）利用悬念情节

利用悬念情节，就是在广告片头设置一个悬念，把观众的关注点引到广告情节上，先让他们猜测答案、期待谜底，然后展开情节，运用视听语言出人意料地揭晓谜底。这种手法可以引发观众的观看热情，能在唤起他们好奇心的同时，使他们对谜底（广告记忆点）产生深刻印象。在有产品核心诉求支持的情况下，悬念型广告若运用得当，完全可以收到事半功倍的效果。

（六）利用夸张的手法

在广告中运用夸张的手法放大产品的主要功能，或者强调产品的使用效果，可以让观众清楚地领会产品的作用和功能。夸张的手法非常多，包括演员表情和肢体的夸张、画面内容几何变形的夸张、广告场景的夸张、关联情节的夸张、表现元素的夸张等。传统戏剧元素的借用往往也是一种夸张。“三五步走遍天下，六七人百万雄兵。”传统戏剧的夸张因素非常多,而且为大众喜闻乐见,因此广告采用戏剧手法拍摄往往是夸张表现的基本技巧之一。虽然用这种方法拍出来的广告有时会有可信度不足的缺陷,但从观众的反馈来看,绝大多数广告观众都能够抱着理解的心态接受这类广告。

(七)利用名人效应

在广告中利用名人效应指借助公众对名人的认知和信赖,以名人推荐产品或服务、名人扮演广告剧情角色等方式,把名人效应转移到具体的广告产品或服务的卖点上,从而快速促销产品的广告创意方式。对于需要打消消费者疑虑、令其对广告宣传的产品或者服务高度认同的广告目标来说,选用与产品或服务内容气质相近的名人代言会给广告带来正面效果。名人代言的广告要做到尽量让名人被公众认可的身份与产品的突出特征相匹配,以名人烘托产品而非以产品衬托名人,最终达到"借名人的名求产品的利"的广告目标。

(八)利用恰当的景观

利用恰当的景观指在广告创意无法通过产品本身实现的情况下,广告创意者寻找产品之外能对其品质、功能、形象、消费群体进行象征性描述的景观,使之与产品产生关联,从而达到提升广告效果的目的。产品本身不会说话,也无法为自己的广告表现直接加分,但如果我们赋予产品一个特定的场景和景观,广告效果就会有云泥之别。比如,给某个保暖产品以冰川企鹅的景观,或给某个高科技产品以宇宙飞船的景观,就可以达到借助景观强化产品特质的目的。

(九)利用新闻发布

广告利用新闻发布的关键,是必须最大限度地模拟观众信任度最高的新闻形式,开门见山,简明扼要,以鲜明的结论收场。

(十)利用图解说明

用该方法拍摄的广告会直接表现产品的外观、优点、长处或者服务的具体方式,通常采用类似产品说明书的图像配以画外音解说。这种方法手段比较原始,但效果直截了当,适用于消费类产品和功能性较突出的产品。

(十一)利用承诺信誉

用富有诱惑力的承诺直接瞄准消费者的消费需求,使消费者观看广告后立即产生强烈的购买欲望,这样的广告创意手法就叫承诺直击法。具体而言,就是在广告中直接向目标消费人群承诺产品的品质、功效、售后服务,让消费者通过广告画面了解他可以得到的各方面的保障。这是非常原始但也非常有效的广告表现方法,不过,如果创新度不够,这种广告表现手法就难以让消费者产生深刻的印象。

(十二)利用效果演示

该方法直接在广告画面中演示产品的使用方法,并聚焦产品功效,以打消观众对产品使用效果的疑虑。这类广告一般由真人示范,也有电脑动画等其他方式。该方法不同于图解说明法的关键之处在于,它弱化了产品本身,着重突出产品的功效和品牌知名度的关联,紧扣消费者“买产品就是买功能、买功能就是买功效”的心理,直接把品牌和功效联系在一起,以实现在消费者头脑中铺货的广告传播目标。

(十三)利用数据说明

该方法虽然说服力强,但也有很大的局限性,它要求避免在同一条广告中出现两个以上的数据,并且要求广告对象在专业性、权威性等一个或多个方面独占鳌头,否则,数据在点睛之前无龙可依,广告效果必然大打折扣。

(十四)利用情绪渲染

该方法是影视广告中最为普遍的诉求形式,它刻意渲染温情、亲情、友情、爱情以及人与人之间的其他情感,以此作为产品表现的背景,并把产品融入其中,使人们受到情绪的感染后加深对产品的了解和记忆。情绪体验是人常有的体验之一,调动情绪、提供间接体验的广告创意往往集中在非生活必需品层面,而引发消费者的冲动性购买往往是这类广告要实现的主要传播目标。

(十五)利用对比说明

该方法是一种效果明显、经常被采用的广告形式,它通过对照不同场景、不同产品、不同功能、不同价格,突出广告产品的优点和长处,让观众在观看广告的第一时间就可以得出产品值得购买的心理结论。在对比说明的创意手法中,可以有故事情节对比、气氛对比等,目的是提高观众的关注度,强化其对产品的认知。该方法讲究逻辑性与合法性,对比的客体应该口碑良好,广告应通过该产品与其他产品的对比使观众感到其所推荐的产品更为合理、便利、先进和经济,要注意不能贬低竞争对手或无中生有地制造理由进行对比。只有以平等合法地竞争为前提,广告才能有效地实现自身目标。

二、影视广告传播讯息时的优势和劣势

影视广告是用电子技术传送活动图像的通信方式,它运用电子技术将静止或活动景物的影像进行光电转换,然后将电信号传送出去,使远方的接收设备能即时重现影像。

(一)影视广告的优势

(1)视听结合,传达效果好。影视广告借助形象和声音表达思想,这比报纸只靠文字符号或广播只靠声音表达要直观得多。

(2)纪实性强、有现场感。影视广告能让观众直接看到事物的情景,能使观众产生身临其境的现场感和参与感,具有时间上的同时性和空间上的同位性。

(3)传播迅速、影响面广。与广播一样,影视广告用电波传送信号,向四面八方发射,把信号直接送到观众家里,传播速度快,收视人数众多,影响范围广。

(4)功能繁多、娱乐性强。由于影视广告直接用图像和声音传播信息,因此完全不受观众文化程度的限制,适应范围广。

(二)影视广告的劣势

(1)与广播一样,影视广告的传播效果稍纵即逝,信息储存性差,记录不便,难以查询。

(2)影视广告的传播效果受时间、场地、设备条件的限制,因而信息的传送和接收都不如报刊、广播那么灵活。

(3)影视广告的制作、传送、接收和保存的成本较高。

第三节 网络视频广告的特点与形式

主要知识点

1. 网络视频广告的特点。
2. 网络视频广告的形式。

网络视频广告是借助网络视频媒体平台,运用视频制作技术,传播广告主或广告商品的相关信息,以达到影响消费者行为和心理、实现广告主的传播目的的行为。随着计算机、电视、手机等视频网络终端的多样化,网络视频广告呈现出多屏化的趋势。

一、网络视频广告的特点

（一）覆盖范围广、不受时间和空间的限制

网络视频广告能实现跨国界、跨文化、跨市场的传播，受众遍及世界各地，广告投放的平台越大、点击率越高，广告的传播范围就越广。

从时间上来说，网络视频广告一经发布，只要没被撤除，就会一直在网络上呈现，用户能够随时浏览。从空间上来说，网络视频广告的限制比传统广告小。例如，基于同样的成本，广播、电视广告或平面广告等受限于展现时间的长短、页面的大小等原因，大多只能传递一部分信息，但网络视频广告却可以链接到其他相关网页，向受众提供更多的信息。因此，相比传统广告，网络视频广告拥有更加充足的时间和空间去展示广告信息。

（二）表现形式丰富、信息容量大

网络视频广告运用先进的媒体技术，融合文本、图像、音频、视频等多种表现形式，比其他广告形式内容更丰富、表现力更强。受众还能点击广告进入新的宣传或购买页面，体验更多样的形式，获得更详细的广告信息。

（三）互动性强、用户体验度高

网络传播注重人与人之间的交互性，人处于传播的中心。与传统电视广告单向、强制性地灌输广告信息不同，网络视频广告在传播时更加注重与用户的互动，更加注重提升用户的体验。除了基本的评论、分享、点赞等功能外，网络视频广告还在探索更多的互动形式。例如，在技术方面开发新的广告形式，让受众有选择观看的权利，让他们可以自主选择观看或跳过部分广告。这些技术手段充分考虑了用户的体验，力求在不干扰用户的前提下吸引用户的注意力。

除此之外，广告公司和广告主还充分利用互联网的交互性和网民的创造性，鼓励网民参与广告的制作，使网民从被动的广告接收者转变为主动的广告生产者和传播者。网络视频广告的制作、发布、传播更加符合互联网的特性，传播效果更好。

（四）投放更精准、成本更低

视频网站或搜索引擎能够通过技术手段分析出受众的属性，如他们的观看习惯、观看的视频类型、职业、年龄、地区、消费水平等，从而比较精确地锁定目标人群，再根据其

制定的媒介策略,将广告投放在能最大限度地接触到目标人群的网络视频或页面上,使广告具有更强的针对性,从而节约广告成本,实现高效回报。

互联网视频是一种低成本、高成效的传播手段,与高昂的电视广告费相比,网络视频广告的投放更具优势。网民会自觉转发、分享自己感兴趣的视频,互联网开放贯通的特点更能促使广告通过这种分享进行病毒式传播,最终以极低的传播成本取得良好的广告效果。

(五)检索回放更方便

与传统电视、广播、平面广告稍纵即逝、无法保存或重播的状况不同,人们可以通过专门的搜索引擎,如百度、谷歌等,输入标题、作者名称等与视频相关的文字信息检索到网络视频广告。现在一些视频网站,如爱奇艺就设有专门的广告频道,其中收录了一些优秀的广告,人们能在这里很方便地查找到这些广告,还可以使广告画面定格或回放。

(六)效果直观可测、方便追踪评估

网络视频广告的效果评测更精准可靠,现在已有比较健全的指标和技术可供用户测量广告效果,网络视频广告平台能非常便捷地采集受众的操作信息,包括视频和广告的点击率、转载数、点赞数、评论数、评论内容等,并通过这些信息分析出受众对广告的态度。广告主根据这些反馈数据,不仅可以采集和更新受众信息、检测广告投放效果,还可以了解受众的品牌偏好度以及购买意向等指标,从而制定相应的营销策略和服务策略。

二、网络视频广告的形式

网络视频广告是现代网络技术的产物,它利用视频这一媒介在互联网上进行广告传播。这种广告以数字视频为主要表现形式,通过网络平台传播,消费者能够直观地展示产品或服务的特点和优势,产品能够快速地吸引消费者的注意力并使消费者产生购买欲望。网络视频广告的特点在于其互动性和分众性,能够实现广告的精准投放和有效到达,且可以降低运营成本。随着技术的发展和用户习惯的变化,网络视频广告已经成为企业宣传和产品推广不可或缺的一部分。

从形式上看,网络视频广告包括插播广告、交互广告、覆盖广告、邀请广告、伴随广告以及植入广告等。每种形式都有其独特的特点和适用场景,广告主可以根据不同的需求及目标进行选择和组合。以下是几种常见的网络视频广告形式。

(一)插播广告

用户在网上观看一个节目或一段视频之前,会看到一段15秒或30秒的广告。有时候广告会在节目中间(中插广告)和节目播放完毕后(后插广告)插播,有时候人们点击广告便会打开新的网站或页面,这种广告形式就是插播广告。

插播广告既有优势,也有劣势。

优势:它是传统电视广告主最熟悉的广告形式,广告主无须对广告做很多改变即可将其放到网络上插播。同时,作为目前最主要的视频广告形式,广告主能通过在大量网站中投放"前插"广告获得客观、全面的广告受众数据。

劣势:广告在插播时可能丧失部分没有耐心的受众,因为他们只想用很少的时间看一段想看的视频而不是广告。此外,这种广告形式也无法很好地与用户进行互动。

(二)交互广告

交互广告具有可高度定制化的优势,会使用户对品牌产生深刻印象。并且,相比第一种广告形式,交互广告可以为广告主提供更多的广告受众数据。但是,并非所有的视频网站都支持这种广告形式,有时它也会被受众视为一种骚扰。

(三)覆盖广告

覆盖广告指短暂出现在视频顶端或底部的文字或图像广告,类似于常见的电视字幕广告,当用户将鼠标指向或点击广告时,页面上会弹出更大的广告幅面或打开新网站。

覆盖广告具有以下优势:不会打断用户的观看过程,因此被很多网站采用;很多电视观众已经习惯了这种广告形式,因此它成为广告主在网络上投放广告时常选的形式。但覆盖广告也有劣势:有些用户将覆盖广告视为一种骚扰,有些用户会将广告内容与节目内容相混淆。

(四)邀请广告

邀请广告与覆盖广告类似,但邀请广告的信息通常会在短时间内出现在实际视频播放窗口的旁边而非顶部。邀请广告不像覆盖广告那样会干扰用户浏览其想浏览的内容,但仍然能有效地影响目标受众,并会在他们最可能点击的时候出现。但邀请广告不像覆盖广告那样被网站广泛采用,而且容易被用户忽略。

(五)伴随广告

伴随广告指与视频播放窗同时出现的静止横幅广告。选择这类广告的通常是赞助商。有时,赞助商还会投放插播广告或覆盖广告等其他形式的广告。伴随广告可以在主视频播放的整个过程中向用户传达品牌信息,并邀请他们点击广告、访问广告主的网站或者弹出新窗口。但是,并非所有的视频播放窗都会为伴随广告留出广告位,因此伴随广告往往只在某些特定的赞助活动中出现。

(六)植入广告

植入广告指在影视作品内容中植入的广告,如影片《变形金刚 3》中出现了很多中国企业的产品。随着技术的发展,网络视频广告出现了云植入的概念,观众看到画面中出现的产品时可以通过点击链接查看产品介绍。植入广告可以把整部影片作为一部广告剧,宣传很多产品品牌。但它的广告投放比较被动,容易被忽略。

第四节 影视广告中的数字视频

主要知识点

1. 视频与数字视频。
2. 非线性编辑及构成。

一、认识视频

在现阶段,视频(video)泛指一切将动态影像静态化后,以图像形式加以捕捉、记录、储存、传送、处理并进行动态重现的技术。

现如今,数字技术正以异常迅猛的速度席卷全球的视频编辑与处理领域,数字视频正逐步取代模拟视频,成为新一代视频应用的标准。那么,什么是数字视频?简单地说,使用数字信号来记录、传输、编辑和修改的视频数据即数字视频。

"帧"、"场"和"扫描方式"都是视频编辑中常见的专业术语。本节将逐一对这些专业术语及其相关知识进行讲解。

(一)帧

视频是由一幅幅静态画面所组成的图像序列,组成视频的每一幅静态图像便被称为"帧"。也就是说,帧是视频(动画)内的单幅影像画面,相当于电影胶片上的每一格影像,以往人们常说的"逐帧播放"指的便是逐幅画面地查看视频。视频在播放的过程中,播放效果的流畅度取决于静态图像在单位时间内的播放数量,即"帧速率",其单位表示为 fps(帧/秒)。目前,电影画面的帧速率为 24fps,而电视画面的帧速率为 30fps 或 25fps。视频要想获得动态的播放效果,显示设备至少应以 10fps 的速度进行播放。

(二)隔行扫描与逐行扫描

扫描方式指电视机在播放视频画面时所采用的播放方式。电视机的显像原理是通过电子枪发射高速电子来扫描显像管,使显像管上的荧光粉发光成像。在这一过程中,电子枪扫描图像的方法有两种:隔行扫描与逐行扫描。

1. 隔行扫描

隔行扫描指电子枪首先扫描图像的奇数行(或偶数行),当图像内所有的奇数行(或偶数行)全部扫描完成后,再使用相同的方法逐次扫描偶数行(或奇数行),如图 1-1 所示。

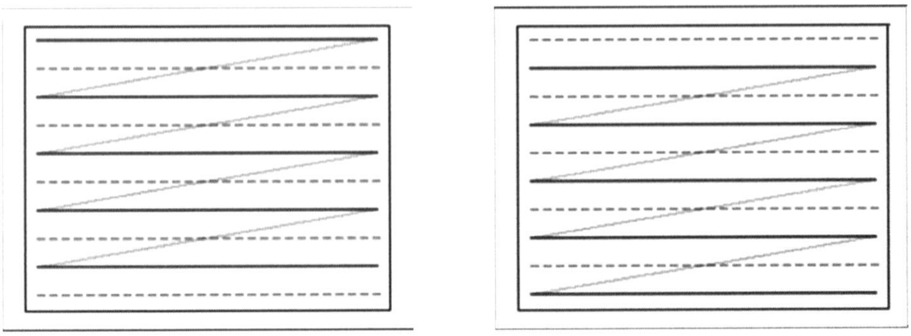

先扫描奇数行　　先扫描偶数行

图 1-1　隔行扫描示意

2. 逐行扫描

顾名思义,逐行扫描是在显示图像的过程中,采用依次扫描每行图像的方法来播放视频画面,如图 1-2 所示。

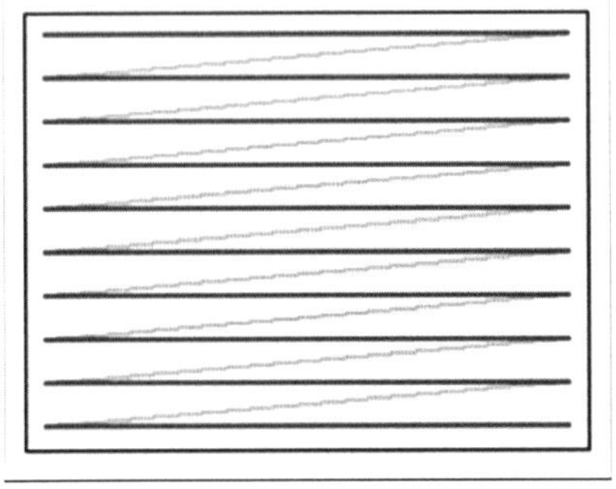

图 1-2　逐行扫描示意

由于技术原因,早期的视频逐行扫描整幅图像的时间要大于荧光粉从发光至衰减所消耗的时间,因此会造成视觉闪烁感。在不得已的情况下,人们只好转而采用一种折中的方法——隔行扫描。在视觉残留现象的帮助下,人眼并不会注意到隔行扫描的图像每次只显示了一半,从而较好地解决了视频画面闪烁的问题。

随着显示技术的不断提高,逐行扫描所引起的视觉不适问题已经得到解决。此外,由于逐行扫描的显示质量优于隔行扫描,隔行扫描技术已逐渐被淘汰。

(三)场

在采用隔行扫描方式进行播放的显示设备中,每一帧画面都会被拆分开进行显示,拆分后得到的残缺画面即称为“场”。也就是说,视频画面播放为 30fps 的显示设备,实际上每秒需要播放 60 场画面;而对于 25fps 的显示设备来说,每秒需要播放 50 场画面。

在这一过程中,一幅画面中首先显示的场被称为“上场”,紧随其后的另一场则被称为“下场”。

(数码)摄像机采用的是一种类似隔行扫描的拍摄方式,也就是说,摄像机每次拍摄到的都是依次采集到的上场或下场画面。例如,在一台每秒采集 50 场的摄像机中,第 123 行和第 125 行的采集是在第 122 行和第 124 行采集完成大约 1/50 秒后进行的。因此,如果将上场画面和下场画面简单地拼合在一起,所拍摄物体的运动往往会导致两场画面无法完美地拼合。

(四)分辨率与像素宽高比

分辨率和像素都是影响视频质量的重要因素,与视频的播放效果有着密切联系。

在电视机、计算机显示器以及其他类似的显示设备中,像素是组成图像的最小单位,每个像素由多个(通常为 3 个)不同颜色(通常为红、绿、蓝)的点组成。分辨率指屏幕上像素的数量,通常用“水平方向像素数量 × 垂直方向像素数量”的方式加以表示,如 720 × 480、720 × 576。

像素与分辨率对视频质量的影响是:每幅视频画面的分辨率越大,像素数量越多,整个视频的清晰度越高。在画面尺寸相同的情况下,拥有较大分辨率(像素数量多)的图像的显示效果更细腻,影像也更清晰;反之,视频画面便会模糊。在实际应用中,视频画面的分辨率会受到录像设备和播放设备的限制。

帧宽高比即视频画面的宽高比,电视画面的宽高比通常为 4∶3(现在 16∶9的宽高比也越来越普及),电影画面的宽高比为16∶9。至于像素宽高比,则是指视频画面内每个像素的宽高比,具体比例由视频所采用的视频标准来决定。不过,由于不同显示设备在播放视频画面时的像素宽高比有所差别,因此当某一显示设备在播放与其像素宽高比不同的视频时,就必须对图像进行矫正操作,否则视频画面的播放效果就会变形。

(五)视频色彩系统的应用

色彩本身并没有情感,但却会对人的心理感受产生一定的影响。例如,红、橙、黄等暖色调往往会使人联想到阳光、火焰等,给人以炽热、向上的感觉;而青、蓝、绿、紫等冷色调则会使人联想到水、冰、夜色等,给人以凉爽、宁静、平和的感觉。在色彩的应用中,冷暖色调只是相对而言的。譬如,画面整体采用红色系,大红与玫瑰红同时出现,那么大红就是暖色,玫瑰红则会被看作冷色;但是,当玫瑰红与紫罗兰同时出现时,玫瑰红便是暖色。我们在实际拍摄及编辑视频的过程中会发现,尽管每个画面内都可能包含多种色彩,但总会有一种色彩占据画面的主导地位,成为画面色彩的主色调。因此,我们在操作时应根据需要来突出、淡化或转移该色彩对表现效果的影响。例如,在中国传统婚庆场面中,应当凸显红色元素,以烘托婚礼的喜庆气氛。

二、数字视频基础

(一)高清视频

随着视频设备制造技术、存储技术的不断升级和用户需求的不断提高,“高清数字电视”“高清电影/电视”等概念逐渐流行开来;然而,什么是高清,高清能够为用户带来怎样的好处,却不是每个人都非常了解的。因此,我们将介绍与“高清”相关的名词与术语。

“高清”是人们针对视频画质提出的一个名词,英文为 High Definition(HD),意为“高分辨率”。由于视频画面的分辨率越高,视频所呈现出的画面越为清晰,因此“高清”代表了高清晰度、高画质。

目前,视频画面清晰度大致可分为“普通清晰度”“标准清晰度”和“高清晰度”这三个层级,各层级之间的标准如表 1－1 所示。

表 1－1　视频画面清晰度分级参数详解

项目名称	普通视频	标清视频	高清视频
垂直分辨率	480i	720p 或 1,080i	1080p
播出设备类型	LDTV 普通清晰度电视	SDTV 标准清晰度电视	HDTV 高清晰度电视
播出设备参数	480 条可见垂直扫描线	720—1,080 条可见垂直扫描线	1,080 条可见垂直扫描线
部分产品	DVD 视频盘等	HD DVD、Blu-ray 视频盘等	HD DVD、Blu-ray 视频盘等

720P、1080P 等,表示的是“视频像素的总行数”。比如,720P 表示视频有 720 行的像素,而 1080P 则表示视频总共有 1,080 行像素数,1080P 分辨率的摄像机通常像素数是 1920×1080。“P”本身表示的是“逐行扫描”,是 progressive 的缩写,相对于隔行扫描(In－terlaced)。

高清电视(HDTV)是美国电影电视工程师协会确定的高清晰度电视标准格式。目前,常见的电视播放格式主要有以下几种。

1. 480i 格式

该格式与 NTSC 模拟电视清晰度相同,具体参数为:525 条垂直扫描线、480 条可见垂直扫描线,帧宽高比为 4∶3或 16∶9,隔行/60Hz,行频为 15.25kHz。

2. 480p 格式

该格式与逐行扫描 DVD 规格相同,具体参数为:525 条垂直扫描线、480 条可见垂直扫描线,帧宽高比为 4∶3或 16∶9,分辨率为 640×480,逐行/60Hz,行频为 31.5kHz。

3. 720p 格式(D4)

该格式为标准数字电视显示模式,具体参数为:750 条垂直扫描线、720 条可见垂直扫描线,帧宽高比为 16∶9,分辨率为 1280×720,逐行/60Hz,行频为 45kHz。

4. 1080i 格式(D3)

该格式为标准数字电视显示模式,具体参数为:1125 条垂直扫描线、1080 条可见垂直扫描线,帧宽高比为 16∶9,分辨率为 1920×1080,隔行/60Hz,行频为 33.75kHz。

5. 1080p 格式(D5)

该格式为高清数字电视显示模式,具体参数为:1,125 条垂直扫描线、1,080 条可见垂直扫描线,帧宽高比为 16∶9,分辨率为 1920×1080,逐行扫描。

6. 2K、4K

2K 分辨率为 2048×1080;4K 分辨率为 3840×2160,是全高清(FHD. 1920×1080)分辨率的 4 倍、高清(HD. 1280×720)的 9 倍,4K 分辨率是视频显示模式发展的趋势,即 4096×2160 的像素分辨率,属于超高清分辨率,在此分辨率下,观众将可以看清画面中的每一处细节、每一个特写。2K 分辨率主要应用于影院荧幕、电视机、互联网媒体、手机屏幕;4K 分辨率主要应用于电视行业、电影行业、手机行业等。

此外,还有 576i,即标准的 PAL(电视广播制式)电视显示模式,具体参数为:625 条垂直扫描线、576 条可见垂直扫描线,帧宽高比为 4∶3或 16∶9,隔行/50Hz,记为 576i 或 625i。

其中,所有能够达到 D3、D4、D5 播放标准的电视机都可以纳入高清电视的范畴。不过,仅支持 D3 或 D4 标准的产品只能算作"标清"设备,只有达到 D5 播出标准的产品才能称为"全高清"(Full HD)设备。

2K、4K 等,表示的是"视频像素的总列数"。例如,4K 表示的是视频约有 4,000 列像素数,具体为3840或4096列。4K分辨率的摄像机通常像素数为3840×2160或4096×2160。

(二)非线性编辑

从狭义上讲,非线性编辑指剪切、复制和粘贴素材时无须在存储介质上对其进行重新安排的视频编辑方式。从广义上讲,非线性编辑指在编辑视频的同时能实现诸多处理效果的视频编辑方式,如添加视觉特技、更改视觉效果等操作。

与线性编辑相比,非线性编辑的特点主要体现在以下几个方面。

1. 素材浏览

用户在查看素材时,不仅可以随时开始播放,还可以倍速播放、逐幅播放、反向播放等。

2. 编辑点定位

在确定编辑点时,用户既可以通过手动操作进行粗略的定位,也可以使用时码标记进行精确定位。用户不再需要花费大量的时间来搜索磁带,因此编辑效率大大提高。

3. 素材长度的调整

非线性编辑允许用户随时调整素材长度,用户可以通过时码标记实现精确编辑。此外,非线性编辑还吸取了电影剪接简便直观的优点,允许用户参考编辑点前后的画面,直接进行手动剪辑。

4. 素材的组接

在非线性编辑系统中,各段素材间的相互位置可以随意调整。因此,用户可以在任何时候删除节目中的一个或多个片段,或在节目中的任意位置插入一段新的素材。

5. 素材的复制与重复使用

在非线性编辑系统中,由于用到的所有素材都以数字格式进行存储,因此在素材被复制时不会导致画面质量下降。此外,同一段素材可以在一个或多个节目中反复使用,而且无论使用多少次都不会影响画面质量。

6. 便捷的特效制作功能

在非线性编辑系统中制作特技时,用户通常可以在调整特技参数的同时观察特技对画面的影响。此外,根据节目需求,用户可以随时扩充和升级软件的特效模块,从而方便地增加新的特技功能。非线性编辑系统中的特技效果独立于素材本身。也就是说,用户不仅可以随时为素材添加某种特殊效果,还可随时去除该效果,以便将素材还原至最初的模样。

7. 声音编辑

基于计算机的非线性编辑系统能够方便地从 CD(小型镭射盘)唱盘、MIDI(音乐设备数字接口)文件中采集音频素材,而且在使用编辑软件合成多轨声音时也不会受总音轨数量的限制。

8. 动画制作与合成

由于非线性编辑系统的出现,动画的逐帧录制设备已渐渐被淘汰。非线性编辑系统除了可以实时录制动画,还可以让用户通过抠像的方法实现动画与实拍画面的合成,从而极大地丰富了影视节目的制作手段。

(三)非线性编辑系统的构成

非线性编辑的实现,要靠软件与硬件两方面的共同支持,而这两者间的组合便称为非线性编辑系统。目前,一套完整的非线性编辑系统,其硬件部分至少应包括一台多媒体计算机、视频卡、IEEE 1394(一种外部串行总结标准)卡以及其他专用板卡(如特技卡)和外围设备。其中,视频卡用于采集和输出模拟视频,负责模拟视频与数字视频之间的相互转换。从软件上看,非线性编辑系统主要由非线性编辑软件、二维动画软件、三维动画软件、图像处理软件以及音频处理软件等外围软件构成。

随着计算机硬件性能的提高,人们在编辑处理视频时对专用硬件设备的依赖程度越来越低,软件在非线性编辑过程中的作用却日益凸显。因此,技术人员能够熟练地掌握一款非线性编辑软件,如 Premiere Pro 或剪映等,便显得尤为重要。

无论哪种非线性编辑系统,其视频编辑工作流程都可以简单地分为输入、编辑和输出 3 个步骤。当然,由于不同的非线性编辑软件在功能上存在差异,上述步骤还可以进一步细化。下面我们就以 Premiere Pro 和剪映为例,简单介绍一下非线性编辑视频的整个工作流程。

1. 素材采集与输入

素材是视频节目的基础,因此收集、整理素材并将其导入编辑系统便成为正式编辑视频节目前的首要工作。利用 Premiere Pro 或剪映的素材采集功能,用户可以方便地将磁带或其他存储介质上的模拟音视频信号转换为数字信号并存储在计算机中,再将其导入编辑项目,使其成为可以处理的素材。

在采集数字格式的音视频素材文件时,Premiere Pro 或剪映所进行的操作只是将素材文件“复制/粘贴”至计算机中的某个文件夹内,并将这些数字音视频文件添加至视频编辑项目中。

除此之外,Premiere Pro 或剪映还可以将其他软件处理过的图像、声音等素材加入并直接应用于当前的非线性编辑系统。

2. 素材编辑

大多数情况下,素材中的所有组成部分并非都会出现在编辑完成的视频中。很多时候,视频编辑人员要通过剪切、复制、粘贴等方法,选择素材内最合适的部分,然后按一定顺序将不同的素材组接成一段完整的视频。这个操作过程便是素材编辑。

3. 特技处理

受拍摄手段、拍摄技术及其他因素限制,很多时候人们无法直接得到所需的画面效果。例如,在含有航空镜头的影片中,很多镜头便无法通过常规方法来获取。此时,视频编辑人员就需要通过特技处理的方式向观众呈现此类难以拍摄或根本无法拍摄到的画面效果。对于视频素材而言,特技处理包括转场、特效、合成、叠加;对于音频素材而言,特技处理包括转场、特效等。

4. 添加字幕

字幕是影视节目的重要组成部分,Premiere Pro 和剪映都拥有强大的字幕制作功能,操作也极为简便。除此之外,Premiere Pro 和剪映还内置了大量的字幕模板,很多时候用户只需要借助字幕模板便可以获得令人满意的字幕效果。

5. 输出影片

视频节目在编辑完成后,就可以输出到录像带上。当然,用户也可以根据需要将其输出为数字视频文件,以便发布到网络上或者在数字存储设备上保存待用,当前,数字技术已十分成熟,网络上大部分视频类应用使用的多为数字视频。

实训项目:

项目一:让学生掌握影视广告的表现方法。

实训目的:理解影视广告的基本表现方法。

实训条件:普通教室。

实训要求:利用一种或几种已学影视广告的表现方法,口头表达命题广告。

实训步骤:

1. 老师说一种常见的商品,如饮料、食品、服装类。

2. 学生思考 10 分钟,构思一个广告,并说出用到了哪种表现方法。

3. 老师向学生提问并总结学生在创意广告中使用的表现方法是否合适。

4. 老师不要纠结创意的优劣,尽量激发学生学习广告创意的兴趣。

项目二:让学生充分认识互联网广告。

实训目的:让学生深刻认识互联网广告,并掌握互联网广告的特点和形式。

实训条件:多媒体教室。

实训要求:使用电脑和互联网,利用多媒体投屏展示。

实训步骤:

1. 老师打开常用的购物官方网页或其他网页,从首页向下一级页面逐步点击。

2. 学生在老师打开的网页中指出哪些属于广告。

3. 老师提问学生使用这种广告的理由。

4. 学生总结获取的广告内容有哪些。

思考题:

1. 影视广告的定义是什么?有什么特点?

2. 影视广告有哪些表现形式和表现方法?

3. 网络影视广告与电视影视广告有什么差异?

4. 请简述数字视频的编辑制作流程。

第二章

影视广告的创意与构思

本章学习目标

☑掌握影视广告的视听语言。

☑掌握影视广告的表现类型。

☑掌握影视广告的基本格式。

第一节 影视广告创意技巧

主要知识点

1. 试听语言在影视广告创意中的作用。
2. 影视广告创意技巧。

一、以视觉效果为中心

“视”和“听”是电视所具有的两个功能,电视以“视”为主,主要靠画面来表现内容,“听”仅是“视”的辅助手段。因此,美国著名广告专家詹姆斯·韦伯·扬(James Webb Young)指出:创意是一种组合,组合商品、消费者以及人性的种种事项。广告创意是广告设计的核心,也是广告获得成功最为关键的因素。人们从接触广告到采取购买行动一般都有一个心理过程,可以归纳为AIDMA公式,即注意(Attention)——诉诸感觉,引起注意;兴趣(Interest)——赋予特色,激发兴趣;欲望(Desire)——呼唤想象,刺激欲望;记忆(Memory)——留下印象,加强记忆;行动(Action)——坚定信心,付诸行动。

不论是创作广告还是摄制广告,我们都要始终以画面效果为中心。

画面将原本要用语言文字表达的“抽象”主题形象化、图画化,以便观众能直观地了解广告。广告《希望工程》就巧妙地借用了电视媒体的传播优势,通过具体、形象的画面将语言文字视觉化,克服了观众可能因语言文字的抽象性而导致的信息接收困难。电视表达的这种优势,我们还可以从电视新闻的接收状态来说明。我们通过报纸阅读新闻与通过电视观看新闻,感受是不一样的:报纸新闻为我们构筑的是语言文字世界,语言文字无法使我们的感官直接感受到生活图画,只能通过我们大脑的转换来间接呈现;而电视就不同了,我们可以直接听到语言、看到画面。电视画面的这种鲜明的直观性,可以被运用到广告的主题表现上来。

以画面(镜头)直接表现广告主题的做法使得电视广告鲜活生动。镜头是最简洁的叙述方式,它不像语言叙述,来龙去脉、前因后果、开端发展、高潮结局,方方面面都要被关照到。画面叙述完全可以根据需要从事物的历史发展过程中摘取典型片段,还可以打乱时间顺序，因而它能以最简洁的“笔墨”建构叙事框架。

我们在通过画面展现产品时，要注意整个画面中要突出一个中心画面，只有这样，观众才能抓住广告的中心内容。例如，美的空调的电视广告《龙虾灭火》，中心画面始终是一只虾和一台空调。一只熟透的龙虾的外壳随着美的空调的降温而逐渐从红色变为褐色，最后这只龙虾竟因为忍受不住冷气而打了一个喷嚏，然后逃之夭夭。整个广告没有语言的强行推销，也没有产品“招摇过市”，画面中只有色彩的变化，但其诉求的主题却十分明确。这条广告虽然画面简单，但表达方式和表现形式却很有创意，让人觉得简单而有趣，观众接受起来比较容易。

二、短小精悍、突出主题

由于电视广告播出费用十分高昂，因此电视广告的播出时间不会太长，一般为 5 秒、15 秒、30 秒。这就要求电视广告必须内容简短、主题突出、语言精练、中心画面突出，只有这种短小精悍的电视广告才容易被观众记住。

如力士香皂，它是一个充满感情价值的品牌。过去，力士广告把名人和香皂联系在一起，突虫名人魅力成为该品牌成功的关键因素。在阿根廷宣传时，力士香皂广告将散发诱人魅力的美女融入创意表现与新产品出众功能的宣传，以期为目标消费群体提供一种全新的认识，创造出更加独特的品牌价值。为了展示力士香皂的双重保湿配方效果，广告一开始表现了一株枯死的树；当强风吹过，老死的枯叶擦过地面，发出刺耳的声音；镜头推近一片枯叶，一名女子被困在其中；一阵挣扎之后，女子成功挣脱出来，跃入一池清水；她向水中的一束光游去，光变成了新型力士香皂；在她沐浴的时候，她的皮肤和枯叶都彻底发生了变化，焕发出新的活力。

整条广告短小紧凑，实现了“枯叶重获新生”的主题诉求，产生了良好的广告效果。该广告在阿根廷首播之后，力士香皂的知名度从原来的 30% 提高到了 43% 。

三、突出品牌、传达理念

让观众牢牢记住商品品牌，是电视广告的重要任务。一般情况下，广告的前 10 秒就应该出现品牌名称，在结束时再重复一次品牌名称，中间也可以从不同的角度反复出现品牌名称，以加深观众的印象。电视广告表现品牌的方式多种多样，广告创作人员可以根据商品的具体情况灵活运用，如以下两种：

第一种，把品牌融入特定的情节。例如，肯德基炸鸡的一条广告：画面中，一群男孩子衣冠楚楚，列队站成几排，在老师的指导下“认真”排练合唱，可暗地里他们却在偷偷传递一盒肯德基炸鸡。镜头追随着传来传去的食品,品牌也就多次映入了观众的眼帘。

第二种,把强化品牌与突出产品特性结合起来。例如,有这么一条汽车广告:一组画面着力渲染汽车车身和零部件的光洁锃亮、性能优异超群,使观众不由得发出赞叹声;恰在这时,品牌内容出现了——一只手拿出柔软的布细心地擦拭着车标。这一动作既强化了品牌,也表现了人们对汽车的珍视。像这样的广告,就成功地将品牌与产品特性自然有机地结合起来,使产品与品牌你中有我、我中有你、相辅相成。

此外,我们还可以用动画和特技手法突出品牌、借助镜头的运动呈现品牌、以光线闪烁或光影移动表现品牌以及利用品牌名称做文字游戏等。

四、抓住情感、产生共鸣

广告要想抓住受众,亲情元素往往必不可少。例如,美国贝尔电话公司的广告创意便抓住亲情大做文章:一天傍晚,一对老夫妇正在用餐,电话铃响,老妇人去另一个房间接电话。回来后,老先生问:“谁的电话?”老妇人回答:“女儿打来的。”老先生又问:“有什么事?”老妇人回答:“没有。”老先生惊奇地问:“没事几千里地打来电话?”老妇人呜咽道:“她说她爱我们。”两人顿时相对无言、激动不已。这时画外出现旁白:“用电话传递你的爱吧!”这条广告以脉脉温情打动了天下父母和即将或曾经是父母、儿女的人们的心。这条广告正是从儿女与父母的感情入手,展现了一幅爱意浓浓、温馨动人的亲情画面,让观众体味到了被爱簇拥的滋味,充分唤起了人们对家庭与亲情的留恋、回忆、追求与憧憬。电话有线,亲情无限,贝尔电话连接着千家万户,沟通着亲人之间的心灵,缩短了亲人之间的感情距离。

古人云:“攻心为上。”这句话同样适用于广告。其实,任何一笔交易都离不开人际关系发挥作用,交易也是一种人际感情的交流。企业与消费者之间更需要一种真切的、亲近的感情交流。感情能产生巨大的力量,正如18世纪法国启蒙思想家狄德罗指出的:没有感情这个元素,任何笔调都不可能打动人心。

如果广告通过感情传递、感情交流、感情培养,与大众产生了心灵共鸣,那么企业的产品、品牌就容易为顾客所理解、接受并喜爱。因此,广告创意要调动情感元素,淋漓尽致地展现情感,在以理服人的同时更要以情动人。

第二节　影视广告的表现类型

一、故事型

广告中心故事情节如果能吸引观众的注意力，观众就有可能与广告内容进行互动。广告可以在故事结构上巧妙地设置高潮，但高潮不要过分煽情，否则可能适得其反，达不到促销的目的。

主要知识点

影视广告表现类型的多样性。

使用这种结构进行广告创意设计应注意以下几点：

(1)剧情要简单明了。

(2)根据可信的事实或可信的环境构建情节，并与产品发生联系。

(3)创造特殊的效果，激发观众的好奇心，并设法引起他们的兴趣。

(4)把产品最突出的优点而非所有优点表现出来。

(5)要有引子、发展和结尾，不要忘记自己是在讲故事。

(6)向谁承诺、承诺什么要明确，不开空头支票。

就广告片而言，故事型广告的表现方法几乎都从感性出发，其解决的问题也以心理层面居多，如挫折感、忧郁、孤独等，而商品带给人的感受，往往表现为广告片中人物会心的一笑、温暖的拥抱、友情的流露等，以满足消费者的心理需求，这些非商品功能性的介绍或非利益点的描述往往更能打动人心。

二、解决问题型

解决问题型广告是使用最为广泛的一种广告类型，也是影视广告表现形式中较容易被观众接受的一种。其结构可以是这样的：阿美有头皮屑多的困扰，她的伙伴告诉她某品牌洗发水可以解决她的烦恼，阿美用了，效果果然如同伴所言，于是消息不胫而走。

根据“广告教父”奥格威的研究，先提出问题，然后解决问题的广告比其他广告的效果好四倍。这种方式看似平凡通俗，但放在富有创作力的人手中，问题就被戏剧化了，广告对销售的推动力就更大了。我们在创作这种类型的广告时要注意，一定要把能解决用户困扰的产品的质量、功能明确地提出来，让观众心服口服。

三、生活形态型

这种形式的广告,其表现切入点不是商品,而是商品的使用者。有了这层关系,广告就会让人觉得商品成了自己现实生活中的一部分,与自己密不可分。这种广告表现形式最注重场景设计和商品在广告中出现的时机,不能让观众觉得是故意设计的。通常这类广告表现的都是广告中的人物渴望的东西:好吃的食物、漂亮的衣服、方便的服务等,而且广告在表现人的欲望时要让其在不知不觉中流露出来,或者让广告中的主角意外地从亲戚、朋友、邻居那里发现商品的优点。

在采用这类广告手法时,运用和商品无关的画面可能导致商品信息传递模糊。为了避免这一点,整个广告片的结构应尽可能简单明了,画面之间应保持连贯,以便让观众产生兴趣,最后让观众看到意想不到的结果,但这个意想不到的结果必须与商品的外观、特性有关,直到广告最后才戏剧化地出现要宣传的商品。

四、名人推荐型

借助名人在电视上推销商品的广告表现方式从影视广告诞生之初一直沿用至今,名人的知名度有助于提高广告商品的知名度。名人推荐型广告通常以直接切入的方式和消费者见面,这种直截了当、简明扼要的述说可以给观众留下很深的印象。但我们要注意,广告商品所选的名人一定要和商品有某种关联。此外,名人推荐型广告有一定风险,一旦名人产生负面消息,势必给商品带来负面影响。

五、实证型

在理性诉求方式中,实证型广告的表现方式是最容易被人接受的方式,它主要通过实证让观众清楚地了解商品的优点。实证型广告的先决条件是让观众对商品的验证方式产生兴趣,这样才能加深观众对商品的印象。值得注意的是,短短十几秒、几十秒的影视广告很难将整个过程验证给观众看,所以一些广告主往往会删减其中的过程,将结果呈现给观众。这样一来,观众便常常会产生疑问:“这是真的吗? 是不是在蒙骗消费者?”在仓促中将验证过程含糊带过的做法往往会适得其反,无法收到预期的广告效果。如何使验证过程展示得更真实,是实证型广告值得思考的问题。

六、广告歌曲型

广告歌曲的形式有很多种,或歌唱,或演奏,或又歌又舞,几乎每种商品都可以配以广告音乐或歌曲,但也没有哪种商品特别适合广告歌曲型的表现形式。如果商品的目标消费群年龄跨度较大,这种表现形式也许是恰当的选择。例如,可口可乐和百事可乐的广告音乐形态可以说独树一帜。此外,片尾音乐也是许多广告乐于采用的表现方式之一。片尾音乐在企业形象的辨识上可以产生较大的作用,特别是那些产品品牌众多的企业,为了让产品品牌与企业紧密联系,它们常常在广告片的结尾使用片尾音乐。

七、比较型

这种类型的广告的结构类似于实证型广告,两者之间最大的差别在于:实证型广告只表现产品本身的优点,而比较型广告则要证明自己的产品优于同类竞争产品。由于这种表现方式常让观众觉得有贬低其他商品之嫌,因此我国不允许发布这类广告。

例如,可口可乐和百事可乐的广告便经常以比较的形式出现。长久以来,百事可乐在饮料市场上一直居于第二的位置,因此它想尽一切办法在广告上打击第一品牌可口可乐,以争取更大的销售额。它曾经发布过这样一条广告:22 世纪,一位教授带领一群学生考古,正好有一名学生挖到了可口可乐的玻璃瓶子,学生便问教授这个瓶子为何物,教授看了半天也不知其为何物,而此时学生们每人手里拿着一罐百事可乐。多年来,百事可乐一直强调自己是“新生代的选择”,在这条广告中,它故意贬低可口可乐,强烈暗示了百事可乐将取而代之,可口可乐将会从地球上消失。

八、动画与电脑绘画型

动画片因其活泼、风趣,特别适合年龄层较低的观众而长盛不衰。后来,动画的手法被广告所借鉴。20 世纪 70 年代末,电脑技术日新月异,使广告创作有了更大的施展空间。电脑制作的广告具有更高的趣味性与可视性,便于表现抽象的概念和复杂的影像变化,常常令观众惊叹不已。

九、幽默型

这种类型的广告通常比较受观众欢迎。笑声是全世界共同的语言,广告可以利用幽默的画面拉近消费者与商品之间的距离,无形中使消费者对商品产生好感。广告的幽默效果可以通过不同的方式达到,常见的有喜剧演员表演、比喻以及情节设置等,具体使用何种方式要视广告的结构和商品的特性而定。但广告在运用幽默的表现手法时一定要避免低俗,否则效果可能适得其反。

十、虚构型

这种类型的广告采用的是一种超现实的表现方式,它将日常生活中不可能发生的事,通过丰富的想象力表达出来,用刺激和夸张的画面来吸引观众的注意力,从而使观众对商品产生较深刻的印象。

第三节 影视广告创意分类

主要知识点

1. 影视广告创意的表现手段。
2. 影视广告创意的呈现方式。

广告制作者在创作影视广告时,选择合适的创意类型对于吸引目标受众和传达广告信息至关重要。每种广告创意类型都有其独特的表现形式和适用场景,广告制作者需要根据品牌特性、产品特点和市场定位来决定最合适的创意类型。不同的创意类型并不是孤立的,它们可以相互融合、交叉使用。在实际创作中,广告制作者应根据产品或品牌的特点和目标受众的需求,灵活运用各种创意方式,创造出独具特色的影视广告作品。影视广告创意可以根据其内容形式、表现手法、情感传达、目的功能和目标受众等多个维度进行分类。

一、按表现手段分类

(一)直截了当式

直截了当式(straight - forward commercial)广告是广播、电视广告中最古老、最简单的一种形式。它由一个人(多半是电台、电视台的播音员)播送销售信息,可能配有背景音乐。直截了当式广告之所以较为流行,是因为它几乎适用于所有的产品或条件。在广播中,直截了当式广告还可以被设计成整合广告(integrated commercial)——与某一节目穿插或针对指定节目而专门制作。

在电视广告中,播音员既可以出镜,也可以不出镜,以旁白的形式来传递销售讯息,与此同时,演示、剧照或连续画面会出现在屏幕上。如果脚本设计周密,播音员又显得具有说服力,那么,直截了当式广告会收到非常好的效果。另外,由于这种广告形式不要求精密的制作设备,因此可以节省大量的资金。

地方性广告主、非营利机构和政治团体经常在午夜电视节目中采用直截了当式广告。

(二)主持人式(名人推荐式)

主持人式广告(presenter commercial)用一个人或角色来表现产品、传递销售信息。有些主持人是名人,有些是客户方的高管,有些则是演员,主持人也不一定必须是真人。

广播人物以自己独特的风格为广告信息增添活力,如果运用得当,这类广告会非常成功。不过,这样一来,就等于把大权交给了这个人物,风险较大,如他有可能出于无意在广告之外的其他场合批评自己所宣传的产品。即使如此,这种技法有时也会给广告平添几分真实性。通常,这个人物会不断重复产品特点或企业广告口号,他们在播音时可以选择具体的措辞和语气。

(三)证言式(实证式)

证言式广告(testimonial commercial)借助用户使用产品后表现得心满意足来告诉观众产品如何如何好,证言式广告无论是在电视广告中还是在广播广告中都显得非常可信。用名人做广告语言人当然能引人注目,但他们必须令人信服,且不得喧宾夺主、影响产品宣传。实际上,各行各业的人士都可以扮演证言人的角色,无论是著名人物、无名小卒还是非专业人士。至于采用哪种类型的人充当证言人,这要视产品的属性和广告战略而定。满意的用户是最好的证言资本,因为他们的真诚一般都颇具说服力。奥格威建议在被拍摄对象毫无察觉的情况下拍摄其证言,当然,在使用拍摄内容前必须征得他们的同意。

(四)演示式(比较式)

电视特别适合用来做视觉演示(demonstration),演示式广告比口头信息能更快更好地说服观众,因此,电视广告不要滔滔不绝,而要进行演示。自然,电视也比广播更容易演示产品,不过,也有不少广告主利用广播成功地进行了幽默、风趣的演示。

演示式广告可以演示产品的使用状态、竞争状态或使用前后的状态,这些技法有助于观众直接看到产品具有什么性能。

(五)音乐式

音乐式广告(musical commercial)又叫歌谣式广告(jingle commercial)。音乐式广告既有优秀的,也有拙劣的。处理得好,音乐式广告可以取得巨大的成功;但如果处理得不好,音乐或广告不仅不会让人相信,还会令人生厌,并且浪费资金。

音乐式广告有多种形式:广告中,可以将整个广告信息编成歌,可以在歌谣中间穿插旁白,还可以用合唱的方式表演或用流行歌曲的方式去编排。许多广告创作者采用统一的音乐主题作为背景音或广告结尾,滚石公司为视窗95软件创作的广告音乐“启动我”便属此列,我们将这类音乐称为音乐标志。在多次重复音乐主题后,听众便会把音乐标志与产品自然而然地联系起来,而要做到这一点,音乐必须要有摄人魂魄的吸引力。

广告人的音乐来源有三个:一是从版权所有人那里购买音乐的使用权,通常费用较高;二是利用已无版权问题的音乐;三是专门请人创作一段音乐。有些原创歌曲,如可口可乐广告著名的《我想教这世界一齐唱》,最终也变成了流行歌曲。

1973年,代理可口可乐公司广告业务的麦肯(McCann - Erickson)广告公司聘请不同人种、不同肤色、不同国籍的数百名年轻人,在意大利的一座山峰上齐声高唱可口可乐的广告歌曲,既是拍电影,又是录唱片,使可口可乐的宣传活动在世界范围内掀起了一股高潮。歌曲旋律优美动听,唱歌的几百名年轻人也真诚动情,唱出了对和平、博爱的衷心祈求,不过,最后都落脚在号召人人来买可口可乐的商业目的上。这种“高高抬起,轻轻放下”的手法,正是一般广告宣传常用的手法。

(六)生活片段式

生活片段式广告(slice-of-life commercial)按现实生活情景进行表演,出场人物多为普通老百姓。当然,他们是由专业演员扮演的,他们在广告中谈论自己在生活中遇到的麻烦,一般都是一些个人问题,如口臭、掉牙、头皮屑、体臭或汗渍等,再由一个亲戚、朋友或同事暗示解决方法,于是大家去试用这个产品。下一个场景便表现使用后的结果——新的一天,一个更幸福、更干净、更清新的人呈现在你眼前。虽然观众常常厌烦这类广告,文案人员也讨厌写这类广告,但它们却能有效地引起观众的注意,达到宣传效果。

生活片段式广告成功的关键在于简洁,广告突出表现产品的某一个特点,令人印象深刻。

不过,生活片段式广告的可信度是较难解决的问题,生活中的人们并不会经常谈论“高品位者的选择,精明的选择”这类问题。因此,演员必须具备一定的可信度才能让观众接受他们所传递的信息。这就是为什么大多数地方性广告不采用生活片段式技法的原因。打造产品可信度需要广告拍摄者具备非常专业的才能。生活片段式广告要求在任何情况下,故事情节都必须与产品相关,而且表现手法要简练。

(七)生活方式式

如果要表现用户而非产品,广告可以采用生活方式式(lifestyle techniques)进行制作。

例如,李维斯公司通过表现不同职业人物的工作情景和消遣活动,将其501牛仔系列的目标客户瞄准了当代的年轻男性。同样,啤酒和软饮料类产品的广告主也往往将目标客户锁定为经常参加野营活动的年轻人,其广告多着力展现使用这个品牌产品的人而非具体的产品特点。

(八)动画式

动画技法(animation techniques)能非常有效地处理那些较难表现和较难到达特殊市场(如儿童市场)的广告讯息。例如,药物对人体系统的作用很难表现,但利用动画去表现头痛和胃痛就十分形象生动、方便理解。

电脑动画要求广告主有强大的信心,因为这项费用高昂的工作大部分是由电脑来完成的,而在动画未完成之前,广告主什么也看不到,却要花费大量的金钱。

(九)综合式

综合式广告是指在一则广告中,将两种或两种以上的广告形式、表现手法或传播渠道进行有机融合,以形成一种全新的、具有独特魅力的广告形态。其优势有:综合多种广告形式可以使广告更加生动有趣,吸引观众的注意力;可通过互动元素和多样化的内容,激发观众的兴趣和参与感;能综合利用视觉、听觉等多种感官刺激,提升广告的传播效果和品牌印象。对于广告创作者而言,掌握综合式广告的制作技巧,有助于其创作出更多优秀的广告作品。

二、按呈现方式分类

(一)幽默型

幽默作为一种表达技巧,它把人类生活中的矛盾以及心理上共通的一些特点,用含蓄高雅的技巧编织成有趣的画面或滑稽的语言加以表现。幽默型广告通过让人愉悦、令人发笑,从而达到广告的目的。

(二)故事型(戏剧式)

故事型广告往往靠感性诉求吸引人,并常与幽默型广告相通。广告制作者在创作这种广告时必须注意细节设计、情节联系、高潮设置,而且这些表现手法都必须与产品有机地结合起来(制作故事型广告的注意事项请见第27页)。

(三)解决问题型

这种广告方式应用得最为广泛,极易为观众所接受。它表现矛盾并解决矛盾,因而容易引起观众的兴趣。这类广告在创作时应注意以下几点:

(1)站在消费者的角度,用“观众自己的话”来表达;

(2)商品的特点和优势应在介绍商品与解决问题之间提出;

(3)不妨加一些别人的赞美。

(四)悬念问答型

悬念问答型广告与故事型广告有相似之处,都有戏剧化的高潮。这类广告在创作时应注意以下几点:

(1)主题必须与观众熟悉的范围有关,必须让观众看得懂;

(2)借助文案、音乐、动作、造型及剪接的多方衬托,把剧情推向高潮;

(3)悬念既可以先出现,也可以在最后暗示,不给答案,给观众留下意犹未尽的感觉。

(五)对比型

这种广告不仅要表现产品自身的优点,还要有意无意地证明该产品优于同类竞争品。

(六)虚幻型

这种广告通过丰富的想象力,将生活中不可能发生的事表现出来,给人亦真亦幻之感。它先以虚幻的故事情节吸引观众,再把商品讯息传达出来,让观众记住。这种广告在表现手法上格外讲究,需要利用特殊效果营造气氛。

(七)气氛型

这种广告通过一些特定环境、特定事件来营造生活气氛和人物情感氛围,是一种感性诉求广告。

(八)概念型

这种广告将商品的优点或特点概括为某种或某些概念,再选取相应的形象或意象加以表达。这是平面媒体广告常用的方法,但影视广告也可以使用,多用于推广高科技产品。

(九)连载型

这种广告是故事型广告的一个特例,它往往从产品的整体营销战略出发,以连续剧的形式将一个完整的故事拆分为若干集次第播出,以吸引观众持续关注,最终达到销售目的。

(十)后现代风格型

这种广告通过解构、重构、嘲弄经典的后现代风格,以一种娱乐化的形式传递广告讯息,从而吸引消费者观看广告。

第四节　影视广告创意表达

主要知识点

1. 文字内容的视觉化表达。
2. 如何表达创意的核心诉求。

广告创意的表现形式有很多种,针对不同的媒体平台,广告创意的方式也不同,如平面类、文字类、广播类、影视类等。有的平面类广告创意很好,但拍成视频未必能达到预期效果,有的广告创意适合以文字的方式表达出来,转换成影视语言就失去了想象的外延空间,广告表现力被大大削弱。这就好比一部精彩的小说通常无法完全忠实于原著拍成影视作品,效果可能大打折扣。导演必须重新编排,保留小说中的核心诉求和价值观体系,按影视语言体系和表现方式重新架构,作品才能绽放光彩。因此,在策划影视广告创意时,我们一定要考虑影视表达元素,选择合适的影视语言来表达,在创意之初就应该考虑如何拍摄、采用哪些视觉化的表现方式,以保证广告收到预期的效果。这样才不会出现视觉表现问题,导致广告诉求被弱化。

一、如何将创意文案进行视觉化表达

广告创意是关于广告讯息如何表现的抽象概念,广告文案是对这一抽象概念的具体表述,只有将这种抽象概念转化为具体的视觉形象,才能将广告的诉求内容生动形象地传达给受众。在这个影像泛滥的时代,我们在进行广告创意时应找到消费者的感性诉求点,再配合他们的心理感受,换位思考,从而找出差异化的细节表现。影像细节越生动,广告和消费者之间的交融互动就越理想,就越能传达视觉形象之外的丰富内涵。

因此,我们在策划广告文案时,不要对视觉形象本身赋予过多的含义,不要试图在短短的几十秒或十几秒的时间里给观众太多的思考压力。信息量过大,反而会让观众无法消化。因此,视觉表现一定要单纯,目的要明确,要给观众以强烈的视觉冲击,让画面讯息直截了当地诉诸观众的视觉,满足观众的视觉期待。

文字擅长进行抽象化和条理化的叙事,而画面则擅长表达人们的情感诉求,影像的感染力往往胜过千言万语,人们的一个眼神、一个动作、一个微笑往往是语言无法精确表达的。因此,在广告文案文字策划阶段,我们一定要考虑如何用影像更好地代替文字。当今的广告在推销商品和服务时往往不会对商品本身进行如实介绍,而是以人的情感为主要依托,找到那些最能影响人们情感的元素进行创意表现,以发挥影视广告的最大作用。

二、怎样表达影视广告的创意核心诉求

找到广告的核心诉求,并且清晰地用影视语言表达这个核心诉求,是我们制作出优秀广告的基础和必要前提,而用什么方式去表达核心诉求才是关键。这就好似一个人,外表和气质只是给人以整体上、综合性的心理感觉,而就某件事的表达,他通过什么样的语气、什么样的态度,怎样将晦涩难懂的问题通俗化,怎样打动对方,如何让对方欣然接受,这才是他个性化的具体体现。影视广告创意诉求的表达方式不胜枚举,我们无法将其具体分类,只能通过典型的广告案例寻觅出核心诉求表达所遵循的不同轨迹,然后沿着这个思路寻找出值得参考和借鉴的广告核心诉求方法。

(一)严肃的问题娱乐化

《蠢蠢的死法》(*Dumb Ways to Die*)是 2013 年澳大利亚墨尔本为宣传铁路安全而制作的一条公益广告,因为那里一年有 979 人掉落到了铁轨上。这条 MV 形式的广告在发布后 24 小时内即飙升至 iTunes 排行榜前 10 名的位置。广告曲风清新,歌词却发人深省,血腥画面中夹杂着小清新的风格,让人感觉萌萌的又怕怕的。《蠢蠢的死法》获得了 2013 年戛纳国际创意节(原戛纳国际广告节,2011 年更名)影视广告大奖。

意外死亡是一个严肃的社会话题,以前的广告都是站在关爱的角度,以告知、提醒甚至惊悚的方式出现,国内尤其爱用触目惊心的死亡数字。对待这么严肃的问题,《蠢蠢的死法》却打破常规,萌萌的卡通形象再现着因不当行为方式而造成的意外死亡悲剧,死去的卡通形象跳起灵魂之舞。广告通过娱乐的方式来表达原来严肃的死亡话题,告诫和提示生者这是“蠢蠢的死法,这么多蠢蠢的死法”。

(二)说出消费者难以形容的体验感

广告片《宜家床》(*Beds Ikea*)获得了2015年戛纳国际创意节影视广告金奖,广告的核心诉求牢牢抓住了消费者的体验感。床是“家”中最具代表性的元素,广告不仅表现了床的自由舒适,还通过超现实的表现手法,将宜家家居的整体品牌理念“自由、新奇、创意、舒适”表现得淋漓尽致。梦境中天马行空的体验,在现实中得到完美再现;现实中的感受同时也是对梦境的回味,两者互为因果、完美融合。从创意的角度来看,这条广告并不新奇,以前也有类似的沙发广告:不同年龄的人坐在不同款式的沙发上在空中自由翱翔……这次宜家采用的虽然是老旧的创意,但这条广告的成功之处在于制作细节上所表现出的真实体验感相当到位,令人有身临其境之感。品牌理念从小处着手,通过单一元素“床”,让人去感受宜家的整体产品和服务品质,这是以前同类广告没有达到的高度。

(三)不刻意追求利益点

很多护肤品或洗发护发产品的广告主打产品的功能性,通过使用效果来强化产品利益。尤其在国内,这类化妆品广告比比皆是。它们以产品为导向,讲述产品给消费者带来的利益。联合利华旗下的多芬(*Dove*)品牌成立了一个自信基金会(*Dove Self Esteem Fund*),专门推广美丽自信的概念,广告片《真美速写》(*Real Beauty Sketches*)放弃了产品的利益点,直击全球女性共同关心的话题“美丽”(因为只有4%的女性认为自己美丽)。多芬致力于在女性群体中构建一个积极的自我认知系统,激发女性不断发现自我潜能。由此,多芬发起了一项“真正的美”的社会体验活动,以此向全球女性证明非常重要的一点:女人,要有自信,因为你比想象中更美丽!

多芬邀请在圣荷西警察局工作的嫌犯肖像画师吉尔·萨摩拉为此次受邀参与测试的女性绘制素描肖像画。隔着一个布帘,吉尔·萨摩拉根据不同地域、不同种族、不同年龄、不同职业女性的自我描述绘制出她们的肖像,之后受邀参与素描肖像画的女性们与一位陌生朋友见面并短暂相处,随后吉尔·萨摩拉在与她们见面的这几位陌生朋友的描述下再次绘制她们的素描肖像画。测试完成后,两幅画并排拜访,让受试者对照“你和别人眼中的自己”的差别。测试结果出人意料地一致——体验者在自画像中都不自觉地放大了自己的外貌缺点,而在别人眼里,她们都比自己描述的更美丽、更开朗、更自信。这个视频活动空前成功,获得了超过1.65亿次点击,成为全球被观看次数最多的视频。在脸书(Facebook)上,女性朋友们莫不感动万分,有人说:“……我哭了,我没想到这次活动会有这么强大的感染力,这个点子太棒了!”显然,它完全打动了女性的心。多芬全球品牌发展副总裁费尔南多·马查多(Fernando Machado)在戛纳国际创意节上评价说:“这次的案例不同于我们以往看到的任何商业电视广告(*TVC*),我们知道这个案例不同凡响,但我们不仅仅只是坐等案例效应的发生,我们战略性地采用积极的媒体策略,帮助案例增加曝光度。我们灵活作战,没有完全按照联合利华的套路出牌。结果是这个案例为我们成功地带动了全球范围内的影响。"这是一条纪实性广告片,创意灵感来自大量的社会调查数据。广告片分析了女性看待自身"美丽"的态度和观点:化妆品就是为"美丽"服务的,而"美丽"又源于"自信"。基于这个思路,这条广告的创意就是提升女性的"自信",让所有女性相信"女人,要有自信,因为你比想象中更美丽"。这也刚好触动了女性最敏感的神经,因而该广告迅速在社会上引起强烈反响。

(四)巧妙运用不同事物的内在关联性

奇巧(*KitKat*)巧克力广告片《情人节快乐》(*Happy Valentine's Day*)巧妙地利用了"折断"这个视觉瞬间,可谓神来之笔。产品锁定的人群是处于"恋爱"季节的少男少女,他们期盼着情人节那一天的偶遇。看到眼前情侣的甜蜜,特写巧克力的"折断"喻示着失落和憧憬,长凳的"折断"却无意中促成了愿望的实现。"折断"是推进情节的催化剂,"折断"是意外的收获和惊喜,"折断"的声音令人怦然心动。广告全面展现了奇巧巧克力释放的情人节甜蜜元素,每个细节都是创意的完美体现,让人记忆深刻、拍案叫绝。

(五)善用亲情

在于术导演执导的广告片《想念面》中,母子亲情一直伴随着儿子的成长。广告结合当代的创业潮流,表现了北漂一族远赴他乡后生发的浓浓思乡情怀。一碗面勾起童年的回忆,令人不禁想回到童年时光,再吃一回妈妈亲手做的面。面香四溢,承载着妈妈的温暖和关爱,每当端起这碗面,思乡之情便油然而生。"无论在哪里,妈妈的想念都在陪伴。"一碗面拨动"亲情"的心弦,引起观众的真心共鸣。这碗面作为主线贯穿全片,一根面的两端系着母子之间的彼此挂念,片尾令人回味无穷的广告语"想念其实很近,只是一根面的长度"久久回响在观众耳畔。

(六)令人印象深刻的画面叙事方式

永远不要低估剪辑的威力,《生命片段》(Life Cuts)这条广告通过剪辑和适当的合成画面特效,将不同类型、不同出处、不同分辨率的素材完美地组合在了一起,尤其是广告中对不同图像之间内在关联性的处理堪称一绝。在浩瀚的素材中,广告通过巧妙的剪辑展现出一个人从出生到死亡所历经的不同人生片段:伴随着秒表的数字变换,五彩缤纷的画面呈现出不同的精彩人生，最后，人生轨迹汇聚到一起。很多创意人员面对客户提供的素材无所适从，认为这些素材对创意没什么帮助，很难和创意匹配，甚至直接宣布素材无用。在他们看来，广告就应该是定制的。这条广告启发我们：即使素材在拍摄风格、年代、像素上不尽相同，我们也可以找出它们之间的内在关联性，从而将这些素材统一成一种影像风格，形成明确的核心诉求。

三、影视广告创意的表达策略

影视广告创意的表达是一个兼具艺术性与科学性的复杂过程，它涉及多个方面的考量。影视广告创意的表达需要将品牌信息、目标受众和独特的视觉元素巧妙地融合在一起。以下是一些关键步骤和技巧，可以帮助我们有效地表达影视广告的创意：

（一）明确目标

确定广告的核心诉求或品牌故事。我们要通过广告达成具体的目标，比如提高品牌知名度、推广新产品、增加销售额等。此外，我们还要明确广告的目标受众，了解目标受众是谁，了解他们的需求、兴趣和行为习惯是什么。这会帮助我们确定广告的基调、风格和诉求的表达方式。

（二）研究与分析

我们可以深入研究目标受众的行为模式、心理特征和文化背景；分析竞争对手的广告策略，追求差异化、寻找创新点；努力分析竞品如何触动观众的情感，如幸福、怀旧、激励或同情，建立品牌与消费者之间的情感纽带，等等。

（三）创意构思

我们可以从不同角度和层面思考广告主题，如情感、幽默、悬疑等，再基于广告目标，确定想要传达的核心信息。这个信息应该是简洁有力的，能够快速吸引观众的注意力。另外，我们还可以采用富有创意和吸引力的语言表达，无论是旁白、对话还是字幕，都应精练且具有感染力，能够激发观众的想象。

（四）故事化叙述

将创意构思转化为具有吸引力的故事情节。我们在创作广告时可以融入品牌元素，使广告在传递信息的同时，展现品牌价值和形象；将创意概念转化为具体的脚本，包括对话、旁白、场景描述等,确保脚本能够有效地传达核心信息,并且吸引观众;构建一个引人入胜的故事框架,将产品或服务融入其中,让观众在情感上与之共鸣。

(五)视觉设计

广告创意的视觉设计包括设计广告的视觉元素,例如色彩、字体、图像、动画等,这些应该与广告的整体风格和信息相协调;利用视觉特效和动画技术,增强广告的吸引力和冲击力;确保视觉设计与广告故事相协调,共同传达广告信息;利用独特的视觉效果,如色彩搭配、镜头运用、场景设计等,来强调品牌或产品的独特性。视觉上的创意可以是非传统的拍摄角度、特效处理或艺术化的视觉呈现。

(六)音效与配乐

我们可以选择合适的音效和配乐,为广告营造氛围和与观众的情感共鸣;确保音效和配乐与广告画面相协调,增强观众的观看体验;精心挑选或创作背景音乐,声音效果可以极大增强广告的氛围和情绪传达。

(七)剪辑与后期制作

我们可以利用剪辑技巧,将广告素材有机地组合在一起,形成连贯的叙事结构;在后期制作过程中加入特效、字幕等元素,提升广告的视觉效果;进行实际的拍摄工作,以及剪辑、配音、特效添加等后期制作工作,确保最终产品的质量。

(八)测试与反馈

我们要在正式发布前小范围内测试广告效果,收集反馈意见并据此进行优化;根据反馈意见对广告方案进行调整和优化,确保广告能够最大限度地吸引目标受众。

(九)发布和监控

我们可以将广告发布到目标平台,监控其表现,如观看次数、互动率、转化率等,以评估广告的效果。

(十)创新与突破

我们可以不断尝试新的广告创意和表现手法,挑战传统广告模式;关注行业动态和技术发展趋势,将新技术和新元素融入广告创作中;在数字媒体平台上,可以加入互动环节,如 *AR* 体验、在线投票或挑战,提升观众的参与度和记忆点。

在整个过程中，创意团队应该保持沟通和协作，确保每个环节都有助于表达广告的核心诉求、实现广告的核心目标。创意表达不仅关乎视觉效果，还包括故事叙述、情感连接和品牌价值的传递。掌握以上步骤和技巧，我们才可以更好地表达影视广告的创意，使广告在传递品牌信息的同时，为观众带来独特的视觉和情感体验。

实训项目：

项目一：避免广告创意的抽象表现，让广告创意更具画面感。

实训目的：摒弃华美的辞藻，让画面更生动。

实训条件：普通教室。

实训要求：表达的内容能产生具体的视觉形象。

实训步骤：

1. 不受约束地写出自己的创意文案。
2. 去掉抽象概念和非具象化的词汇。

项目二：找到关键词，训练发散思维。

实训目的：通过互不相干的关键词创造第三种含义，贴近主题思想表达的含义。

实训条件：普通教室。

实训要求：同一个广告主题，创意出不同的广告形式。

实训步骤：

1. 找出广告诉求点。
2. 找到关键词。
3. 通过关键词构建含义。
4. 形成广告表现。

思考题：

1. 影视广告创意技巧有哪些？
2. 影视广告的表现类型有哪些？
3. 影视广告创意有哪些分类？

第三章

影视广告的镜头语言

本章学习目标

☑了解影视广告所涉及的基本概念。

☑认识景别镜头和运动镜头。

☑掌握影视广告的动态语言。

第一节 影视广告中涉及的基本概念

主要知识点

1. 影视广告编剧中涉及的基本概念。
2. 影视摄影中涉及的基本概念。

一、影视广告编剧中涉及的基本概念

镜头:一个镜头在摄影机开始拍摄时开始,在停止拍摄时结束;它可能是短的,也可能是长的;可能需要摄影机的复杂运动,也可能是完全静止的。从导演的立场看,一个镜头从"roll camera"(开动摄影机)和"action"(开拍)指令发出时开始,在"cut"(停)指令发出时结束。

场:影视剧本最基本的戏剧板块。场通常指同一时间和同一空间内发生的同一剧情,由一个镜头或一组镜头组成。

连续场景:比较随意的一个概念。它由一组具有相同主题、相同节奏和观念、相同外景和剧情的场景连接在一起组成,如汽车追逐场面。

影视剧本:由场与连续场景构成。

动作(行动):内部动作、外部动作、言语动作等,即情节。

情境:由外界景物、事件和人物关系等因素构成。

环境:剧本中人物所处的社会背景和具体生活场所,如自然环境和社会环境。

环境气氛:人物周围给人以特定感觉的精神表现或生活景象。

电影剧作中的情节:人物在促使其行动的环境中的变化过程,也是人物性格发展的历程。人物性格通过情节得以展现。情节由一系列能够显示人物与人物之间关系的具体事件构成。情节可以展现事件的内在联系,情节一般包括开端、发展、高潮、结局等组成部分。

事件:从生活素材中提炼、加工出来用以表现人物之间感情纠葛、矛盾发展的一件件大大小小的事情。一系列互有联系的事件构成情节。事件是动作的依据,动作又引发出事件,事件可以展现人物性格。

故事：一系列为表现人物性格和展示主题服务的生活事件的梗概。故事是对基本事件顺时序的自然叙述。在叙述故事时，事件和人物是并列的，如某人在某时某地参与了某一事件。故事不像情节那样和人物性格相互交融，故事体现时间顺序，情节则体现因果关系。从故事到情节，是一个艺术加工的过程。

矛盾：戏剧冲突。

冲突：矛盾在文艺作品中一种比较尖锐的表现形态。冲突分为性格冲突、意志冲突、思想冲突等多种形式。

悬念：处理情节结构的手法之一。

伏笔：叙述手法之一。伏笔潜藏在剧情的前面部分，预示将要出现的人物性格、命运变化或事件发展，具有加强剧情前后之间必然联系的功能。

伏线：在一条情节线索的发展中为其他情节线的出现所做的预示或铺垫，类似于“伏笔”。

重场戏：影视剧作中主题思想得到最深刻揭示、人物性格和感情得到最突出表现的部分。对观众来说，重场戏又是最富有戏剧性和最扣人心弦的部分。重场戏是剧情各发展阶段的核心因素，在整个影视剧作中常常起着决定其思想性和艺术性高低的重要作用。

场面：构成一部影视剧作情节发展过程的基本单位。场面一般以时间或地点的转化为划分标准。

叙述方法：分为主观叙述、客观叙述、主客观叙述、多角度叙述、夹叙夹议、闪回叙述、交叉叙述、顺叙、倒叙、预叙、插叙、平行叙述、分叙、复叙、环形叙述等。

描写：分为景物描写、场面描写、细节描写、白描、象征、怪诞、写实等。

修辞：分为明喻、隐喻、比拟、夸张、双关、对比、衬托、省略、重复、铺陈、排比、误会、巧合、暗示等。

梗概：故事的观点、提要、提纲。梗概是故事的基本思想。我们可以简短地（一段或两段）突出故事大意，也可用一个句子表示一个故事梗概。

分场景（主场景）剧本：以场景划分为基础的剧本形式。分场景剧本要根据整个场而非镜头来写，有时各场要标上编号，每场要包含详细信息及角色的动作描述、台词和恰当的场面调度，不含摄影机机位和对每一个镜头的描述。

分镜头剧本：剧本编写的最后一步。分镜头剧本按不同的拍摄角度、位置和移动，把分场景（主场景）剧本中的布景、演员、台词和动作分解成一个个镜头。分镜头剧本不仅包含连续编号、每场标题以及说明、台词、拍摄角度、机位、移动方向等特殊内容，还包括有关镜头之间或场之间转换的要求，如淡入、淡出、切出、化出、叠化等。

故事板：分镜头剧本的另一种形式，包含对故事内容的图解图示，需画上布景和摄影机机位图。

脚本:一种剧作形式。脚本原指尚待修订的书稿底本,后在戏曲排演中因所使用的台本可以根据排演者的需要随时增删,因此也将台本称为脚本。早期摄制电影时的剧本只对各场人物的外部动作、情绪与人物感情进行概述,导演可以在影片拍摄过程中任意增添,故也称为"脚本"。脚本表现形式简单,不强调叙述文字的修饰与文学性,以实用为主,可以作为分镜头剧本的根据。

二、影视摄影技巧中涉及的基本概念

电影摄影:电影摄影师运用摄影机、镜头、胶片把拍摄对象及其动作记录下来的过程。电影摄影基于视觉暂留原理,采用 24 格/秒拍摄速率,通过正确曝光,把现实对象的形状、体积、颜色、质地以及其在时间和空间中的运动记录下来。电影摄影的主要任务是造型处理,主要内容有光线处理、色彩处理、构图处理和运动处理。

摄影造型:用电影摄影的表现手段创造出占有一定空间、在延续的时间中运动着的、最接近生活真实的被摄对象形象的过程。画面应表现出被摄对象的各种视觉特征,如空间深度、立体形态、轮廓形式、表面结构、色彩等。摄影造型要注意前后画面在造型上的协调,即影调、色彩、光线,保持演员表演的动作、位置、方向等的衔接以及节奏、时空关系、艺术气氛、造型风格的一致。摄影造型的表现手段包括对运动——摄影机移动、摄影频率以及光线、色彩、光学镜头、光学附件等的运用。

绘画性摄影:注重画面视觉艺术效果的摄影。

纪实性摄影:注重生活自然面貌的摄影。

气氛镜头:为烘托和刻画人物、揭示剧情、促进剧情的发展所创造的具有情绪色彩或环境色彩、时代特征、光线效果的画面。景物、光影、色调、特定季节、景别运用、角度处理、摄影频率、运动节奏、烟火、雾气、音响等是组织气氛镜头的元素。

光线气氛:用光影创造的意境与情调。

画平面:二度空间或二维空间。

透视效果:电影画面中所表现的客观景物因所处空间位置远近不同而呈现出的视觉形象在形状、长短、大小、色彩、明暗、虚实上有规律的变化。取得画面透视效果的方法有线条透视、影调透视、色彩透视、运动透视、焦点透视等,它们以不同的视觉形式表现出空间深度。

全景焦点:又称深焦距、全景深。由远及近的被摄景物在画面中表现为全部清晰的影像。全景焦点常用短焦距镜头获得,镜头的焦距越短,景深越大;光孔越小,景深越大;

物距越远,景深越大。当调焦至超焦距点上时,景深最大。

景深:景深有两层含义。一是景深范围,指处在不同距离上的被摄对象在底片上能获得清晰影像的空间范围,在景深范围之内的景物影像清晰,超出景深范围的景物影像模糊;二是电影画面中处在不同距离上的景物层次。景深是电影制作中纵深场面调度的一种方法。

电影画面:电影画面有两层含义。一是电影镜头,指用摄影机不间断地拍摄下来的一个片段,是影片结构的基本组成单位。一个电影镜头叫作电影画面,在涉及造型处理时多用"电影画面"一词,在涉及时间结构时多用"电影镜头"一词。二是一个电影镜头可以表现一种景别,也可以表现多种景别的变化,只要中间不断开、不经剪接,就仍为一个镜头,即一个电影画面。

画幅比例:电影画面的高与宽之比。普通银幕画面的高与宽的比例为1∶1.375,宽银幕画面为1∶2.35,遮幅银幕画面的比例不尽相同,有1∶1.66和1∶1.85。

摄影构图:表现的对象及各种造型因素有机地组织在摄影画面中所形成的结构。摄影构图通常也称作画面布局、画面结构。摄影构图是被摄对象在画面中占有的位置和空间所形成的画面分割形式,其中包括光、影、明暗、线条、色彩等在画面结构中的组合关系,从而构成视觉形象。构图处理的首要任务是突出主体形象,合理地处理主体与陪体、主体与环境的关系。

构图形式:被摄对象与摄影机之间的动、静变化及取景所产生的画面结构。构图形式分为静态构图和动态构图,前者表现为单构图,后者表现为多构图,此外还有不规则构图、不完整构图、封闭式构图和开放式构图等。构图形式还可以表现为线条结构,如水平线构图、垂直线构图、三角形构图、斜线构图、S形构图、圆形构图等。

电影画面构图:把动态与静态的被摄对象按时间顺序和空间位置有重点地组织在一系列活动的电影画面中的构图。电影画面构图具有运动性、整体性、时限性、多视点、多角度等特点,画幅具有固定性,构图处理要一次完成,不能事后剪裁、修饰。

肖像构图:电影中着重表现人物形象和内心情绪的一系列中、近景镜头。

静物构图:着重表现某种物件的画面。

多人物构图:群像构图。

风景构图:空镜头。

多构图:画面结构连续或间断发生变化的构图形式。

单构图:一个镜头内只表现一种构图的组织形式。

匹配构图:利用视觉规律造成视觉连贯性和保持画面上兴趣点位置的构图。

后景:在一定条件下可以称为背景。

环境:人物、景物、空间,包括前景、后景和背景。

背景:主体背后的景物。

起幅:运动镜头开始的画面。

落幅:运动镜头终结的画面。

景别:被摄主体在画面中呈现的范围。

第二节 影视艺术语言的基本单位

主要知识点

1. 摄像机光学镜头。
2. 影视镜头组接。

一、画幅

1∶1.333 的高宽比为影视学会规定的标准片格窗。

画格和画帧分别为电影、电视画面的最小构成单位。画格指由 24 幅画面组成的 1 秒钟电影画面中的其中一幅画面,画帧指由 25 幅画面组成的 1 秒钟电视画面中的其中一幅画面。

二、镜头焦距的分类

镜头是影视艺术语言中一个最常见而又重要的元素,镜头的另一个含义指摄影或摄像机上的光学镜头,即由透镜系统组合而成的光学部件。

从镜头外射进的平行光在透镜后面聚合成的一点,称为焦点。由焦点到镜头中心点的距离便是焦距。用不同焦距的物镜拍摄可以让我们获得不同的镜头/画面。焦距长的物镜成像大,焦距短的物镜成像小。

(一)标准镜头

标准镜头指焦距长度接近相机画幅对角线长度的镜头,与人眼的视角及观测情形相近。135 相机的标准镜头焦距为 50mm,120 相机的标准镜头焦距为 80mm;35mm 胶片电影摄影机的标准镜头焦距为 50mm;电视摄像机的标准镜头焦距为 25mm。

(二)短焦距镜头(广角镜头)

短焦距镜头指焦距短于、视角大于标准镜头的镜头。135 相机广角镜头的焦距一般为 30mm,超广角焦距一般在 22mm 左右。短焦距镜头具有以下特性:(1)景深大,有利于把纵深大的被摄体清晰地表现出来;(2)视角大,有利于近距离摄取较广阔的景物范围,尤其擅长室内拍摄;(3)纵深景物近大远小,收缩比例强烈,画面透视感强,因而可以创造特定的影视形象和渲染特定的艺术氛围,突出作品风格;(4)影像畸变像差较大,尤其在画面边缘部分。

(三)长焦距镜头

长焦距镜头指焦距长于、视角小于标准镜头的镜头。以135相机为例,长焦200mm左右为远摄镜头、300mm左右为超远摄镜头。长焦距镜头具有如下特性:

(1)景深小,有利于摄取虚实结合的影像。

(2)视角小,能远距离摄取景物较大的影像且不干扰被摄对象。

(3)能使纵深景物的近大远小比例缩小,使前后景物在画面上显得更紧凑,能压缩画面透视的纵深感,让运动物体的空间位移难以觉察。

(4)影像畸变像差较小,在人像摄影中尤为明显。

(四)变焦距镜头

变焦距镜头指焦距可在较大幅度内自由调节的镜头,世界上第一只变焦镜头于1959年问世,焦距为36mm—82mm,用于135相机。

三、画面

画面原本是绘画用语。影视画面是客观物体的具体映像,在电影、电视中,画面具有自己的特性。一般一幅或一帧画面不能拿出来单独欣赏,通常要一连串画面才能表达一个完整的映像,所以画面具有不完整性。

镜头与画面有区别,如果摄像机不动,也无景别变化,一个镜头就是一个画面,此时镜头与画面同义;如果在一次拍摄中摄像机移动了或景别转换了,则影像构图可能改变,依次产生一组画面,但整个过程只开了一次机,只是一个镜头而已,此时镜头与画面就不完全相同了。

四、构图

构图是通过分析画面的组成成分,确立画面中各个组成部分的位置和相互关系的过程,它是设计完美画面的过程和手段。构图要遵循均衡、统一、形式感、趣味、字幕与景物可视性、视屏导向性等原则。

五、镜头组接

镜头组接是一项技术性工艺活动。它将分散、零碎的镜头连接起来,按照一定的思想和逻辑关系将影片内容组接在一起。镜头组接也叫蒙太奇。

镜头组接遵循动接动、静接静、动接静或静接动的基本原则。

镜头组接有几种基本方式:切换,也叫无技巧剪辑;叠化;淡变(淡入和淡出);划像(划入和划出);闪白,在前一个镜头与后一个镜头之间空出几格(帧)画面,形成闪烁的白光,然后过渡到下一个镜头;分屏,分割银幕,即在同一画面中插入不同的小画面。

此外,镜头组接方式还有马赛克、翻转、圈入、圈出、帘入、帘出等。

第三节　景别镜头与运动镜头

主要知识点

1. 影视广告景别镜头。
2. 影视广告运动镜头。

景别基本上可以分为远景、全景、中景、近景和特写(细分则还有大远景、大全景、小全景、大特写等)。在电影中,景别会限制观众的视角,引导观众的注意力,因此在叙事上起着非常重要的作用。下面简单介绍景别与叙事的关系。

一、景别镜头

景别主要指因摄影机与被摄对象间的距离远近不同而形成的画面上形象的大小不同,景别的大小与摄影镜头的焦距有关:焦距变动,视距相应发生远近变化,取景范围也就发生大小变化。景别的运用是影视艺术创作的重要手段。要想塑造鲜明的影视形象,创作者就要根据人物主次、剧情需要和观众心理,处理好景别的大小。景别的划分没有严格的界限,一般分为远景、全景、中景、近景和特写。为了使景别的划分有一个较为统一的尺度,我们通常以画面中人物的大小作为划分景别的参照物,如果画面中无人物,就按景物与人的比例来参照划分。

(一)远景

远景指摄影机远距离拍摄被摄对象的镜头。镜头远离拍摄对象,画面就开阔、景深悠远。这种景别能充分展示人物活动的环境空间，可以用来抒发感情、渲染气氛、创造某种意境。电视剧《黄土地》中的远景，人物都处理得很小，表现了人受制于自然的一种无奈。远景中视距最远的景别，称为大远景，它的取景范围最大，适宜表现辽阔广袤的自然景色，能创造深邃的意境。

（二）全景

全景指出现人物全身形象或场景全貌的镜头。这种景别视野相对小些，让观众既能看清人物又能看清环境，故可以表现人物的整体动作以及人物和周围环境的关系，展示一定空间中人物的活动过程。远景常常用来拍摄人物在会场、课堂、集市、商场等一定区域范围内的动作，是塑造环境中的人或物的主要手段。例如，在电影《阿甘正传》中有这样一场戏：珍妮再一次离开阿甘后，阿甘每天思念着她，最后决定跑步横跨美国。影片开场第一个镜头就用了全景，并用树和房子的影子及光线交代时间：在一个早晨，独自坐着的阿甘有了跑步的想法。全景的作用是确定事物、人物的空间关系，展示环境特征，表现事件的发生地点，为后续情节定向。同时，全景也有利于表现人和物的动势。

（三）中景

中景指显示人物膝盖以上形象的镜头。在这种景别中，人物所占空间的比例增大，观众能看清人物的形体动作，并能比较清楚地观察到人物的神态表情，因而这种景别可以反映人物的内心情绪，是影视作品中使用较多的基本景别。中景在表现人物的同时，可以表现人物一定的活动范围，如房间的一隅、院落的一角等。影视镜头的成功与否，主要看中景的运用。例如，电影《这个杀手不太冷》在主人公走出校园时，镜头用了中景，表现了建筑物的周边环境和学生状态，并且更加突出主人公的动作细节，暗示了主人公与其他学生内心世界的不同。导演用中景拍摄人物时，多以人物的动作、手势等富有表现力的局部为主，环境降到次要地位。中景更有利于展现事物的特殊性。

（四）近景

近景指表现人物腰部或胸部以上形象的镜头。在这种景别中，人像占据大部分画面，环境变得零碎而模糊，观众已难以看全人物的动作，关注重点往往集中在人物的肖像和面部表情上，因而这种景别常被用来表现人物的感情和心理活动。近景相当于文学作品中的肖像描写，适宜于刻画人物的音容笑貌、仪表神态、衣着服饰，突出人物的神情和重要动作，也可以用来突出部分景物，是影视作品中大量运用的景别。电影《老井》中有一组旺泉婚后与喜凤的感情戏，都是用近景来精雕细刻的，尤其是夫妻俩为儿子取名的场景,导演通过一个长达215英尺胶片的镜头,尽情渲染了一个具有生活本色的画面。

(五)特写

特写指表现人物肩部以上部位或有关物体、景致的细微特征的镜头。它是视距最近的一种景别,能把表现对象从周围环境中强调、突出出来,使观众去注意某个关键性细节,如惊愕的眼睛、欲滴的泪水、颤抖的睫毛、抽搐的肌肉等,从而创作出强烈而清晰的视觉形象。当视距特别近时,就被称为大特写。特写镜头的作用是多方面的:可以介绍人物,突出影片的主体形象;可以突出贯穿的物体,如电影《魂断蓝桥》中的吉祥物;可以突出人物细致的表情或动作;可以反映特写环境,使某个物件含义深邃,如电影《芙蓉镇》中扫帚的三次特写(分立墙角的扫帚、渐渐靠拢的扫帚、并排合一的扫帚,借以表现两个扫街人相爱的独特经历);可以充当转换时空的手段;还可以与其他景别镜头搭配,使节奏加快,营造紧张激烈的气氛。但特写镜头不宜毫无节制地滥用,一般应和全景结合起来使用。

二、运动镜头

运动镜头就是用运动摄影(镜头自身的运动)的方法拍摄的镜头。在影视作品中,处于静止状态的镜头是不多见的,大量的是运动镜头。

(一)推镜头

推镜头指在被摄对象位置不变的情况下,摄影机向前缓缓移动或急速推进的镜头。在使用推镜头时,银幕的取景范围由大到小,画面中的次要部分逐渐被推移到画面之外,主体部分或局部细节逐渐放大、占满银幕,景别也由远景变为全景、中景、近景甚或特写。这种镜头的主要作用是突出主体,使观众的视觉注意力相对集中、视觉感受更加强烈,进入一种审视状态。它符合人们在实际生活中由远而近、从整体到局部、由全貌到细节地观察事物的视觉心理。

(二)拉镜头

拉镜头与推镜头的运动方向正好相反,摄影机由近而远、向后移动离开被摄对象,取景范围由小变大,被摄对象由大变小,与观众的距离也逐步加大;画面的形象由少变多,由局部变化为整体;景别由特写或近景、中景拉成全景、远景。拉镜头的主要作用是交代人物所处的环境。

（三）摇镜头

运用摇镜头时，摄影机借助活动底盘上下、左右转运甚至旋转，犹如人的目光顺着一定的方向巡视被摄对象。摇镜头能表现人物眼睛看待周围一切时的感觉，可以从一个被摄对象转向另一个被摄对象，可以表现人物的主观视线及内心感受等。它在描述空间、介绍环境方面有独到的功用，左右摇常用来介绍大场面，上下摇常用来展示高大物体的雄伟、险峻。摇镜头在逐一展示景物或逐渐扩展环境时，可以使观众产生身临其境的感觉。

（四）移镜头

移镜头指摄影机沿着水平方向做左右横移拍摄的镜头。移镜头是机身移动，而不是镜头跟随被摄对象移动，它类似于生活中人们边走边看的状态。移镜头同摇镜头一样，具有扩大银幕二维空间的映像能力，但因摄影机不是固定不变的，因此移镜头的自由度比摇镜头更大，它能打破画面的局限，扩大空间视野，表现广阔的生活场景。

（五）跟镜头

跟镜头指摄影机跟随被摄对象，保持等距离运动的移动镜头。跟镜头始终跟随运动着的主体，可以给人造成特别强的穿越空间的感觉，适宜于连续表现人物的动作、表情或细部变化，如人在山坡上疾速、迅捷的跳跃动作。跟镜头能强化运动的速度感，也能烘托、渲染人物的情绪。在跟镜头中，物体、镜头和背景空间三者均处于运动当中。

三、其他镜头

（一）空镜头

空镜头指画面上没有人物而只有景或物的镜头，也叫景物镜头。空镜头的内容并不“空”，它是介绍环境、叙述事件、刻画人物、传情达意的重要手段。空镜头往往出现在影片的开头，展示故事发生的环境。

（二）长镜头

长镜头指长时间拍摄、不切割空间、保持时空完整性的一种镜头。这种镜头在同一银幕画面内保持了空间、时间的连续性、统一性，能给人一种亲切感、真实感，在节奏上比较缓慢，因而抒情气氛较浓。有人把长镜头称为“镜头内部蒙太奇”。法国电影理论家安

德烈·巴赞是“长镜头理论”的倡导者,他总结了长镜头在电影中的运用实践:

(1)长镜头和镜头的景深运用可以避免严格限定观众的知觉过程,它是一种潜在的表意形式,注重通过事物的常态和完整的运动揭示动机,保持“透明”的真实性。

(2)长镜头(镜头—段落)能保证事件的时间进程受到尊重,镜头产生的景深能够让观众看到现实空间的全貌和事物之间的联系。

(3)长镜头能再现现实事物的自然流程,因而更具有真实感。长镜头作为一种电影风格和表现手段,在展现完整、现实、客观方面具有独特的优越性。

(三)仰俯镜头

大多数镜头是平视拍摄的。在电影画面中,拍摄角度不同,被摄对象在观众视觉范围内的方位、形象就会发生变化,从而引起观众对被摄对象的注意,改变观众的心理反应。仰摄就是摄影机由下往上、从低向高地拍摄,仰镜头代表了观众仰视的视线,在心理色彩上往往给人以舒展、开阔、崇高、敬仰的感觉;俯摄则是摄影机从高向低、由上往下地拍摄,俯镜头代表了观众向下俯视的视线,在心理色彩上给人以阴郁、渺小、压抑的感觉,适合表现人物的悲剧命运或反面人物的可憎卑劣。许多影视片常用俯镜头拍摄敌人的酒宴、赌场的嘈杂、匪徒的密谋等场景。

(四)快慢镜头

按正常状态拍摄的速度,每秒钟有24格画面。如果降低或加快摄影机拍摄的速度,但不改变每秒24格的放映速度,那么银幕上就会出现特殊的视觉效果。低于摄影机正常速度(24格/秒)拍下的镜头叫快镜头,放映时在银幕上会出现比实际运动速度更快的效果。运用得当,快镜头会产生一种夸张的喜剧效果。高于摄影机正常速度(24格/秒)拍下的镜头叫慢镜头,放映时在银幕上会出现慢动作。慢镜头在影视造型中具有特殊的意义,它能人为地“延缓”动作节奏,“延长”动作时间,使观众看清在正常情况下看不清的一些动作过程,因此导演普多夫金称慢镜头是“时间的特写”,是一种有意识引导观众注意的方法。

(五)主观镜头

从镜头给观众的印象而言,镜头可以分为客观镜头和主观镜头两种:从导演(也是观众)的视角出发来叙述的镜头叫客观镜头,从剧中人物的视点出发来叙述的镜头叫主观镜头。主观镜头把摄影机的镜头当作剧中人的眼睛,直接“目击”生活中其他人、事、物的情景,它代表了剧中人物对人或物的主观印象,因而带有明显的主观色彩,可以使观众产生身临其境、感同身受的效果,进而使观众和人物进行情绪交流,产生共鸣。

第四节　常见的构图方法

主要知识点

1. 常见的构图比例。
2. 人物构图的取景方法。

由于一个镜头会像绘画一样在一个既定的画幅中涵盖演员、动作或事件，因而我们必须更仔细地思考如何利用那些重要的被摄对象或信息来填满画面。也就是说，在一个特写镜头中要把演员的头部安排在哪儿，或在一个远景镜头中要把一望无际的牧场大平原上一棵孤零零的高树放在什么位置。这不仅涉及放在哪儿的问题，还涉及为什么要这么放的问题。这些视觉元素在整体画面中的摆放位置非常重要，因为它们将向观众传达特定的含义。

一、常见宽高比及构图方法

（一）常见宽高比

常见的宽高比有以下几种：

（1）1.33∶1，也就是俗称的4∶3；

（2）1.78∶1，也就是俗称的16∶9；

（3）1.85∶1；

（4）2.35∶1；

（5）2.40/2.39∶1（1920×800）。

（二）常规构图方法

常规的构图方法有以下几种：

（1）直线构图：直线构图可以充分显示景物的高大和深度，电影画面中的瀑布、参天大树等可以用直线构图。

（2）水平构图：水平构图可以传达平静、安宁、舒适、稳定的感觉，常用于湖面、平川的拍摄。

（3）斜线构图：斜线构图可以传达失衡、紧张、危险的情绪。

(4)S 构图:S 构图主要用来表现画面中蜿蜒的河流、山脉。

(5)X 构图:线条、影调按 X 形布局,透视感强烈,有利于把视线由四周引向中心,也可以赋予景物从中心向四周逐渐放大的特点。

(6)十字构图:十字形给人以平稳、庄重、严肃之感,可以用来表现成熟而神秘、健康而向上的感觉。因为十字最能使人联想到教会的十字架、医疗部门的红十字等,因而十字构图又可以产生神秘感。

(7)向心、发散构图:向心、发散构图指主体处于画面中心位置、四周景物朝中心集中或发散的构图形式。这种构图能将视线引向主体,起到聚焦的作用,具有突出主体鲜明特点的功能,但有时也会产生压迫中心、局促沉重的感觉。

(8)放射构图:放射构图通过画面向四周延伸的内容来表现具有冲击力的气势,可以有效地增强画面的张力。

(9)三角形构图:三角形构图以三个视觉中心安排景物的主要位置,有时也以三点成一面的布局安排景物的位置,从而形成一个稳定的三角形,可以是正三角形,也可以是斜三角形或倒三角形。

(10)平衡构图、对称构图:平衡构图和对称构图是电影中常用的构图方式,可以在视觉上让观众感到舒适。

巧妙地安置画面中的被摄对象不仅有利于强调构图、提供潜台词,而且可以赋予影像均衡、有序和美的感觉。

二、人物构图取景简单法则

在画面中摄影师注意到了什么?人物的头部位于画面什么位置?人物的眼睛看向哪里?这些都是摄影师在构图时需要考虑的问题。

(一)头顶留白

对某给定的景别(中景镜头、远景镜头、特写镜头)来说,在画面中将人物的头部放在什么位置是有公认准则的。这个准则更适用于中景和特写镜头,因为在这些景别较小的镜头里我们更多看到的是人的头部和身体而非周围的环境。

人们在日常交流时会自然地倾向于看对方的脸,特别是眼睛。这种“脸部聚焦”有助于我们洞察人物的身心状况并掌握他们的情绪状态。因此,当观众看银幕上的演员时,通常也会注意这个人的脸部,尤其是眼睛和下巴。导演们都知道这一点,并且会在构建人物镜头时利用这一点。

人物的头部在画面中的位置非常重要,这就是为什么会有“头顶留白”这个指导法则。

头顶留白特指演员的头顶和画面上边框之间的空间。由于银幕空间非常宝贵,绝对不能有丝毫浪费,因此在比较紧的镜头里经常让画面的上边框正好切到人物的头顶,在比较松的镜头里则要考虑在人物头顶留多少空间比较合适。

一般而言,不要给人物头顶留下太多的空间,因为它会浪费银幕空间,而且会与整体构图格格不入,除非故事或时间需要在头部以上留有更多信息。

(二)拍摄方式——主观与客观

如果画面中人与人之间在交流时彼此看着对方的脸,并且是用眼睛在交流,那么画面中人物的眼睛是如何直视我们的呢? 如果被摄对象直视镜头,这意味着什么? 如果银幕里的人直接对着你讲话,作为观众的你是什么感受? 当然这取决于拍摄或观看的物体类型。

如果我们拍的是一位现场记者,那么被拍摄对象可以直视镜头进行实况报道,记者通过直视观众和讲述事实从而与观众建立起一种直接的联系。

在电视节目中,画面中的人物可以直视镜头并对着电视观众讲话,这种拍摄方式被称为主观拍摄。

电影《我杀了我妈妈》开头前 40 秒都是男主角于贝尔对着镜头的自述,但这种方法并不适用于有剧本的虚构故事片(至少不适用于绝大部分虚构故事片——就像随后我们将学到的那样,规则经常会有例外)。在虚构故事里,演员在假想的世界里扮演角色,摄影机是观察者而不是直接参与者。

演员一般不能直视镜头,甚至不能靠近它。

如果演员看向镜头或对着镜头讲话,这就叫“打破第四堵墙”。如果摄影机是在一个房间里拍摄演员的表演,则摄影机可以看到后面和左右两侧的墙。在摄影机后面的那堵墙,也就是说物理上处于摄影机所在位置的那堵墙,就是“第四堵墙”。第四堵墙是拍摄表演的地方,基本上也就是观众坐下来观看故事的地方。因此银幕上的所有人都要表现得好像摄影机根本不存在一样。这种拍摄方式通常被称为客观拍摄。

(三)视线留白

视线留白是画面中留出来的从被摄主体的眼睛到画面边缘之间的空白空间,这种空白区域可以使人物头部所占据的左边画面的重量和右边空白部分的重量保持平衡。在这里,“重量”指视觉上的分量而不是实物的重量。

(四)九宫格定律

九宫格定律就是分别从水平和垂直的方向把画面做三等分。当然这些线条并不会出现在画面里,但是摄影师必须将其牢牢记在脑海里,拍摄时知道它们在取景器上的大概位置。

第五节 影视广告的动态语言

主要知识点

1. 影视广告动态语言应用原则。
2. 影视广告基本剪辑模式。

运动是影视艺术的基本特性之一,它不仅包括演员在表演中的形体运动和他们所塑造的人物的心理运动,还包括摄影机的物理运动及其在蒙太奇剪辑中的叙事运动。

影视中的运动就是指场面调度,它包括演员调度和镜头调度(运动镜头和剪辑运动)。镜头调度中的运动镜头则指摄影机的物理运动,剪辑运动主要指固定镜头的组合。

一、匹配原则

所谓匹配原则,指两个画面在连接时要有一种和谐、对应的关系,这种对应影响着观众的视觉和心理感受。

正如人们一般在介绍对象时遵循的基本原则"门当户对"一样,从心理学上讲,匹配就是要满足观众的"心理认同"。

在剪辑中,我们要利用主体造型以及画面造型之间的关系,适应观众的视觉习惯,满足观众的心理体验。

(一)位置的匹配

位置的匹配指两个画面中的主体剪接到一起时,要相互协调、关系和谐。具体而言,主要有以下两点:

(1)主体在画面中处于视觉中心的位置,使观众的注意力集中于主体,这一点摄影、摄像相同。

(2)主体不只顾寻求单幅画面自身的均衡,而是要照顾上下两幅画面的对应关系,这是摄影与摄像的区别,因为摄像是运动的,如下面两种情况:

第一,两个画面的主体在拍摄场景中处于相同的位置。如果主体在运动过程中,景别发生了变化,则主体应尽量保持在画面中大致相同的位置上。

第二,两个画面的主体在拍摄场景中处于不同的位置。在这种情形下,主体应置于画面的不同位置上。

不同位置是为了让内容之间建立起一种逻辑关系,虽然这会使人们的视觉注意力产生跳动,但可以产生一种心理平衡,在整体上形成连续感。

在有明显对立关系(如谈话双方、讲演者与听众、动作者与动作对象)的两个主体交流时,如果从两个截然相反的方向拍摄主体,则主体应置于画面的不同位置。

(二)视线、动作的匹配

画面剪接时要注意画面中人物的视线、动作方向符合一定的逻辑关系。

画框的存在导致影视中的人与物表现出明显的方向性。为保持正常的逻辑关系,画面中人物的视线方向应符合人的心理感受。

视线的作用是使人和物的画面产生联系,物常作为人的结果,表现一种对应关系。

视线往往是剪接的重要契机,视线的落点除了作为剪接点的依据外,还经常用于表现人物心理活动、揭示人物间感情关系。

二、轴线原则

(一)为什么要有轴线

由于画框的限制,电视屏幕上没有东西南北之分,正如初玩3D(三维)游戏的人分不清方向一样。为什么会这样呢?让我们对比一下电视与现实:

在现实生活中,人们可以从任何一个角度观察一个物体的运动,而且绝对不会搞错运动方向,这是因为:(1)环境参照物的存在,使人们知道或能预测物体运动的总方向,视角为180°;电视则不行,它受镜头角度的限制,所见极为有限;(2)视点转换有心理依据,当我们从运动的一侧移到另一侧时,我们已经意识到视点的变化,而屏幕上物体的运动方向则完全取决于摄像机所处的位置。

由于电视屏幕中方向感被弱化了,因此我们不得不制定某种剪辑规则,以使画面之间的运动方向保持一致,于是就有了轴线原则。

(二)什么是轴线原则

在运动着的物体或对话的人物之间有一条看不见的线,这条线影响着屏幕上物体运动的方向和人物的相应位置,这条贯穿于运动物体并影响画面运动性的无形的线,就叫作运动轴线(action axis);对于不运动的人或物来说,这条线也称为人物关系线。

轴线分为两种:一种为运动线(可以是曲线),一种为情感交流线(只能是直线)。

轴线原则要求镜头只能在轴线的同一侧拍摄,越过轴线,运动方向就会相反;在剪辑时,相邻的两个画面必须是在轴线同一侧拍摄的。因此,在剪辑画面时,首先要考虑建立总轴线,使每个镜头的运动方向趋于一致。

(三)跳轴

跳轴指画面中主体的运动或视线方向突然改变,导致观众理解上的混乱。其实,这就是在轴线不同侧拍摄的两个画面被剪辑在一起了。

请注意,情感轴线在拍摄和剪辑时都很重要,摄影机可以放在远处或近处拍摄单人或多人,但绝不能越过情感轴线,它只能在轴线的同一侧,在180°的一个半圆形内移动(当然,为了拍摄效果,拍摄的角度不能太小,一般在20°以上)。

如果越轴拍摄,从相反的方向拍主体,屏幕上人物的位置就会调转过来:一个原来处于右边的人物就会突然跑到左边的位置上。如果越轴拍一个人物的单独特写,他的视线方向也会与原来相反。

(四)跳轴的弥补

跳轴的弥补方法有以下几种:

1. 借助运动变化改变轴线

在两个相反的镜头中间插入一个有运动物体转弯动作或人物转身动作的镜头,利用动势改变轴线。

2. 插入中性运动镜头

在两个相反的运动镜头中间插入一个运动物体在画面中间纵深运动的镜头,中性运动镜头没有明显的方向性(因为它始终处于轴线上,对轴线两侧的画面而言,它都可以处于不越轴的状况),从而可以减弱相反运动的冲突感。

3. 借助人物的视线

如在车上看外面的景物从左至右划过画面,插入坐车人转头从右往左看的中性镜头，然后随着人物的视线，变成景物从右至左划过画面的镜头。

4. 特写镜头

在两个运动镜头中间插入一个局部的特写或反应镜头的特写，从而暂时分散观众的注意力，减弱相反运动的冲突感。

5. 全景再次交代视点

在利用一些速度不是很快的运动物体改变轴线时，可以从近景跳到大全景，等轴线改变过来后再跳到小景别。

（五）表现对话的机位：三角形原理

在表现人物对话时，共有六组机位可以搭配，分别是：顶角机位、平行机位、外反拍机位、内反拍机位、正反打机位和外侧正反打机位。

1. 顶角机位

采用顶角机位时，两个被摄对象的关系线作为等腰三角形的底边，摄影机放置在顶角。这一机位使画面中的两个人物处于同一视觉平面，各自所占画面份额相等，便于交代环境和人物关系，因而这一机位常用于一场戏中对话的开始和结束。

2. 平行机位

采用平行机位时，在轴线一侧设置两个或两个以上、视轴相平行同时与轴线相垂直的机位。它在画面上只表现关系轴线中的一个人物，因此多用于并列表现不同的对象，如拍摄两个人物对话或多名赛跑运动员各自的表情动作，带有客观同等评价的含义。

3. 外反拍机位

外反拍机位指处于平行机位外侧的摄影机视角与轴线的夹角为锐角时的机位。与顶角机位相似，外反拍机位同时交代两个人物，但两个人物互为前景、后景，具有明显的透视效果，因此有轻重之分。如果两个演员面对面地对话，其中一个演员面对摄影机，观众可以充分注意到他的表情动作；如果背对摄影机的演员占画面较小，我们通常将这种镜头称为“过肩镜头”。

外反拍机位也可以让演员面对摄影机同向站立，以使观众同时观察到两个人物的情况，这时如果要突出其中的某一个人物，可以运用变焦的办法。

4. 内反拍机位

内反拍机位指处于平行机位内侧的摄影机视角与轴线的夹角为钝角时的机位。这种机位拍摄的画面中只出现一个人物,但可以使观众明显感受到他正在与轴线另一端的画外人物交流。内反拍机位常常与顶角机位结合使用,是表现对话的最佳形式——“三镜头(正反打)”。

5. 正反打机位

正反打机位都在轴线上,视轴与轴线相重合但分别向外,画面上只出现轴线一端的一个人物,功能与内反拍机位相同,只是它模仿的是另一个人物的主观视点,给观众的感受是主观视点镜头。

6. 外侧正反打机位

外侧正反打机位也设置在轴线上,但分别向内,画面上只出现离摄影机近端的人物,另一个人物则被完全遮挡,所以在实际拍摄中价值不大。

由上可以看出,2 ~6 号机位分别与 1 号顶角机位配合,可以使三台摄影机反映同一对话场景。这三个机位组成一个三角形,这就是我们常说的“机位三角形”,即三个机位所构成的底边与轴线平行的三角形。

为了使分镜头拍摄的画面保持视觉上的连贯性与流畅性,三个机位所拍摄的镜头中的人物必须在位置和视线方向上相匹配(如果人物有动作还应该有动作的匹配)。要做到这种匹配,机位三角形就必须位于轴线的同一侧,三个机位中的任何一个越过轴线到了另一侧,就会打破位置与视线方向的匹配,引起视觉错乱。

三、剪辑句型

在此主要介绍三种剪辑句型:前进式句型、后退式句型和复合式句型。

(一)前进式句型

前进式句型在表现同一对象时,按全、中、近、特的镜头顺序展开叙述,视点从远到近,逐步前进。如果叙述顺序由面到点,或者剧情发展越来越紧张,就适合用前进式句型。前进式句型表现的是一种上升的情绪发展曲线。

(二)后退式句型

后退式句型按特、近、中、全、远景的镜头顺序展开叙述,视点从近到远,逐步后退。如果叙述的顺序由点到面,或者剧情趋于松弛,就适合用后退式句型。后退式句型表现的是一种下降的情绪发展曲线。

(三)复合式句型(环形句型)

复合式句型由一组对称分布的前进式分句和后退式分句构成,表现的是一种抛物线的情绪发展曲线。

四、五种剪接点

剪接点就是两个镜头之间的转换点。我们大致可以将剪接点归纳为以下几类:叙事剪接点、动作剪接点、情绪剪接点、节奏剪接点、声音剪接点。

(一)叙事剪接点

叙事剪接以观众看清画面内容或理解解说词和情节发展所需的时间长度为依据,这是影视广告中最基本的剪接依据。在剪辑中,镜头转换不仅是为了满足影视叙事或艺术表现的需要,同时也是为了满足观众观赏的需要。每一次镜头转换都意味着观众注意力的转移——从一个视觉形象转移到另一个视觉形象。镜头的长度意味着视觉形象刺激观众的强度和观众的接受程度。如果一个镜头能给大家带来出乎意料的感受或更多的信息,相对于其他镜头,这个镜头显然会得到更多的关注。通常,镜头连接虽然没有连续的动作,但我们可以通过主体将其统一于一体。因此,以镜头长度满足叙事要求,以镜头连接表现主题,是影视编辑中最基本、最常见的方式。

(二)动作剪接点

动作剪接以画面的运动过程(包括人物动作、摄像机运动、景物活动等)为依据,结合实际生活规律的发展来连接镜头,目的是使内容和主体动作的衔接转换自然流畅,它是保证影视广告外部结构连贯的重要因素。动作剪接固然是为清楚地叙事服务的,但它更着眼于镜头外部动作的连贯性,在镜头剪接点的选择上,除了镜头内部运动体的动作、动势外,摄像机的运动方式也是重要的判断依据。此外,运动镜头的速度、方向、起幅、落幅同样会影响到镜头连接的视觉连贯性。正确处理好动作剪接点,是镜头组合得以产生行云流水般自然连贯的视觉效果的基础。

(三)情绪剪接点

情绪剪接以演员的心理活动和内在的情绪起伏为依据,结合镜头的造型特点来连接镜头,目的是激发画面的情绪表现。就影视广告剪辑而言,有时候如果完全按照画面上的外部动作来剪辑,并不一定能准确地表现应有的情绪节奏或叙事上的跌宕起伏。这时,导演在剪接点的处理和剪辑方式上,必须考虑影视广告的总体节奏和这一段落或动作的情绪形态,依据人物情绪或时间发展的内在情绪要求,利用镜头在表现情绪上的造型作用来判断剪接点,而不必依据任何形体动作或声音语言。

(四)节奏剪接点

节奏剪接以运动、情绪、事物发展过程的节奏为依据,结合镜头造型特征,用比较的方式来处理镜头的长度和衔接位置,也就是通过镜头连接点的处理来体现快慢动静的对比,这种剪接方式重视的是镜头内部运动与外部动作形态的吻合。

(五)声音剪接点

声音剪接以声音元素(解说词、对白、音乐、音响等)为基础,根据内容要求和声画有机关系来处理镜头的衔接,也就是上下镜头中声音的连接点。各种声音都有其本身的规律性并与画面内容有着紧密的联系。镜头连接并不是单纯地处理图像的连贯性,有时候,如果不能很好地控制声音剪接点的位置,即便镜头连接很简单,也会显得失真。

实训项目:

利用运动镜头和不同景别拍摄如下画面,并分析每个镜头产生的视觉语言效果。

拍摄画面:地点在运动场、学校广场或者带有相关空间关系的场地,3~4名学生为一组,彼此形成空间关系,同时设定一个主题,所有镜头设置均围绕这个主题表现。

实训目的:注意观察并掌握镜头运动角度、速度、节奏等拍摄方法,运用镜头形成的景别、构图以及运动关系来强化叙事表达能力,细心体会镜头产生的不同景别、快慢节奏和构图差异所形成的视觉语言效果。

实训条件:摄像机、拍摄场地、相关道具、助演。

实训要求:注重把握景别、构图、镜头节奏运动规律。

实训步骤:

1. 熟悉摄像机的使用。
2. 适合的拍摄地和助演有利于拍摄任务的完成。
3. 镜头景别规划和场景规划。
4. 运动镜头的表现(多种运动镜头的拍摄表现对比,体现不同镜头语言的运用)。
5. 特定镜头叙事的清晰性、合理性和完整性。

思考题：

1. 影视广告的镜头语言涉及哪些概念？

2. 影视广告的镜头语言有哪些构图方法？

3. 请阐述影视广告中的动态语言。

第四章

影视广告的蒙太奇语言

本章学习目标

☑了解蒙太奇及其功能。

☑掌握镜头组接的蒙太奇规律。

☑了解蒙太奇的分类与形式。

第一节 蒙太奇的定义与功能

主要知识点

1. 蒙太奇的定义。
2. 蒙太奇的功能。

一、蒙太奇的定义

蒙太奇是法文 montage 的音译,意为文学、音乐与美术的组合体,原本属于建筑学用语,用来表现装配或安装等。《大英百科全书》的解释是:“蒙太奇指的是通过传达作品意图的最佳方式对影视进行的剪辑、剪接以及把曝光的影片组接起来的工作。”在电影创作过程中,蒙太奇是导演向观众展示影片内容的叙述手法和表现手段。

在视频编辑领域,蒙太奇的含义有狭义和广义之分:狭义的蒙太奇专指编排、组合镜头画面、声音、色彩等诸元素的手段。也就是说,蒙太奇是在后期制作过程中将各种素材按照某种意图进行排列,从而使之构成一部影视作品的手段。由此可见,蒙太奇是将摄像机拍摄下来的镜头,按照生活逻辑、推理顺序、作者的观点倾向以及美学原则连接起来的手段,是影视语言符号系统中的一种修辞手法。

广义的蒙太奇则不仅包含后期视频编辑时的镜头组接,还包含影视剧作创作者从开始到完成的整个过程中的艺术思维方式。

二、蒙太奇的功能

一条影视广告由若干镜头组成,每个镜头的画面内容、运动形式以及画面与音响组合的方式都包含着蒙太奇因素。可以说,一条影视广告在拍摄镜头时就已经在使用蒙太奇了。蒙太奇的作用主要体现在以下几个方面。

(一)概括与集中

通过镜头、场景、段落的分切与组接,我们对素材进行选择和取舍,选取并保留主要的、本质的部分,省略烦琐、多余的部分。这样一来,影视广告就可以突出画面重点,从而强调特征显著且富有表现力的细节,以达到高度概括和集中画面内容的目的。

(二)吸引观众的注意力、激发观众的联想

影视广告在编排之前,其视频素材中的每个独立镜头都无法向人们表达出完整的寓意。但通过蒙太奇手法将这些镜头组接起来后,这些镜头便能够起到引导观众注意力、影响观众情绪与心理、激发观众丰富的想象力的作用,使原本无意义的镜头变得意义丰富。此外,蒙太奇还能够激发观众的参与热情,从而形成主客体的共同"创造"。

制造悬念是蒙太奇的一种具体表现方式,也是当代影视作品吸引观众注意力、激发观众联想的常用方法。

(三)创造独特的画面时间

通过镜头组接,影视广告可以对片中的时间和空间进行任意的选择、组织、加工和改造,从而形成独特的表述元素——画面时空。与早期的影视作品相比,影视广告对画面时空的运用使得广告片的表现领域变得更为广阔,素材的选择取舍也变得更加灵活。因此,影视广告相比早期更擅长表现丰富多彩的现实生活。

(四)形成不同的节奏

节奏是情节发展的脉搏,是画面表现形式与内容是否统一的重要表现,也是对画面情感和气氛的一种修饰和补充。它不仅关系到镜头造型,还涉及广告片的长度与时间分配问题。因此,节奏的发展过程不仅要根据剧情的进展来确定,还要根据拍摄对象的运动速度和摄像机的运动方式来确定。

在后期编辑过程中,蒙太奇正是通过对镜头的造型形式、运动形式以及广告片长度的控制,使画面表现形式与内容密切地配合,让画面在消费者心中留下深刻的印象。可以看出,人们不仅可以利用蒙太奇来增强画面的节奏感,还可以将创作者的思想融入故事中去,从而创造或改变画面中的节奏。

(五)表达寓意、创造意境

在对镜头进行分切割和组接的过程中,蒙太奇可以利用多个镜头间的相互作用形成新的含义,从而产生单个画面或声音所无法表述的思想内容。如此,创作者可以方便地利用蒙太奇来表达抽象概念、特定寓意或创造出特定的意境。

第二节 蒙太奇的镜头组接

主要知识点

1. 镜头组接规律。
2. 镜头组接节奏。

一、蒙太奇的句子

镜头是影视作品的最小组成单元,多个镜头组成一个蒙太奇句子,多个蒙太奇句子组成一个蒙太奇段落,多个蒙太奇段落组成一部完成的电影。蒙太奇句子是指一组镜头经过有机组合构成逻辑连贯、富于节奏、含义相对完整的电影片段。蒙太奇句子是影视作品的基本叙事单元,其组成可以采取以下 8 种基本方式(这些形式只是一种组接借鉴,切不可模式化)。

(1)前进式组接:从远距景别过渡到近距景别的组接方法。前进式组接可以采取逐级组接,也可以采取隔级组接。这是一种能够逐渐突出趣味重心的组接方式,具有放大、强调和产生迫近感的画面效果。

(2)后退式组接:由近距景别过渡到远距景别的组接方式。后退式组接可以采取逐级组接,也可以采取隔级组接。这种方式可以把观众视线由局部引向整体,使片段充满悬念感和展示感。

(3)循环式组接:从远距景别过渡到近距景别再过渡到远距景别的循环组合方法,是一种比较常见的组接方式。循环式组接能够将强调、紧迫感、揭示相互衔接、阻断、发展。能够相对表现画面的动作状态、神态和细节。

(4)片段式组接:遵循景别的组接规律并按照事件发展的时空或逻辑顺序进行组接的方式。片段式组接具有较强的叙述性、逻辑性、推理性。它可以表现情绪,如一个人抬头望着,接远方的田野,表示的是凝望、思考;一个人抬头,接到另外场景的画面,表示的是推理等。

(5)平行式组接:并列讲述两个或两个以上的故事的组接方式。两者可以有联系也可以无联系。平行式组接大量运用于悬念制造,或平行时空的讲述。

(6)累积式组接:将主体形象和内容较为接近的镜头组接在一起,形成叠加的、累积的效果,突出一种思想或说明一个主题,形成较强的节奏感和排比气势。累积式组接通常在情绪需要渲染时用的比较多,常见的形式有“回忆杀”等。

(7)对比式组接:把两种内容、情绪、意义相反的镜头组接在一起,形成一种寓意,从而表现作者的主观态度。俗话说没有对比就没有伤害,有对比就会有差异,如何巧妙地把作者的态度融入对比中,是一门艺术。

(8)联想式组接:通过不同的视觉或听觉形象进行镜头组接,引起观众由乙事物到甲事物的联想,达到寓示、象征的意义。

以上种种只是方法,我们在具体操作中,应该内化这些方法,以具体故事、具体片子分析。这些相当于基本功,多领会总是好的,实际操作中去一板一眼照做是没必要的。

二、镜头组接规律

无论哪种影视作品,从结构上讲都是由一系列镜头按一定的次序组接后形成的。这些镜头之所以能够延续下来并使观众将它们视为一个完整融合的统一体,是因为这些镜头间的发展和变化遵循了一定的规律。因此,在应用蒙太奇思维组接镜头之前,我们必须要了解一些镜头组接的规律与技巧。

为了清楚地向观众传达某种思想或信息,组接镜头时必须遵循一定的规律,主要有以下几点。

(一)符合观众的思维方式与影片的表现规律

镜头的组接必须符合观众的生活与思维逻辑关系,如果影片没有按照上述原则进行编排,必然会使逻辑关系混乱,导致观众难以理解。

(二)景别的变化要“循序渐进”

通常来说,一个场景内的“景”不宜发展得过于剧烈,否则便不易与其他镜头进行组接;但如果“景”的变化不大,拍摄角度的变换亦不大,也不便于和其他镜头进行组接。

例如,在编排同机位、同景别恰巧又是同一主体的两个镜头时,由于画面内景物的变化较小,因此将两个镜头简单组接后便会给人一种镜头不停在重复的感觉。在这种情况下,除了重新拍摄外,还可以运用过渡镜头,使表演者的位置、动作发生变化后再进行组接。

综上所述,在拍摄时,“景”的发展变化需要循序渐进,并通过渐进式变换不同视距进行拍摄,使各镜头间顺利连接。在应用这一技巧的过程中,人们逐渐发现并总结出了一些典型的组接句型。

(三)镜头组接中的拍摄方向与轴线规律

所谓“轴线规律”,指在多个镜头中,摄像机的位置应始终位于主体运动轴线的同一侧,以保证不同镜头内的主体在运动时能够保持一致的运动方向。否则,镜头在组接时,便会出现主体“撞车”的现象,此时,两组镜头便互为跳轴画面。在视频后期编辑过程中,跳轴画面除特殊需要外基本上无法与其他镜头相组接。

(四)遵循“动接动”“静接静”的原则

当两个镜头内的主体始终处于运动状态且动作较为连贯时,我们可以将动作与动作组接在一起,从而达到顺畅过渡、简洁过渡的目的,这种组接方法被称为“动接动”。

与之相应,如果两个镜头的主体运动不连贯,或者它们的画面之间有停顿,则必须在前一个镜头内的主体完成一套动作后,再与第二个镜头相组接,且第二个镜头必须从静止的画面开始,这种组接方法被称为“静接静”。在“静接静”组接时,前一个镜头结尾停止的片刻叫“落幅”,后一个镜头开始时静止的片刻叫“起幅”,起幅与落幅的时间间隔为1~2秒。

在将运动镜头和固定镜头相组接时,同样要遵循这个规律。例如,一个固定镜头与一个摇镜头相组接时,摇镜头开始要有“起幅”;当摇镜头与固定镜头相组接时,摇镜头结束时必须要有“落幅”,否则组接后的画面便会在视觉上给人一种跳动感。

三、镜头组接节奏

在一部影视作品中,题材、样式、风格以及情节的环境气氛、人物的情绪、情节的起伏跌宕等元素都决定着影片的节奏。然而,要想让观众能够很直观地感觉到这一节奏,作品不仅要在前期制作中通过演员的表演、镜头的转换和运动以及场景的时空变化等实现,还需要运用组接手段,严格掌握镜头的尺寸、数量与顺序,并删除多余枝节才能完成。也就是说,镜头组接是控制影片节奏的最后一个环节。

在实施上述操作的过程中,影片内每个镜头的组接都要以影片内容为出发点,并在这个前提下调整或控制影片节奏。例如,在一个宁静祥和的环境中,如果出现了快节奏的镜头转换,观众往往会觉得突兀,甚至在心理上难以接受。相反,在一些节奏强烈、激荡人心的场面中,如果猛然出现节奏极其舒缓的画面,便极有可能冲淡画面的视觉冲击力。当然,追求特殊效果的不在此例。

在剪辑、组接镜头时,每个镜头停留时间的长短,不仅要根据内容的复杂程度和观众的接受能力来决定,还要考虑画面构图和画面内容等因素。例如,在处理远景、中景等包含内容较多的镜头时,我们需要安排相对较长的时间,以便观众看清画面上的这些内容;对于近景、特写等空间较小、内容较少的画面,我们可以适当缩短镜头的停留时间。

此外,画面内的一些其他因素也会对镜头停留时间的长短起到制约作用。例如,画面内较亮的部分往往比较暗的部分更能引起人们的注意,因此我们在表现较亮部分时可适当缩短镜头的停留时间,在表现较暗部分时则可适当延长镜头的停留时间。

第三节　蒙太奇的分类与形式

主要知识点

1. 蒙太奇的分类。
2. 蒙太奇的表现形式。

一、蒙太奇的分类

蒙太奇是影视创作中特有的思维方式,是一种画面语言构成方式。蒙太奇首先来源于生活,其次它依据一定的关系、原理,反映现实的需要,对生活中的各种素材进行选择、加工等,使之典型化和美化,在这一过程中加入创作者的思想、情感和创作意图,使得影视艺术的制作工艺、技术有了可表现性。

蒙太奇主要分为以下几类。

(一)叙事蒙太奇

叙事蒙太奇也称"连续蒙太奇""连续构成"。它按照情节发展的时间流程、逻辑顺序、因果关系来组接镜头、场面和段落,从而引导观众去理解剧情。它着重于动作、形态及造型的连贯性,是影视剪辑中最常用的蒙太奇形式。一部影视作品中的绝大部分都运用了叙事蒙太奇。

(二)表现蒙太奇

表现蒙太奇也叫"对列蒙太奇""对列构成"。它按照画面或画面与声音之间的相互呼应、对比、比喻、暗示等关系来组接镜头,以形成某种概念或寓意。表现蒙太奇不是为了叙事,而是为了满足某种艺术表现的需要;它不以事件发生、发展的顺序作为镜头组接的依据,而是根据事物之间的内在逻辑关系,把不同的镜头排列起来,以表现一个原来不曾有的新含义。表现蒙太奇也就是苏联电影学派潜心研究的蒙太奇理论。

二、蒙太奇的表现形式

(一)平行蒙太奇

平行蒙太奇指在一个蒙太奇段落里,并列叙述不同时空或同时异地发生的两条及以上的情节线。平行蒙太奇打破了单一情节线索的约束,几条线索并行表现,既可以删减过程,又可以使线索之间互相烘托、形成对比,易于产生强烈的艺术感染力。

平行蒙太奇的优点在于它可以自由灵活地展现更为广阔的时空结构,多层次多侧面地观察一个事物的状态或事件的发展,揭示事物之间的内在联系。

例如,《钢铁侠3》:一边是曼达林处决人质的直播,一边是总统团队在飞机上处理这一紧急事件,双方的剧情状况平行发展,但又不交叉出现,最后统一在一场矛盾中,既不失情节感,又条理清晰。

(二)连续蒙太奇

连续蒙太奇以一条情节线索和一个连贯动作的连续出现为主要内容,镜头的组接以情节和动作的连贯性和逻辑关系为依据。这种蒙太奇手法可以表现出脉络清晰、条理分明的故事情节,容易被观众所接受和理解。如 Sony Net MD 的影视广告利用故事的形式,根据情节和动作的发展进行剪辑,段落与段落之间转场连贯,表现了 Sony Net MD 在斗舞比赛中的高速传输给舞者带来的便捷性和灵感。

再如影片《偷天换日》:门锁脱落(大特写)——查理开门(近景)——抬头仰视(远景)——走进去(中景)。影片按照人的视觉习惯安排镜头,述说流畅,简单易懂,清楚传达了主人公的活动状态。

（三）重复蒙太奇

重复蒙太奇让具有一定寓意的镜头在关键时刻反复出现，以达到刻画人物、深化主题的目的。

例如，影片《007 大破量子危机》中重复出现玻璃碎片中的手枪特写，一定程度上代表了邦德的主观视角，让观众十分紧张并与主角产生了共情。

(四)积累蒙太奇

积累蒙太奇将若干性质相同的镜头组接在一起,达到渲染气氛、强调情节、突出某种含义的目的。积累蒙太奇的特点是不强调镜头之间在时间、空间上的联系,而注重镜头的共同性——画面内容具有共同的性质、特点,镜头造型在景别和运动状态上基本一致。

积累蒙太奇还可以通过多个同质或异质事物的积累来表现思想,给观众一个总体印象和较深的感受。

例如,影片《守望者》:片头以慢动作展现老一辈超级英雄过去一系列的英勇事迹,铺垫了故事的前提和背景,言简意赅,却令人陷入无限的幻想——关于他们的过去、关于他们的故事……

(五)对比蒙太奇

对比蒙太奇将两种性质、内容或造型特征相反的镜头组接在一起,利用它们之间的冲突造成强烈的对比,从而表达某种寓意或强化所表现的内容、情绪或思想。对比蒙太奇还可以用来强调事物之间的差异,通过对立因素的并列,使两者的差别更加明显,从而给观众造成一种视觉上的震撼。

例如影片《守望者》:同样身为超级英雄,一个为国效力,受到肯尼迪总统接见;另一个则频频制造恐怖事件,刺杀了肯尼迪,画面反差强烈、令人深思。

(六)隐喻蒙太奇

隐喻蒙太奇通过镜头或场面的类比,含蓄而形象地表达创作者的某种寓意。这种蒙太奇是靠观众的想象来发挥作用的,它用暗示的手法来组接两个镜头,达到用一个镜头的内容来比喻、影射、引申另一个镜头的含义的目的。

在苏联早期影片《罢工》片尾处枪杀工人的几个场面中,导演把屠宰牛的场面与军队大规模枪杀游行群众的场面交织在一起,产生了"人的屠宰场"的隐喻:

(1)原野,射击在进行;

(2)屠宰场,拿着刀的手从画面的上部切下来(特写);

(3)(全景)1500 名工人从坡路上跑下来;

(4)50 个人从地上站起来,高举双手;

(5)士兵的脸,端着枪瞄准;

(6)一头公牛全身颤抖,终于倒了下去;

(7)(特写)即将死去的公牛的蹄子;

(8)(特写)枪的扳机;

(9)屠宰场,公牛的头被一条细绳子捆在屠宰架上;

(10)1000 名工人向前冲;

(11)一队士兵就像从地里涌出来似的,出现在草丛中;

(12)(特写)公牛的头,眼睛凸出;

(13)(特写)公牛的头被砍下,血喷涌而出。

(七)抒情蒙太奇

抒情蒙太奇是在保证叙事和描写的连贯性的同时,表现超越剧情之上的思想和情感的一种表现方法,是营造影片诗意的一种手法。最常见、最易被观众感受到的抒情蒙太奇,往往是在一段叙事场面之后,恰当地切入具有情绪感的空镜头。

例如,影片《007 大破量子危机》:雪夜里,邦德了却了与死去爱人的情缘,将项链丢在雪地上,M 夫人回头望着离去的邦德,邦德目光坚毅,静静地离开,留下了这份本不该有的思念。

(八)交叉蒙太奇

交叉蒙太奇是描写人物心理的重要手段,它通过镜头组接或声画的有机结合,形象生动地展示了人物的内心世界,即将同一时间、不同空间内容的镜头交叉组接起来,从而营造紧张的气氛,打造惊险的戏剧效果。交叉蒙太奇常用于表现人物的梦境、回忆、闪念、幻觉、遐想、思索等精神活动。这种蒙太奇在剪接技巧上多采用交替穿插手法,其特点是画面和声音形象的片段性、叙述的不连贯性和节奏的跳跃性,声画形象带有剧中人强烈的主观性。

例如,影片《偷天换日》:在罗布和天才开汽艇引开保安的同时,查理一伙正在争分夺秒地偷保险柜,两处行动的镜头来回交错,从而使剧情显得十分紧张,情节紧凑,极具动感。

第四节 蒙太奇对导演和剪辑师的要求

主要知识点

1. 蒙太奇对导演的要求。
2. 蒙太奇对剪辑师的要求。

蒙太奇是影视广告制作中不可或缺的一部分。导演和剪辑师掌握蒙太奇技巧是他们成功完成影视广告作品的关键。通过深入了解蒙太奇原理并熟练掌握相关技巧,导演和剪辑师可以创造出更具表现力和感染力的影视广告作品。

导演作为影视广告的总指挥,需要深刻理解蒙太奇理论,指导拍摄时考虑每个镜头如何在最终剪辑中串联起来,从而达到预期的视觉和情感效果。**蒙太奇的运用对导演有以下要求:**

一、深入理解蒙太奇理论

导演需要深入了解蒙太奇的基本原理、技巧及其在创作中的应用,必须掌握如何通过蒙太奇手法来讲述一个连贯、引人入胜的故事。此外,导演还要了解并熟练掌握各种蒙太奇类型及其效果,能够根据广告内容和目的选择最合适的蒙太奇手法。

二、掌握镜头语言和视觉叙事

导演需要熟练掌握镜头语言,理解如何通过镜头的选择、角度、运动、光影来传达情感、塑造角色和讲述故事。蒙太奇不仅是镜头的拼接,更是一种叙事手段。导演需掌握如何通过镜头的组合来讲故事,构建清晰且引人入胜的广告情节,确保信息传达的连贯性和逻辑性。

三、具备创意策划能力与构思能力

导演需要具备丰富的创意思维,能够根据广告的目标和内容,策划出有吸引力的视觉故事。导演需要设计出新颖、独特的蒙太奇序列,吸引观众的注意力并有效传达广告信息。这要求导演在创作过程中不断探索和尝试新的可能性。

四、视觉表达与节奏把控能力

导演应有出色的视觉表达能力，能够利用画面、色彩、光影等元素，结合蒙太奇技巧，创造出特定的情感氛围，形成独特的视觉风格，增强广告的感染力。导演还需要精确掌握作品的节奏，通过不同镜头的组合和剪辑，增加作品的连贯性、想象力和悬念性。

五、敏锐的观众感知能力

导演要具有敏锐的观众感知能力，要了解观众在观看电影时的心理反应和情感体验，利用蒙太奇创造情感上的连接，让观众能够在短时间内产生共鸣，这是提升广告记忆度和传播效果的关键。导演必须理解目标受众的喜好并精准预测他们的反应，确保蒙太奇的运用符合市场定位和品牌调性，能够有效传达品牌形象和产品特性。

六、良好的剪辑和后期处理能力

导演需要对剪辑和后期处理有一定的了解，包括音画组合、剪辑、调色等（这些都是影视广告中蒙太奇思维的重要组成部分），以便在影片拍摄时就能考虑到后期剪辑的需要。导演需要与剪辑师紧密合作，共同商讨如何通过剪辑和特效来增强蒙太奇的效果，利用这种手法来增强广告的视觉冲击力和美感。

七、团队协作和沟通能力

蒙太奇的运用需要导演与摄影师、剪辑师、特效师、合成师等团队成员紧密合作。导演需要具备良好的团队协作和沟通能力，以便共同商讨和确定最佳的镜头组合和剪辑方式。

八、拍摄前期预见性

导演在拍摄前就需要对如何使用蒙太奇有一定的预见。这要求导演在拍摄前期就进行细致的规划，包括镜头设计、拍摄角度和运动，以确保在后期剪辑时能够实现预想的效果。

总的来说，影视广告中蒙太奇的运用要求导演不仅要有创意和艺术感，还要了解蒙太奇在不同文化和历史背景中的使用。这能帮助导演更好地运用这一手法,并且在适当的情境下给观众以独特性和新鲜感。导演需要通过不断的实践和学习,提高自己在这些方面的能力,以便更好地运用蒙太奇手法创作出高质量的影视广告作品。

剪辑师在影视广告中运用蒙太奇不仅能增强广告的艺术表现力,还能有效提升信息传达效率,促进广告的成功。**蒙太奇的运用对剪辑师提出了以下要求:**

一、深入理解蒙太奇理论

剪辑师需要深入理解蒙太奇的理论基础,包括其起源、发展、不同类型(如叙事蒙太奇、表现蒙太奇、理性蒙太奇等)以及它们在影视广告的应用。只有掌握了这些基础知识,剪辑师才能在剪辑过程中灵活运用蒙太奇手法。

二、精通剪辑技巧

剪辑师需要熟练掌握各种剪辑软件的使用技巧,理解不同的剪辑手法和效果,包括剪辑点的选择、镜头的衔接、节奏的掌控等,能够准确地把握每个镜头的特点和情感,熟练运用技术实现创意。

三、具备创意思维

蒙太奇的运用需要剪辑师具备创意思维,能够根据影片的内容和风格,创造出独特的剪辑效果。他们需要在理解导演意图的基础上,发挥自己的想象力和创造力,以便将不同的镜头有机地结合在一起,引起观众的联想,增强广告的叙述力和情绪感染力。剪辑师要在遵循传统蒙太奇原则的基础上勇于创新,尝试新的剪辑思路和技术,让团队的广告作品能够脱颖而出。

四、熟悉影视语言和规则

剪辑师需要熟悉影视语言的规则,包括镜头语言、叙事结构、音乐、音效等。他们需要准确把握影片的节奏和氛围,通过剪辑来强化影片的叙事和表意功能。剪辑师必须深刻理解影片的叙事结构,能够通过画面组合讲述故事,并传达导演的创意意图。

五、具备良好的审美素养

剪辑师需要具备良好的审美素养,能够欣赏和鉴别不同的剪辑风格和效果。他们需要在追求艺术性的同时，注重观众的接受度和喜好，创造出既符合电影风格又能够吸引观众的剪辑作品。

六、精准的节奏把控

剪辑师必须能精确掌握作品的节奏，通过调整镜头的时长和顺序，影响广告的整体节奏，使其更具吸引力和动感。

七、与导演和制作团队紧密合作

剪辑师需要与导演和制作团队紧密合作，需要理解导演的意图和风格要求，并在剪辑过程中与导演保持密切的沟通和交流。剪辑师与其他后期制作团队成员（如编曲、音效师、合成师、调色师等）进行沟通协调也是非常重要的，这样才能确保影片符合导演的创作意图和预想的广告整体风格。

八、保持耐心和细心

剪辑工作往往需要花费大量的时间和精力，剪辑师需要时刻保持耐心和细心。他们需要反复观看和分析素材，精心挑选和组合镜头，以确保剪辑作品的质量和效果。剪辑师要注重细节，能够发现并利用镜头中的细微元素来增强蒙太奇效果，如眼神交流、手势动作等，这些往往是提升广告表现效果的关键。

总的来说，影视广告中蒙太奇的运用对剪辑师的要求是多方面的，不仅包括技术层面的熟练操作，还包括创意思维、沟通能力以及对作品节奏的敏感把握。剪辑师要通过不断的学习和实践，更好地运用蒙太奇手法，创作出具有强烈视觉冲击力和情感表现力的影视广告作品。

实训项目：

以青少年如何杜绝网瘾为主题，把“心理健康”的概念形成创意方案，通过广告影像视听语言表达出来。

实训目的：训练学生将抽象概念视觉化地体现出来。

实训要求：列出青少年目前存在的心理健康问题，让学生写出文字创意内容并用文字描述画面内容。

实训步骤：

1. 提供素材，确定广告创意方向。
2. 找到关键词，形成创意方案。
3. 将文字方案转化为影像语言。

思考题：

1. 在影视广告中如何使用蒙太奇？
2. 在影视广告中蒙太奇有哪些表现形式？
3. 蒙太奇的运用对导演和剪辑师有何要求？
4. 如何用最简洁的方式视觉化地再现文字方案？

第五章

影视广告的常规操作模式

本章学习目标

☑掌握影视广告制作的基本流程。

☑了解广告创意和影视广告创意在概念上和属性上的差异。

☑了解如何制作分镜头脚本,认识分镜头脚本的表现形式。

☑了解广告提案的注意事项。

第一节 影视广告制作的基本流程

主要知识点

1. 广告的品牌属性。
2. 影视广告制作的基本流程环节。
3. 创意内容如何通过影视语言充分地表达出来。

一、提交创意策划案

创意策划案一定要在品牌定位的基础上来制定。品牌定位属于品牌规划的范畴,它包括目标消费人群分析(人口特征、购买习惯、消费心理)、品牌名称、产品/竞争架构、消费者利益点等。创意策划案包括以下几项:(1)广告语;(2)广告语核心内容阐述;(3)同类竞品分析;(4)广告表达内容(一句话说清楚);(5)广告片风格定位;(6)关键词;(7)创意思路阐述;(8)广告记忆点;(9)广告片表现方式。

二、提交分镜头脚本

广告创意策划案经双方协商一旦确认,下一步就是绘制分镜头脚本。分镜头脚本也称“故事板”,是广告拍摄的重要参照依据,是非常必要的一个环节。通过分镜头脚本,广告制作者可以在头脑中提前形成影像画面,预知拍摄中可能出现的问题,以便提前解决。这个过程不是对文字脚本的简单图解和翻译,而是在文字脚本的基础上进行影视语言的再创造。在将脚本画面内容加工成具体形象时,广告制作者要按影像顺序列出镜号、时长、对白、解说词、画面内容阐释、音乐风格等。

分镜头脚本也是演员和各部门创作人员领会导演意图、理解剧本内容的重要依据(详细内容请参考下一节“如何绘制分镜头脚本”)。

三、影视广告的报价方式

广告行业的劳动价值一般通过佣金的方式来体现:在影视广告拍摄前,甲方(出资方）提前支付一定比例的预付金给乙方（承制方）；拍摄完成进入后期制作前，甲方再支付一笔制作款，验收通过后结清尾款。报价包含几个部分：（1）前期拍摄费；（2）后期制作费；（3）保险和税金（详见表5-1）：

表5-1　广告制作预算一览表

响应人名称	包号	包类型	最终报价（人民币元）	响应声明	备注
		影视广告制作		——	——
产品（Product）			广告片		
篇名（Title）					
工作号（Job No.）					
长度（Length）					

前期制作预算

一、器材租金（Material Rental）　（单位：人民币元）

名称 Name	数量 Number	天数 Days	单价 Unit Price	金额 SUM
摄影机类型（Camera Type）				——
摄影机附件（Camera Accessories）				
特殊镜头（Special Shot）				
升降机（Elevator）				
大摇臂（Large Rocker Arm）				
小摇臂（Dollar）				
移动车（轨道）（Track）				
照明灯具（Lighting）				
灯光附件（Lighting Appendix）				
斯坦尼康（Steadicam）				
器材车（Equipment Vehicle）				
工作用车（Working Car）				
对讲机（Interphone）				
其他（Others）				
小计（Subtotal）				

续表

二、置景费/服装/道具 (Scenery Purchase/Costume Purchase/Stage Purchase/Makeup Purchase)			
名称 Name	数量 Number	单价 Unit Price	金额 Sum
景片(Scenery)			
材料费(Material Cost)			
美术道具(Art Items)			——
服装费(Costume Purchase)(定制,租赁)			——
其他(Others)			——
小计(Subtotal)			

三、人员劳务(workers)				
人员 Staff	人数 Number	天数 Days	单价 Unit Price	金额 Sum
创意文案(Creative Copywriter)				
脚本绘制(Script Rendering)				
导演(Director)				
摄影师(Cameraman)				
副导演(Assistant Director)				
助理摄影(Assistant Cameraman)				
照明师(Lighting Director)				
照明工(Lighter)				
制片(Production)				
剧务(Grip)				
场工(The Set of Workers)				
现场录音(Record)				
美工师(Art Director)				
化妆师(Makeup Artist)				
化妆助理(Assistant Makeup Artist)				
平面摄影(Stage Photo)				
服装师(Clothing Division)				
道具师(Props Master)				
场记(Log)				
司机(Driver)				
演员(Actor)				
小计(Subtotal)				

续表

四、办公费(Office Purchase)				
名称 Name	数量 Number	单价 Unit Price	金额 Sum	备注 Remarks
餐费(Dinner Purchase)				
差旅 (Travel Expenses)				
住宿费(Accommodation Cost)				
燃油费(Fueling Cost)				
小计(Subtotal)				

后期制作预算

(单位:人民币元)

编号	项目名称 Name	数量 Number	单价 Unit Price	金额 Sum
E1	剪辑(Editing)			
E2	三维动画制作(3D Animation)			
E3	二维动画制作(2D Animation)			
E4	动态捕获(Dynamic Capture)			
E5	镜头跟踪,摄影机参数捕获(Boujou,SynthEyes)			
E6	后期合成制作(Later Stage Editing)			
E7	成片调色(Color Mixing)			
E8	音乐制作,编曲(Music Production)			
E9	配音(Dub)			
E10	录音混音(Sound & Mixing)			
E11	录音棚(Recording Studio)			
	小计(Subtotal)			
税前总计:　　元　　大写:　　元整				

税金/利润 Taxation & Profit		
税金(Taxation)		——
保险费(Insurance)		——
利润(Profit)		——
其他(Others)		
小计(Subtotal)		
总计:　　元　　大写:　　元整		

四、PPM 会议

拍摄前的制作前会议(pre - production meeting,PPM 会议)有两个目的:其一,导演和客户沟通影像表现细节,达成一致,避免拍摄后出现问题,产生分歧,事后补拍将给双方造成很大的损失;其二,赋予导演二次创作的空间,可能激发出更好的灵感(关于 PPM 会议请参考本章第二节的介绍)。

五、制定广告拍摄制作流程

广告制作方要科学合理地安排广告拍摄流程,把握整体进度,在保证广告质量的同时节约制作成本,并在制定流程时遵循相应的原则。广告拍摄制作流程的进度是客户与广告制作方共同商定的结果,进度表要尽量做得细致一些,各个部门要严格遵守,每项工作都应该有最终结束时间,不能随意拖延(表 5 -2)。

表 5 -2　广告拍摄制作周期进度表

客户: XXX企业
注释: (工作执行周期)(提案时间)(客户回馈意见时间)(客户确认稿件时间)
周期:　月 日 ~ 月 日　摄制单位: XXX影视广告公司

3月20日	3月21日	3月22日	3月23日	3月24日	3月25日	3月26日	3月27日
定稿	导演拍摄脚本绘制	导演分镜脚本绘制	导演分镜脚本绘制	PPM-1 确认脚本	修改拍摄脚本	演员定妆照	拍摄前各部门沟通会议
3月28日	3月29日	3月30日	3月31日	4月1日	4月2日	4月3日	4月4日
美术置景道具制作	美术置景道具制作	美术置景道具制作	拍前检查(摄影,灯光,美术,特效)覆景	发现问题,调整确认	拍摄日	拍摄日	offline
4月5日	4月6日	4月7日	4月8日	4月9日	4月10日	4月11日	4月12日
offline	offline	三维模型制作	三维模型制作	三维精模制作,贴图材质制作	三维精模贴,图材质制作	3d灯光效果测试	三维场景渲染测试
4月13日	4月14日	4月15日	4月16日	4月17日	4月18日	4月19日	4月20日
摄影机数据反求,跟踪匹配	摄影机数据反求,跟踪匹配	三维特效制作	三维与实拍镜头合成跟踪测试	online合成	online合成	音乐编/曲配音	音乐编曲
4月21日	4月22日	4月23日	4月24日	4月25日	4月26日	4月27日	4月28日
音乐编曲/特效音	MIX混音	online剪辑合成	online剪辑合成	DaVinci Resolve 调色	A-COPY提交	A-COPY修改意见反馈	修改调整
4月29日	4月30日						
B-COPY 提交	B-COPY 成片确认						

专业术语注释: OFFLINE: 粗剪
ONLINE: 精剪
A-COPY: 提交客户一审(根据脚本方案制作第一稿样片)
B-COPY: 提交客户二审(根据客户提出的意见修改后的第二版)

客户：×××企业

注释：（工作执行周期）（提案时间）（客户回馈意见时间）（客户确认稿件时间）

周期：　月　日～　月　日　摄制单位：×××影视广告公司

时间 项目	8月																		
	1	2	3	4	5	6	7	8	9	10	11	12	13	14	15	16	17	18	19
确认最终拍摄脚本	■																		
确认拍摄场地及美术道具		■	■																
拍摄前第一次会议				■															
客户确认化妆、服装风格					■														
拍摄定妆照及产品						■													
拍摄前第二次会议							■												
影棚拍摄								■											
外景拍摄									■										
整理拍摄素材										■									
音乐素材收集整理							■	■	■										
音乐编曲									■	■	■	■	■	■					
剪辑										■	■	■							
三维特效								■	■	■	■	■	■	■					
配音															■				
合成调色																■			
提交样片，根据客户意见进行修改																■			
提交成片																			■

六、挑选演员、服装、场景、制作道具

挑选演员的过程比较周折。如果客户指定了某知名一线演员，那制作团队可以直接与其经纪人联系。这就比较简单，沟通细节也更明确，可以节约很多时间。如果是普通演员，制作团队则需要拍摄演员的定妆照并将其发送给客户，同时提出自己的建议和想法供客户参考，双方共同确定演员人选。定妆照能充分反映演员的造型和气质，包括妆容、发型、服装等细节。演员最好经客户和导演共同认可，如果客户单方面认可，导演要将自己的想法和后果告知对方，以免在广告片验收时产生不必要的麻烦。此外，导演还要在选定时间内勘察现场，检查道具是否符合拍摄要求。

七、开机拍摄

制片管理要在拍摄期间严控拍摄周期,还要防止遗漏镜头,各部门之间要目标一致、同心协力。制片管理要在整体拍摄流程的基础上制订每一天的详细拍摄计划,包括提醒导演下一步的安排、转场、食宿等,提前告知各部门做好下一环节的工作准备,以保证拍摄进度的流畅和高效。

八、后期制作

场记核对拍摄素材并将其进行分类整理。制作团队共同制定后期制作流程。剪辑师根据不同的非线性编辑设备进行素材的导入和转码,进入初剪阶段,合理安排三维制作(或二维制作)和特效制作,在精剪的同时,将剪辑小样发给配音老师和音频制作人员。这样同步进行可以提高工作效率。

九、提交样片

广告方提交广告样片时不要给客户初剪样片,初剪样片属于半成品,提交给客户可能令其产生非常不好的印象,客户头脑中的美好想象会在半成品面前破灭。国内的大部分广告客户都不是很专业,因此广告样片给客户的第一印象非常关键,初剪样片粗糙容易让客户误认为广告方的制作水平有问题,广告方有口难辩,所以一定要提交至少接近成片效果的样片。客户初次看广告样片时,广告方最好选择一个安静的环境,安排好音响,调整好光线,力求将广告的细节和优点充分体现出来。广告方只有在第一次看广告样片时给客户留下良好印象,今后才能得到客户的充分信任。

十、讨论修改

广告方在这个阶段要虚心听取客户的意见,客户可能会在理解上有偏差或完全脱离脚本,要求广告方按自己的主观意愿来,甚至提出无厘头的要求。这时如果急于辩解,客户可能会认为广告方是在找理由搪塞他们。广告方可以按照客户的修改要求,通过某种方式(手绘或 PS 图片合成)将客户希望的效果简单地呈现出来,采用视觉再现的方式,运用广告方丰富的广告制作经验耐心地讲解,同时将双方签字认可的分镜头脚本提交给客户,此后再有违背脚本的修改相当于违约,这些措施有利于解决问题。当然,如果在设定方案范围内广告确实没有达到预期效果,广告方就要老老实实地将广告片修改好。这既是职业精神的体现，也是对客户的尊重，是双方为了维护广告行业信誉应共同遵守的规则。

十一、提交成片

提交成片是广告制作的最后一步，成片的输出格式要严格遵守播出平台的要求。如果是在电视上播出，输出 HD 或 2K 格式；如果是在影院播出，最好是 4K 格式，当然 2K 也可以接受；如果是在网络平台播出，则要咨询不同网站的格式要求。与此同时，要做好相应的素材备份和工程文件备份。

以上为影视广告制作的整体流程。影视广告制作的最终目的是通过影视语言将前期创意内容充分地表达出来，最终的广告片是检验创意是否达到预期效果的衡量标准。有很多影视广告片之所以没有体现出创意的核心内涵或令核心内涵打了折扣，就是因为广告方的操作流程流于表面，缺乏对细节的精雕细琢，在环节上偷工减料了。因此，广告方要根据项目的不同，灵活运用制作流程，适当变通，但前提是遵循广告制作整体流程的基本规律，这样才能收到预期的效果。

广告制作方和客户都应该清晰地了解并共同遵守工作流程，量化每一个环节。只有这样才能保证流程的科学、合理、高效，最终制作出高质量的广告作品。影视广告的总体操作流程如下：

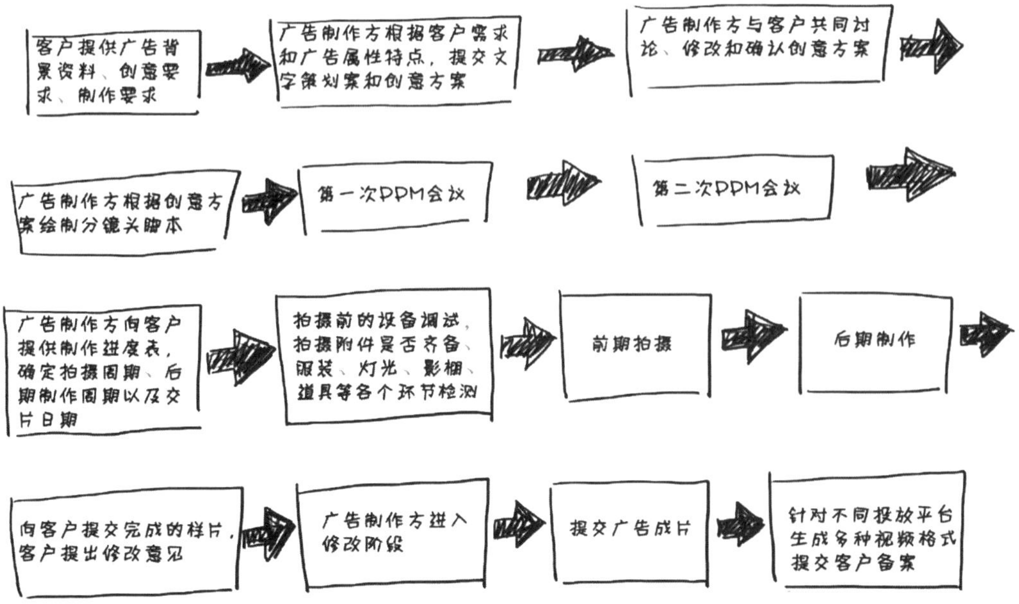

实训项目:

根据××品牌矿泉水,提交广告片制作的操作流程,并注明这个流程的时效性和合理性体现在哪里。

实训目的:熟练掌握整个影视广告制作流程的规律及特点,并能应用于实践。

实训条件:将××品牌矿泉水的品牌属性、品牌诉求、消费群体、营销方式阐述清楚,以便学生展开广告策划及制定流程。

实训要求:每个学生独立操作,形成自己的文案风格。

实训步骤:

1. 老师设定产品定位并提出广告片相应规格要求和播出平台要求。
2. 学生根据以上要求制订相应的广告流程方案。

思考题:

根据整体流程规律,如何从多角度、多层面突出方案重点、丰富方案细节?

第二节 PPM 会议

主要知识点

1. PPM 会议的重要性。
2. 规范详细的导演本是项目的助推器。

如何保证广告片的制作质量?创意通过后,广告拍摄前的PPM会议至关重要。好的创意方案不一定会产生好的广告作品,因为创意经过客户认可后,要由分镜头脚本来呈现画面影像。因此,广告方在拍摄之前需要和客户沟通广告片的风格、调性、节奏、影像等具体细节。由于每个人通过文字描述而在头脑中产生的影像内容有所不同,因而即使分镜头脚本也无法解决所有的问题。原因有两个:其一,分镜头脚本只是关键帧画面的展示,影像动态节奏、中间环节的镜头语言衔接、声音、音效表现、氛围的营造等都无法通过分镜头脚本让客户真正体会到,因而客户也无法真正体会到影片的最终效果。因此,导演对创意影像层面的理解和客户对这个创意的最终效果的想象之间必然会有出入。这就会产生广告成片最终效果认可度评判标准的问题,即什么样的标准才是大家都满意的标准,既不违背影像表达的规律又能让广告的主题内涵得到充分的表达。其二,客户自然关注从创意到实施直至广告成片的所有流程细节，承制方要向客户描述广告最终效果的预想，只有通过拍摄前的这次会议才能让双方对每个细节进行充分的交流并统一意见，为广告片的拍摄和制作打下良好的基础，同时为最终成片验收创造良好的条件。所以拍摄前的 PPM 会议至关重要。这个环节有两个目的：其一，让导演和客户在创意表现和影像表现的细节上达成一致；其二，赋予导演二次创作的空间，使其创意表现锦上添花，激发出更好的灵感。

PPM 会议的主要议程是双方围绕导演脚本确定拍摄计划和最终成片效果，提交的导演脚本应包含以下几个方面的内容。

一、确认广告片的视频格式和播出平台，最终提交几个版本的广告成片

视频格式要根据播出平台来定，如果在电视台和网络媒体播出，通常为 1920×1080 的高清视频规格、PAL 制，文件格式一般根据客户或播出平台要求来定，提交 MOV、MP4 等格式；如果在影院或 IMAX 大银幕上放映，需提供电影制式 2K（2048×1080）或 4K（4096×2160）的视频规格；如果是特殊媒体，如楼宇、建筑 LED 屏或广场条形屏幕，则需根据播出屏幕的尺寸来具体设定。

二、双方确认创意方案和分镜头脚本的细节

创意方案是否有漏洞？哪些方面需要弥补？创意方案只有更好没有最好，这是拍摄前最后阶段的自检。在核心元素基本不动的前提下，是否还有更好的创意让广告片更出彩？双方对分镜头脚本画面的理解是否有偏差？针对这些问题，双方需要进一步达成一致，如果有疑问，导演和摄影师要耐心向客户解释，直到客户认可为止。这个环节必不可少。

三、导演的现场指导脚本

创意方案的分镜头脚本只针对客户，而导演现场的指导脚本是分镜头脚本的细化和补充，主要针对摄制组内部各个部门的工作人员。这个脚本更具专业性，其作用主要体现在以下几方面：（1）和摄影师探讨用什么样的镜头规格、景深如何表现、光比多大、演员如何走位、产品怎么表现等，有些细节需要绘制出来以给人直观的印象；（2）和照明师沟通灯光的布置要求，如什么样的光线表达什么样的情绪、哪部分需要侧逆光、哪部分需要

遮挡、是冷光源还是暖光源、用什么型号的灯光,因此要画出灯光的大概分布图,以便现场参考;(3)和美术师、道具师敲定道具风格、场景布置风格,如果是定制道具,需要确定尺寸、规格、材料及制作方式;如果不是定制道具,则需要找到一些作为参考的道具样式;(4)和服装师确认演员的服装颜色、花式、面料和款式,包括头饰、首饰等细节,如果是定做的,需要绘制出服装效果图。

总之,这个现场导演脚本是各个部门在片场作为参照的重要依据,会直接影响拍摄过程的时间控制(timing)。

四、预估影像的节奏和调性

广告片最终呈现出什么样的影像特点和调性,这些是客户在开拍前比较关注的。这就需要导演找一些相关的广告样片或电影片段作为影像参考,让客户对影片的节奏、镜头表现、剪辑方式、特效展示、色彩基调有一个总体的认知和认可,双方再结合创意方案、分镜头脚本以及客户的想法达成共识,以免最终交片时产生不必要的分歧和误解。

五、影视广告片中电脑特技(CG 特效)的使用

导演首先要清楚广告片中有哪些镜头无法实拍完成而需要借助 CG 特效来实现。CG 特效最终要达到什么样的效果需要导演在拍摄前与客户沟通。因为有的特效会超出预算范围,还有可能导致创意方案的调整。广告导演只有在拍摄前期做到心中有数,才能避免给后期交片带来不必要的麻烦。

六、广告片背景音乐的风格、配音、旁白和字幕

如果是原创音乐,导演要和作曲充分沟通脚本,了解广告片的主题内涵,通过相关或相似曲目的样音来确定广告片音乐的大体风格,以便作曲家在这段时间内搜集创作素材。如果是在版权音乐的基础上进行编曲,导演就可以按相关属性挑选曲库里面的音乐,形成大概的编曲思路,等粗剪的视频样片出来以后再进一步创作。导演要提供不同声音的配音样音供客户选择,和客户一起探讨哪种类型的配音更适合广告片的表达;同时大体选定字幕的字体风格,这个环节不用最终确定,也可以待成片出来后再调整。

七、演员的选定

广告片导演选演员的原则是：该演员符合创意脚本所提出的人物要求和性格，符合广告目标消费群所普遍认可的形象定位，并且能准确地表达创意概念；与此同时，导演要向客户解释选用该演员的原因。

八、服装造型

导演要在网上或相关图库资料中找到与本片相匹配的服装样式和化妆造型供客户选择、确定，同时向客户讲解为什么选择此类服装风格和造型。一旦客户确定，承制方将拍摄演员定妆照，以确定广告开拍前最终的服装款式和化妆造型。

九、拍摄场景

承制方通常将广告的拍摄场景以照片和效果图的形式提前呈给客户，以便客户了解整体场景的风格基调和相关布置要素。客户根据场景画面提出自己的意见，最终双方确认拍摄场景并以此作为最终广告成片的验收依据。

十、道具

片中所有道具的款式、材料、材质都要明确，包括道具的尺寸、规格。在不影响拍摄效果的基础上，导演要考虑性价比，方式要灵活，为了节省时间，如果价格合适，能购买最好直接购买，特殊道具则最好由道具师来制作。总之，要合理安排道具制作周期，不能影响拍摄进度。

十一、拍摄排期

由于广告项目不同，广告片制作的进度表也不尽相同，下表仅供参考：

在实际项目运作中，由于天气状况、相关政策、演员意外、甲方特殊情况等各种原因，拍摄周期有可能会提前或推迟，制作方要在推进过程中随时与客户沟通，双方共同努力确保项目顺利完成。

XXX 广告制作进度表

客户 clients:《XXX 广告》　　版本 Edition: 60 秒/30 秒/15 秒/10 秒/5 秒

注释 Notes:(工作执行周期)　(提案时间)　(前期筹备)　(前期拍摄时间)　(后期制作)　(交片时间)

周期 Date:　年　月　日

时间 项目	11 月																								
	8	9	10	11	12	13	14	15	16	17	18	19	20	21	22	23	24	25	26	27	28	29	30	31	1
确认拍摄分镜脚本(PPM 会议)																									
确定演员角色																									
服装、道具、堪景																									
拍摄前准备会议																									
定妆照																									
客户确认																									
开机拍摄																									
拍摄素材整理																									
后期剪辑(粗剪)																									
精　剪																									
合　成																									
音乐编曲																									
配　音																									
最终合成																									
影片调色																									
提交成片																									

提示:正常情况下应该召开两次 PPM 会议:第一次提出方案,制作方人员与客户共同确认相关项目,形成统一意见;第二次提交上次会议后的修改方案,形成最终方案并照此执行。

PPM 会议是让导演明确创作方向及制作细节的会议。一条好的广告片必然是导演二次创作的结果,导演可以运用自己独特的镜头表现方式使影片呈现出最佳效果,其视觉表达核心建立在创意方案的基础上。

实训项目:

PPM 会议操作流程及导演本的制作。

实训目的:熟悉 PPM 会议的流程。

实训条件:具备电脑和幻灯放映设备的教室;教师模拟甲方客户,学生模拟乙方广告制作团队。

实训要求:根据广告的性质和特点,通过 PPM 会议形成拍摄前的系统化方案。

实训步骤:

1. 给出广告诉求及希望达到的效果。
2. 制定 PPM 会议方案。
3. 制作导演脚本。
4. 客户提问,学生现场阐述。
5. 提交广告制作方案。

第三节　影视广告分镜头脚本

一、分镜头脚本制作要求

主要知识点

1. 分镜头脚本和单幅绘画之间的关系。
2. 分镜头脚本对现场拍摄的作用。
3. 分镜头脚本的表现形式。

大家都知道，分镜头脚本的表现离不开绘画基础，有一定绘画基础的同学在制作分镜头脚本时会相对轻松些，但只有绘画基础是不够的。分镜头脚本不能按照单幅作品来创作，它体现的是镜头画面之间的关联、镜头关系和场景氛围，是通过连续的图解画面来描述故事情节的。因此，创作分镜头脚本要求分镜头画师具备基本的摄影常识，头脑中时刻要有摄影机角度、机位、演员位置、行走方向、场景风格、道具等概念。分镜头画师除了要掌握构图、色彩表现、透视、光照、造型风格外，更要了解相关的镜头调度、节奏、画面组接等，他所绘制的画面无须多么精美，但一定要能体现导演的拍摄意图。例如，导演或摄影师需要这个画面用12mm广角镜头来表现，那么分镜头画师就应该知道这个画面构图：12mm大概是什么样的景别？镜头所覆盖的画面是多少？分镜头画师必须掌握镜头型号常识，只懂绘画做不了分镜头画师。

分镜头脚本在拍摄现场起着非常重要的作用。导演会根据分镜头脚本表现的内容去协调各个部门有效运转。在整个影视创作团队中，分镜头画师讲故事的能力可能不及导演，拍摄经验可能不及摄影师，美术专业水平可能不及美术指导，特效表现能力可能不及视觉特效制作团队，但分镜头画师的价值正在于集各项能力于一身，这是其他专业部门的工作人员无法做到的。分镜头画师在导演的指导下绘制出故事板，作为以上细分部门的统一指导和协作基础。分镜头脚本是各部门工作内容的参照标准。

根据故事体量的多少，分镜头脚本的画面数量不尽相同。电影的分镜头量比较大，有几百甚至上千个镜头画面；广告片时长比较短，因而分镜头数量相对较少。

本节的重点不是如何绘制分镜头脚本，这些绘画技能平时要经常练习，网上也有很多分镜头绘画技法。但大家要清楚分镜头脚本的核心构架和重要组成部分，了解一段创意文字如何转换成分镜头脚本。如果你是导演或分镜头画师，但不具备绘画技能，你同样也可以制作分镜头脚本——你可以借助其他辅助软件设计分镜头脚本。重要的是你头脑中要有“拍摄”的概念，你要清楚展示的是“摄影机拍摄的画面”而不是绘画的画面。

你要清楚镜头的景别、景深关系、什么时候该特写、为什么这个镜头要俯拍、那个镜头要仰拍、能反映什么意图、能达到什么效果。分镜头要重点表现故事的核心表达元素和情节转折点,也就是说,看完分镜头脚本我们就基本能想象出成片的效果。可以说,分镜头脚本是成片的提前预览。

举个例子,我们来看这个片段:烈日下,一个年轻人行走在农场的乡间小路上,他举起手中的一瓶饮料喝了一口,周围的果树瞬间结满果实。这两句文字描述需要几个分镜头画面才能表现清楚呢?

(1)俯拍全景画面,展示农场整体面貌,年轻人走在农场小路上;

(2)特写:在阳光的光斑中,年轻人举起手中的饮料;

(3)特写:张口喝饮料,喉结在蠕动,脸颊流下的汗水;

(4)特写:绿叶生发,果实生长过程;

(5)中景:运动镜头环绕年轻人周围的果树,树上的果实在继续生长。

由此可见,我们至少需要五个分镜头才能充分表现这段文字描述。

二、分镜头脚本的表现形式

分镜头脚本的表现形式大概可以分为以下三种。

(一)传统分镜头绘制

传统分镜头脚本是直接在画稿上绘制每个镜头的画面,黑白稿采用素描或速写,彩色稿则可以用铅笔淡彩或水粉、丙烯等作画,根据画师的绘画习惯,绘画形式不受限制。下面我们来看看几位大导演亲手绘制或指导的分镜头脚本,从中体会不同分镜头脚本的绘制技法和表现风格。

电影大师黑泽明绘制的《影子武士》分镜头脚本:

悬疑片大师希区柯克指导分镜头画师绘制的《海角擒凶》分镜头脚本：

著名导演徐克绘制的《狄仁杰之通天帝国》和《狄仁杰之神都龙王》分镜头脚本：

(二) WACOM 数码版手绘分镜头

数码版手绘就是将传统脚本绘制搬到电脑上的做法，它通过手绘板在电脑屏幕上画分镜头。当然手绘板有很多种，行业中最主流、最常用的是 WACOM 数码版手绘板。由于其压感设计非常灵敏，可以真实地模拟笔触的轻重，还原真实的纸质和画布绘画感，因此很受分镜头画师的欢迎，国内外影视行业都以 WACOM 数码版为首选工具。下面是于术导演用 WACOM 数码版手绘板绘制的电影短片《犹在梦中》分镜头脚本片段：

(三)通过 Photoshop 合成分镜头

根据广告创意方案,分镜头画师针对每一个镜头画面搜集相关图片资料,可以是从网上下载或通过其他渠道搜集的画面,也可以是自己拍摄的画面,然后将这些图片通过 Photoshop 软件进行加工合成,最后整体调色形成统一的表现风格。对于绘画基础薄弱的同学而言,这种处理方式的好处在于不需要手绘,只需通过“P 图”即可达到脚本展示效果。但采用这种处理方式也有不利的一面:由于图片来源不同,有时收集到的画面像素质量参差不齐、镜头角度、景别关系、光线统一性、场景透视关系等要素不一定完全符合脚本的设定,处理不当可能无法收到预期的效果。

以下是于术导演通过 Photoshop 合成处理的广告分镜头脚本:

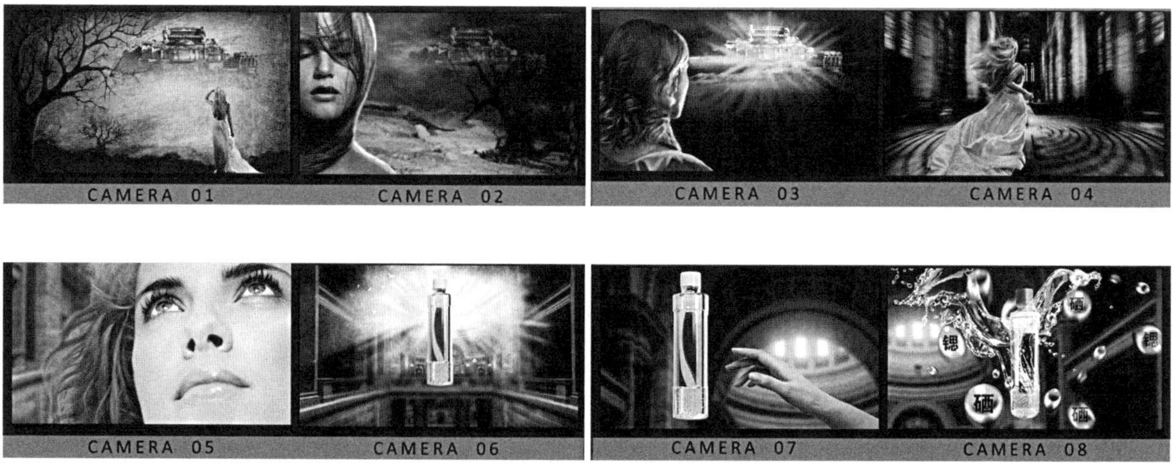

（四）计算机软件辅助分镜头设计

Poser 或 DAZ3D 这类软件就好似一个 3D 仓库，方便之处在于它们可以在网上或其他渠道购买或收集大量的模型、服装、场景、道具，你只要将这些资源调入场景，稍加编辑改造即可形成你所需的分镜头脚本。3D 场景里面的灯光、摄影机以及角色的状态和动作可以根据情节需要随时调整，灯光氛围及摄影机的景别和视角、景深关系也可以随时调整，效率很高。如果你没有绘画基础，抑或身边找不到合适的分镜头画师，这类软件就可以帮你解决很大问题。虽然画面不是那么逼真完美，但它具备了分镜头脚本的所有要素，客户是可以接受的。以下是于术导演用 Poser 软件制作的分镜头脚本片段：

(五)动态分镜头脚本

动态分镜头脚本将绘制的分镜头系列画面作为影片的关键帧进行编辑,形成连续播放的视频,有的还配上音乐或旁白,从而具有更加直观的呈现效果,好似让人提前预览了一部影片。这种表现方式的好处是可以使分镜头脚本具备更多的电影元素,便于我们提前发现问题、及时调整,更好地从整体上把控整个影片的风格和节奏。

第四节　如何提案

提案就是将方案的创意和理念准确无误地传达给客户,说服客户认同你的观点和想法,最终与客户达成共识的过程。提案时要注意以下事项。

主要知识点

提案注意事项。

一、知己知彼

提案人在提案前要充分了解客户的需求。再好的创意,如果客户理解不透彻或者在观念上有分歧,方案也会胎死腹中,因此提案的准备工作至关重要。在提案前的几次沟通会上,提案人要从各个方面、各个角度了解客户对本项目的看法、观点以及思维方式,还要关注方案以外客户自身的相关信息,包括客户的年龄、文化背景、兴趣爱好甚至脾气秉性。提案不仅是针对产品品牌层面的创意,还要向下服务于广大消费者,让产品的品牌传播得更广泛;向上服务于客户,两者缺一不可。

二、简明扼要、一字千金

不同的人对同一事物会有不同的看法,关键在于其对问题的看法是否独到、论据是否充分、论证是否合理。提案人在提案时不能只有概念的讲解,一定要有生动鲜活的细节说明和成功案例的展示,分析一定要客观、数据化、多层面、多视角,要让客户清醒地认识到其企业品牌和产品的症结所在。提案人的建议一定要客观、全面、自信,论据经得起推敲,设定的行动目标在短期内可以实现。客户会对提案结论进行反思、斟酌和考量。总之,提案在关键性结论方面要做到简明扼要、一字千金。

三、要"讲"方案，不要"念"方案

提案时最忌讳照本宣科，照着方案念或将方案事先背下来在现场复述，这些做法绝不可取。提案是讲解和交谈，互动很关键，提案人要透彻地理解方案，用口语化的表达清晰流利、通俗易懂地讲述，少用专业术语，不要故弄玄虚，要清醒地认识到客户是带着问题来的，他们期待着提案人去解决问题，而不是来听讲课的。

提案人不妨开门见山地告诉客户为什么要听你的提案，抛出一个客户最关心的客观事实，例如企业的经营现状，然后给出一个发人深省的观点。这在无形中会提升提案的价值，所有人的注意力都会集中到你这里。这是最佳的提案状态，趁热打铁，直入提案正题，干净利落，不拖泥带水。

讲解过程中提案人要加强与客户的互动，尽量以图形和图像为主要表现方式，要简洁明确、言简意赅，令人一目了然；讲解内容要紧凑，讲解过程要有节奏，提案人不要滔滔不绝，要适当停顿，停顿能刺激客户的注意力，给客户留出一定的思考空间；提案人提案时不要总重复一句话，说两遍是强调，说多了就是心里没底；提案人目光要直视客户，不要左右游离、回避客户，提案人与客户之间的交流是最重要的。

四、如何应对难缠的客户

现在，仍然有个别客户心态不正确，认为自己是出资方、是雇主，就是广告的主宰者，服务方就得满足他提出的任何要求，于是极不负责任地随意更改提案策划，甚至在提案的两天前又冒出新的想法，敦促提案方根据新想法不停地修改方案，这是很令人讨厌的客户。但是，这毕竟是一种商业现象，因此我们要冷静地分析这种现象的成因，从两个方面看待这种现象：一方面，有的企业老总妄自尊大、独断专行；另一方面，广告行业自身也有问题，水平良莠不齐，甚至个别广告公司极不负责任，单纯追求商业利益，缺乏职业道德，完全不考虑企业的现实状况。一个糟糕的广告策划案给企业带来的不仅是利润下降，还是无法修复的诚信体系，若是耽误了重要的广告投放期或营销季节，企业的损失会更大。如果广告公司和企业之间的不信任感日益加剧，甚至产生隔阂，即使广告公司提出了好点子，客户也会抱着怀疑的态度来看待。除了上述两个原因，还有一点：客观地讲，任何创意方案在没有经过市场检验前，谁都不能保证它是有效的。实践是检验真理的唯一标准，在提案过程中彼此猜疑是可以理解的。因此，你的提案首先要解决客户的燃眉之急，要有针对性地讨论核心问题，把客户存在的问题条理化、清晰化，指出问题的实质和关键，直击客户的痛点，从而突破客户的心理防线，让客户不得不承认目前企业品牌或传播策略所面临的困境。你要让客户觉得你的提案和其他公司的提案不同,观点独到、见解深刻、易于实施,这样客户的认可度便会大大提高。

五、与客户建立良好的沟通机制

广告行业本身属于服务性产业,其价值完全体现在服务上。品牌策略方案、广告创意方案、广告片制作等,都是广告公司基于对客户的充分了解才能提出的。因此,广告公司必须建立为客户长期服务的体系和良好的沟通机制,与客户共同成长,这一点非常重要。

与客户建立长期沟通机制有利于广告公司加深与客户之间的感情,了解企业的发展动向,了解企业在每个不同发展阶段的广告需求。沟通的方式有几种:信息沟通、理念沟通、情感沟通和意见沟通。

实训项目:

老师模拟客户与学生提案者进行互动。

实训目的:掌握提案的关键要素,完善提案的不足和漏洞。

实训条件:选取一个品牌案例,学生根据这个品牌诉求进行提案。

实训步骤:

1. 确定提案主题。
2. 给出提案方向。
3. 完善提案。
4. 提供分镜头脚本。

   重点训练画面的取舍,要体现出画面景别、构图和灯光氛围,可通过手绘板用 Photoshop 或 Corel Painter 绘画软件绘制或用 Poser 和 DAZ Studie 软件制作。要求故事情节清晰、主题突出、个人影像风格明显。

思考题:

1. 怎样加强语言表达的视觉化?
2. 知识的多元化对发散性思维能起到什么作用?
3. 优秀的提案具备哪些要素?
4. 如何用最简洁的方式让文字方案视觉化再现?

第六章

影视广告的拍摄方式及技巧

本章学习目标

☑了解如何用镜头叙事表达广告创意内涵。

☑了解如何采用不同的拍摄方式表现不同的广告。

第一节　如何拍摄出精彩的广告画面

主要知识点

1. 产品属性与拍摄风格。
2. 机位设置原则。
3. 静止镜头和运动镜头。
4. 景深的作用。

一、产品属性与拍摄风格

电影的拍摄风格取决于剧情、导演的手法和理念,同样,影视广告也有自身的风格,但它取决于产品的属性。不同产品有自身不同的属性,其中传达着诸多因素,如使用方法、消费习惯、文化理念、地域背景、受众人群、年龄结构、职业特征等。广告片的拍摄内容取决于创意脚本,拍摄风格受这些产品属性的限制,即使同样的产品,诉求角度不同,也会形成不同的影像风格。例如,食品、蛋糕、饼干类的广告,通常拍摄的画面风格会偏暖。但如果拍摄的是同属食品范畴的冰激凌,画面的影像风格就会偏冷些。同样的食品,如果受众人群不同,影像风格也会不一样。还以饼干或蛋糕为例,如果是儿童饼干,就要强调味道和制作工艺的特性。根据儿童的年龄特点和消费习惯,整个影像风格应偏于活泼明快、节奏鲜明,奥利奥饼干广告就颇具代表性。同样是针对儿童这个年龄阶段,如果换一个广告诉求的角度,让产品成为承载情感因素的载体,此时产品的味道和制作工艺就不是广告的诉求点了,产品完全浓缩为从属于那个年龄段的一个符号,影像的表达风格就变了。下面我们以佳能 IXUS 相机的广告为例,仅从广告拍摄风格的角度进行分析:这支广告片主要表达佳能新品 IXUS 相机的时尚、现代、个性、潮流等内在文化元素,IXUS 相机的广告语是“你好,色彩”,以突出相机本身丰富多彩的成像语言,同时暗示了机身的颜色选择丰富多样。整体拍摄风格基调定位为节奏明快、表现绚丽、强化镜头的韵律感,画面强调“光”和“色”,演员的舞蹈、相机的快门和闪光灯三者的节奏相得益彰。通过设计拍摄风格,广告片将 IXUS 相机的产品属性表达得淋漓尽致(见 109 页图)。

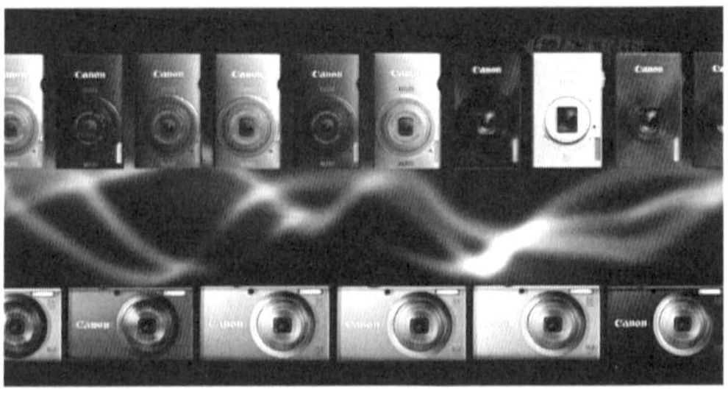

二、机位设置原则

同学们在拍摄广告的过程中都会有一些疑问:这个镜头该是中景还是中远景?这个镜头该给近景还是特写?在哪个角度拍比较合适?是仰拍还是俯拍?是拍侧面还是拍三分之一的侧面?虽然手里有分镜头脚本作参考,但实际片场的情况又和分镜头脚本的感觉有所不同。虽然拍摄时大体可以参照分镜头脚本,但脚本毕竟只是预想画面,拍摄细节还得根据拍摄现场进行调整。

初次拍广告的同学有时会感到无所适从,不知道摄影机该摆在哪里拍才是正确的。那么机位的设置是否有原则呢?严格地讲,没有固定的原则,否则拍出的片子除了画面有区别外,其他的就千篇一律了。但从拍摄的常规思维方式来讲,还是有一定规律的。艺术创作本身也有规律,不是盲目碰运气,在掌握了规律的基础上,剩下的就是个人发挥了。

我们经常说,影视作品都是通过镜头语言来叙事、让镜头来讲故事的,所以我们要搞清楚什么是镜头语言。搞清楚了镜头语言的表达方式,我们就知道摄影机的位置该设在哪里了。

我们知道,文字语言可以给读者留下很大的想象空间。我们在读小说或听故事时,每个人的头脑中都会出现不同的画面想象空间,尤其对于画面细节,不同年龄的人、不同文化背景的人和不同种族的人,想象都不一样,每个人都会按照自己的方式去理解其中的情景、氛围、色彩、环境,自然会有所差别。文字语言的感染力也就在于此。但影像画面却不同,我们需要将画面表达真实地呈现出来,将不同人的想象空间统一起来,将不同的画面风格通过摄影技巧和表现方法落实到我们所理解的这个画面上。和语言描述不同,影像画面是通过一个一个的镜头来叙事的,每个镜头所呈现的画面就是我们所要表达的意思。

有时,每个镜头之间会产生第三含义,我们称之为"蒙太奇",一组镜头传达整个段落的意思。了解了镜头语言的这个特点,我们就会清楚机位设在哪里更合适了。举个例子,比如我们的广告脚本中有一段文字描述内容:一位商务男士焦急地在空旷的原野上驾车飞驰。如果用镜头去表现,摄影机的机位该怎么设置?首先我们来分析这句话,它包含了四个元素:商务男士、焦急、空旷的原野、驾车飞驰。现在我们用镜头语言来表现,就很清楚机位该如何设置了:

镜头一:特写,商务男士的脸部(强调眼神中流露出的焦急神情);

镜头二:航拍全景,远处汽车在原野上飞驰,扬起阵阵尘土,凸显周围原野的空旷;

镜头三:近景侧拍,车窗外的景物向后快速掠过,太阳光斑在车窗边缘闪烁,突出气候的炎热,喻示人物心中的焦急;

镜头四:特写,手挂挡提速;

镜头五:特写,脚踩油门;

镜头六:特写,仪表盘的迈速表指针急剧上升。

如此简单的一句话,就需要用六个镜头去表现,但每个镜头之间产生的视觉冲击力足以将这句话的内涵展现得淋漓尽致。

在此总结一下,机位设置的规律就是:我们对镜头语言的理解和把握越准确、越深刻,机位的摆放就越正确、越科学。

三、静止镜头和运动镜头

静止镜头有多种形式,主要看镜头拍摄的主客体之间的关系而定,完全不动的镜头不一定就是静止镜头。例如,你拍摄的目标主体运动非常激烈,虽然你的镜头没有运动,但画面传达出的信息却是动态的,这个镜头就不能称为静止镜头。如果你的镜头是缓慢移动的,所拍摄的主体是静止的,画面营造出一种安静的氛围,那么,即使镜头在动,这个镜头画面也属于静止镜头。镜头的物理运动不重要,重要的是其传达出的画面信息给人怎样的感觉。我们再看看运动镜头是怎样界定的,如果你拍摄的主体运动很激烈,毫无疑问这属于运动镜头。但如果把动作升格,升到120格以上再升到300格甚至更高,目标物体的动作就会变得非常缓慢。比如一滴水溅起的水花，水花的形状变化非常缓慢；再如一个人的表情变化非常细微缓慢，令人产生一种时光停滞的错觉。此时这个运动镜头的镜头属性就转化成了静止镜头。

静止镜头和运动镜头有三个功能：(1)通过动静关系调节画面的节奏；(2)表达不同的情绪；(3)在观众心里留下视觉印象。下面我们着重分析这三个功能。

(一)通过动静关系调节画面的节奏

优秀的广告片一定有动静相宜的镜头节奏，类似于音乐的旋律、节奏。如果全片全是运动镜头或静止镜头，那么影像讯息就会显得单调乏味。这就好似音乐演奏一样，如果音乐曲调都用一个节奏来演奏，谁又能欣赏得下去呢？影片的节奏也是同样的道理。假设你在拍摄一组快速运动镜头之后突然来了一个静止镜头，那么由于这种节奏变化，观众的注意力就会集中到那个静止镜头的画面上，他们的头脑中就会产生深刻的印象。我们作个形象的比喻，好似一个演讲家在滔滔不绝地演讲，突然他停止说话，只是看着观众，这时大家的目光就会集中到他脸上，期待下一刻会发生什么。此时这种静止的状态反而会给观众留下极为深刻的印象。

广告片的第一要务是吸引观众的注意力，并在观众头脑中形成记忆点。因此，除了内容上的创意表现要素外，镜头节奏的把控同样重要。

(二)表达不同的情绪

同学们在拍摄时要记住一点：**你不是在单纯拍画面，而是在拍画面中传达出的情绪，发掘画面中隐藏的情感元素**。画面的色彩、光线、构图是运动还是静止，都应该围绕着镜头所要传达的思想和情感信息来定。在此要说明一点，其实镜头就相当于人的眼睛，镜头所拍到的画面就是人的眼睛所看到的景物。镜头的特点是它极具指向性，无论是大全景还是大特写，其所呈现的都是导演想表达的画面信息，也就是说导演想让观众看到什么，观众就会看到什么，这种画面信息的取舍完全由导演来控制。因此，每个镜头画面所传达的情绪是由导演根据创意内容的情节来把握的。

(三)让广告更具识别性

合理运用广告节奏和观众观看的心理节奏密切相关。也就是说，常规节奏的广告不会引起特别的注意(这里暂且不讨论同期声、特效声、旁白、音乐这些强化因素)。只有通过静止镜头和运动镜头的对比关系来打破这种常规，广告才会有识别性和记忆点。例如，在一组静止镜头中只出现一个运动镜头，就好似在平静的湖面上突然投下一块石头；

或在一组运动镜头中只出现一个静止镜头,就好似在惊涛骇浪中突然平静下来。这类镜头组合方式就打破了常规节奏。当然这只是一种极端的表现方式,不一定所有广告的镜头模式都要这样来设计。但是,这种极端方式所反映出的内在规律却是很有代表性的。广告通过这种方式让镜头关系形成强烈反差,镜头语言所表达的情绪反差越大,给观众留下的印象就越深刻。采用这种表现手法的前提是,镜头之间要有内在的逻辑关系,也就是画面之间要有关联性,应遵循如下原则:镜头反差越大,画面内容的关联度应该越紧密,不能为了单纯追求镜头反差而忽视画面内容,否则就会造成镜头割裂和画面信息混乱的后果。每一支优秀的广告片都包含镜头关系,这样才能表达强烈的广告诉求。掌握了这个规律,你就可以形成自己独有的影像风格。

四、景深的作用

什么是景深?被摄物体在画面中具有清晰影像的纵深距离就是景深,也是被摄物体能清晰成像的空间深度。在景深范围内,景物影像的清晰度并不完全一致,其中焦点上的清晰度是最高的,其余的影像清晰度随着其与焦点的距离呈正比例下降。比如,我们拍摄一个人走在街道上,这个人是清晰的,背景的建筑是虚化的,这样的画面效果我们称为“浅景深”;或者,这个人走在街道上,背景的建筑和人物主体同样清晰,这样的画面效果我们称为“深景深”。

那么,景深能起到什么作用呢?

20 世纪 50 年代初,景深受到电影界前所未有的关注,和“蒙太奇”一样,成为电影工作者的标志。电影中的景深效应是相当明显的,现在广告拍摄中的景深镜头无所不包。景深的作用有几个方面,它类似于语言表达的重点,具有明确的提示性和指向性。例如,极端的浅景深镜头可以表现一个人的面部特写,在半侧面角度中我们可以把焦点对准人物的其中一只眼睛而让另一只眼睛虚化掉,强迫观众只看到我们希望他们看的这一点,强调我们所要表达的意图。景深的变化可以产生强烈的暗示作用。

再举个例子,前后两个人,起初,焦点在前面这个人的面部表情上,后面那个人是虚化的,变焦之后,前面这个人的脸虚化了,后面那个人的面部表情清晰了。镜头通过两个人面部焦点的变化,暗示两个人关系的微妙变化。连续的景深变化能形成类似于音乐节奏的效果,比如,镜头前有一列化妆品,把它们按一定的距离排列开,将镜头以 45 度角的方式拍摄连续变焦,焦点对准离镜头最远的那盒化妆品,然后连续变焦至离镜头最近的那盒化妆品,这样就产生了变焦的节奏变化,也就是不同景深的节奏变化。

利用景深还可以制造梦幻效果。例如,一个女孩置身在类似水晶、钻石或透明玻璃这类环境中,我们可以通过浅景深的镜头将背景虚化,给人以流光溢彩、如梦如幻,仿佛置身于梦幻世界的错觉。

五、怎样拍出浅景深效果

刚刚接触摄影的同学可能会问,怎样才能拍出背景虚化、主体清晰的画面效果?很多人都觉得这样的效果很酷、更电影化。从专业角度讲,这就是一种浅景深效果,其中有两个因素决定了我们能否拍出浅景深效果。

(一)镜头规格(焦距)、光圈大小及环境光的强弱

如果我们用短焦距镜头或广角镜头拍摄,很难得到浅景深效果。一般拍浅景深效果使用长焦镜头。光圈大小也决定了我们所拍的主体和背景之间的虚实强弱:光圈越大,主体和背景之间的虚实关系越明显。如果拍摄设备是全画幅传感器,同时镜头光圈也很大(比如 T1.4 或 F1.4,当然镜头型号不同,光圈也不一样),在日常光线情况下,得到的浅景深效果就非常明显:前景很清晰,背景非常虚化。也许有同学会问:如果室外光线很强烈,增大光圈会造成曝光过度,减小光圈则达不到浅景深效果,这是很矛盾的选择,在这种光线条件下,该如何拍出浅景深的效果?我们可以通过两种方式来解决这个问题:

首先,看摄影机有没有内置 ND 滤镜。有的摄影机有内置 ND 滤镜,ND 滤镜也称作灰片或减光片,我们可以通过增加 ND 滤镜来减少进光量,同时开大光圈。其次,直接在镜头前加灰片。比如根据阳光的照射强度,可以增加 1/8nd、1/16nd 的灰片,如果拍摄强烈阳光下的雪地,可以增加两个以上的灰片,同时加大光圈。相反,如果是在光线非常暗的环境中,即使将光圈开到最大也很难得到浅景深效果。

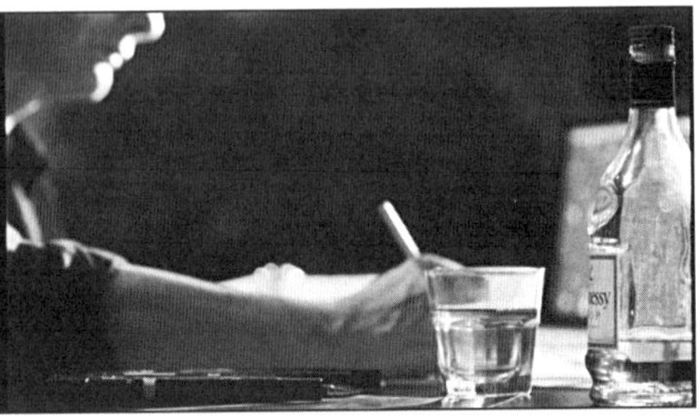

(二)拍摄目标主体的角度和目标主体与背景之间的距离

拍摄目标主体的角度也会影响景深的深浅。比如拍一双眼睛的特写,正面拍摄不会形成浅景深效果,当头部转动形成某个角度时,在镜头前两只眼睛的距离变成了前后关系,这时就会出现浅景深效果。

焦点可以在前也可以在后,如果焦点所在的位置图像清晰,远离焦点的位置就会虚化,离焦点越远,虚化得越厉害。被拍摄目标主体离背景的距离越远,浅景深的效果就越明显。也就是说,在焦点对准主体的情况下,背景离焦点越远越虚化。要想加强背景虚化的效果,镜头与被拍摄目标主体之间的距离要小于被拍摄目标主体与背景之间的距离,最重要的是,被拍摄目标主体要远离背景,这样背景画面就会虚化,得到浅景深效果。请注意,拍摄时最好选择中长焦镜头,广角镜头不容易得到这种浅景深效果。

第二节　如何制造不同凡响的画面效果

一、镜头的合理运用

主要知识点

1. 镜头的合理运用。
2. 巧妙的画面转场。

在镜头要素方面，我们之前讲过镜头的动静关系和景深关系，在拍摄方式上，我们要根据创意表现的需要，考虑采用手持拍摄还是稳定器拍摄或轨道拍摄，是否运用升降机或大摇臂等辅助设备。所有这些拍摄手段围绕的都是一个核心要素：内容，即镜头语言要表达什么内容。还有一个重要因素，就是镜头节奏，这一点在广告拍摄和剪辑中尤为重要。

案例分析

这是泰国制作的 New Mazda 2 的一支汽车广告。在明星展示的舞台上，汽车的每一个性能配合模特的每一个动作，人车一体，核心要素是展现汽车与模特从气质到功能的完美统一。因此，镜头语言的表达更明确。特写：步伐与车轮、转身与转向、眨眼与车灯。人与车配合得天衣无缝，镜头的节奏感和拍摄角度一目了然。

二、产品或品牌的出场方式

影视广告中产品或品牌的出场方式与其本身的性格特征是分不开的,产品或品牌和人的属性一样,也有其内在的性格特征,这在影视广告表现上尤为明显。因此,在脚本阶段一定要设计出独特的产品出场方式。怎样巧妙地呈现产品,是广告片核心创意中必不可少的关键环节。广告可以开门见山地推出产品,或在情节中巧妙地呈现,抑或整个广告片只表现产品的内在特质而不出现任何产品形象,引发观众的好奇心,只在最后呈现产品或品牌 Logo,把精彩留在最后。

三、巧妙的画面转场

广告片离不开巧妙的画面转场。转场是指两个画面之间通过剪辑或后期特效设计,巧妙地转换镜头。转场主要有两种表现形式:一种是通过形式包装的创意转场设计,比如一辆行驶的汽车周围是风景的四季变化,通过电脑特效结合后期剪辑处理来实现这种效果;另一种是不拘泥于形式,采用共同或相似影像元素关联性的创意转场。后者在广告中很常见。例如,从电脑主机快速转动的风扇转换到高速行驶中汽车的车轮、从俯拍舞蹈演员的身体动作组合转换成钟表运行的指针,等等。

案例分析

泰国制作的三菱汽车广告就是以上两种形式合理运用的综合体现。随着演员的行走,三菱这款家用汽车的各个元素被展示出来。由于画面转场设计巧妙,汽车的颜色、内饰、空间、驾驶感、速度和灵活性得到了全面展示。其中有几处关键性的转场处理:(1)内饰,按键的同时镜头上移,带入主演;(2)穿过街道人群,略微推镜,通过演员的公益行为展现汽车的后备箱存储空间;(3)紧接着摇镜头再次将主演带入画面(这是典型的形式包装创意转场);(4)通过对一只手按动按钮的特写实现主演的换位;(5)黄色小汽车驶出画面,带入远处的蓝色小汽车驶入画面,这种运动交错设计用后期分层特效叠加实现;(6)镜头推近向下移动,绿色小汽车从上部入画,这就是利用第二种形式,通过路面这个共同的关联元素实现转场。这六处转场设计有机地将广告片的众多元素串联在了一起。

四、色彩属性和产品的关联

有些产品的广告画面采用强烈的色彩表现，通过色彩来表达产品的广告诉求，把产品的内在属性和色彩关联起来，通过视觉化展示给观众留下深刻的印象，请看下面这条啤酒广告。

日本的这条啤酒品牌广告整片贯穿着红色元素，场景的整体色彩偏红色，演员着装、啤酒包装、场景建筑都包含着红色元素。

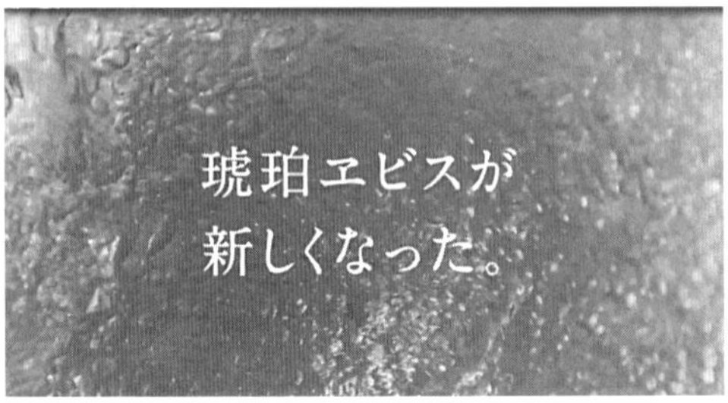

五、强化视觉印象记忆点

每条优秀的广告都会给人留下深刻的记忆点,因此广告至少要有一个记忆点留给观众:一句广告语、广告语中的一个词语、一段难忘的音乐、独特的旁白配音、一个精彩的镜头画面,总之得给人留下点什么印象。如果影视广告什么印象都没有给人留下,只是把产品或品牌诉求表达了出来,其传播效果便会大打折扣,虽然该说的都说了,那也不能称其为成功的广告。影视广告既不是电影,也不是说明文,不能把它拍成说明书,谁也不愿意看枯燥无聊的说明书。广告可以有电影元素,也可以采用电影的表达方式,但绝不能采用电影的节奏——广告要在最短的时间内形成差异化的影像表达风格,瞬间给观众留下印象,至少给观众留下一定的回味时间和空间。

那么,我们要如何强化观众的视觉形象记忆点呢?

在此,我们只讨论视觉层面上的表现形式,归纳起来,大致有以下几种方式。

(一)通过节奏的变化强化记忆点

还是举汽车的例子,一辆飞驰的汽车在森林中穿梭,音乐节奏配合着汽车发动机的轰鸣,突然一个急刹车,整个世界安静了下来,车前一只小鼹鼠悠闲地穿过。这种反差巨大的节奏变化无疑会给观众留下很深的印象。

(二)出乎意料

观众在日常生活经验中都会有一种"想当然"的思维定式,一旦打破这种固有的思维模式,广告就会产生意想不到的效果。例如,有一条饮料广告是这样的:炎热夏季的一天,驴友在攀岩过程中不慎失手,瞬间坠入山涧,特写同伴惊呼不已的表情;此刻万籁俱寂,正当大家极度绝望之时,眼前慢慢飘上来一个晶莹剔透的气泡,同伴坐在气泡上兴奋地招手,周围的气泡越来越多,镜头拉开,呈现出饮料瓶中的清凉气泡。

(三)独特的视觉符号元素

我们可以在广告片中设计一个独特的视觉符号,可以是一个标志,也可以是一个手绘抑或一个特殊图形,它既可以突出主体元素,又可以强化视觉效果。

(四)打破传统思维,创造全新概念

我们也可以完全不按常理出牌,设计出一种新的广告表达方式,围绕广告的核心理

念创造出一种新的表达方式，既在意料之外，又在情理之中。请看下面泰国这条绿箭口香糖广告和我们本土绿箭广告在表现方式上有什么区别。

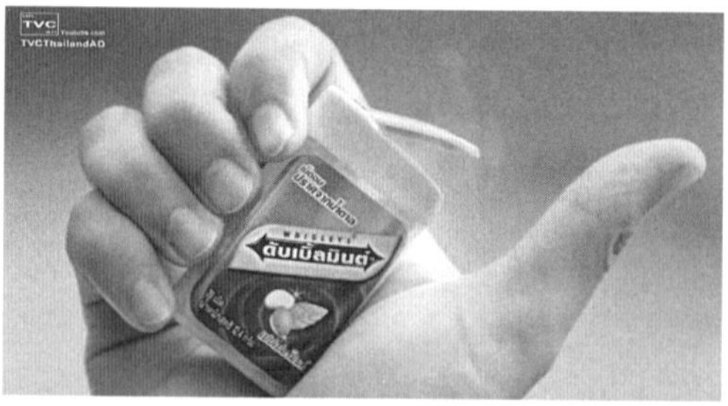

六、演员和产品内涵之间的关系

广告片的创意可谓天马行空，表现形式五花八门，我们在此只谈有演员参与的广告的表现形式。演员和产品内涵之间是怎样的关系？

（一）演员的内在气质和产品的内在属性或产品风格有一定的关联度

举例来说，拍摄 JEEP（吉普）汽车时，人们一般都选用硬汉风格的演员，以便和 JEEP 硬派越野的这个产品属性相吻合。现在，JEEP 推出了城市 SUV，产品风格不再是单纯的越野，还加入了更多的城市元素，于是在选择演员时，就要相应地转换为城市白领精英这类风格的演员。即使是同一品牌，产品定位不同，演员风格也会相应发生变化。上一节，我们分析的佳能 IXUS 广告片中的演员，其气质、风格和产品之间的关联度就非常紧密。

（二）明星效应会提升品牌附加值

如果由一位知名演员来代言产品，明星效应会在无形中提升产品的附加值。不同风格的演员会直接影响其所覆盖的年龄段和特殊群体的粉丝们，产品的品牌价值就能迅速上升。

七、品牌倡导社会主流价值观

《以齿相依》这条微电影式广告在记忆和现实时空中递进,镜头语言无声无息地将对时光流逝的感叹浸入每个人的情感回忆,从而再现自己童年的影像。每一个背景转场叠化,都记录着岁月的沧桑和痕迹,都是一次父母恩情的递进和感情升华。这条广告片采用蒙太奇的镜头语言设置,在细微处呈现当今子女与父母的亲情关系,从而呼唤着观众内心无以言表的爱意。

小时候,父母是儿女的依靠,给予儿女无微不至的关爱。现在父母老了,儿女变成了他们的依靠,这和中国传统的孝敬父母的价值观相契合,而且广告的关注点恰恰在“牙齿”这个细微之处上。父母身体健康与牙齿健康息息相关。这条广告在央视春节档播出,引起了春运返乡的广大儿女的强烈共鸣,那句“关爱父母牙齿,咀嚼幸福滋味”的广告语一时间不胫而走、广为流传。

第三节　特殊摄影的表现形式

主要知识点

1. 航拍摄影。
2. 延时摄影。

一、航拍

这些年,多轴无人机航拍在摄影领域越来越普及。与传统的固定翼飞机、直升机不同,多轴飞行器具有多个动力输出轴,带动多个旋翼产生升力,通过各个旋翼的不同转速(各个旋翼螺距固定)产生各个方向的扭力,从而控制机身。单从遥控模型领域来看,相对于其他飞行器而言,多轴飞行器具有结构相对简单、连动部件较少、结构相对坚固的优点。但是,多轴飞行器不通过舵面改变气流,也不是用直接的倾斜旋翼来控制机身的,而是通过改变各个旋翼转速来产生扭力的,所以,传统的控制方式需要通过一定的手段转换成旋翼的不同转速,才能达到稳定机身的目的。市场上的航拍器产品越来越丰富,航拍器的承重从小的GoPro至单反相机、佳能5D甚至RED EPIC或ARRI艾丽莎MINI,力臂旋翼包含四轴、六轴、八轴不同规格。衡量航拍飞行器的质量和性能主要看五个因素:动力电机(动力输出强劲)、云台(稳定性好)、悬挂和电机减震设计

（能有效降低云台系统的震动）、力臂设计（在方向上平稳，旋转方向灵活）、电池（供电持久）。

（一）航拍前准备事项

无人机航拍器少则几千元，多则几万元甚至十几万元，成本高昂，因而我们在操作时首先要考虑防止坠机。在无人机航拍器起飞前，我们还要考虑以下几个因素：地形因素——是山峰还是湖面？如果是在景区或街道上航拍，要留意有没有障碍物、有没有高压电线、有没有军事禁区、下面有多少人等问题，要尽量避免在人员密集的地方低空航拍，因为飞行器上有高速旋转的机桨，一旦失控坠落可能造成人员伤害；飞行路径如何规划，风速是多少，有没有强风，超过三级风力就不宜航拍；顺风还是逆风，风向如何，雨天或雾气大的天气尽量不要飞行，雾气、水汽对电子设备有一定的损害；环境的磁场如何，要远离强磁的环境，强磁会干扰指南针工作；如果是低空航拍，风速和风向的变化多样，它们在不同高度的状况和人在地面上所感知的有很大差异。

（二）航拍飞行过程中的注意事项

无人机航拍器起飞前要检查设备，确保设备连接正确、校准指南针没有松动，仔细检查机翼和尾翼固定螺丝、起落架、固定橡皮筋、电池电压等。飞手要根据现场情况及时调整航线（包括飞行高度、航点、飞行距离），通过试拍调校摄影机（相机）快门速度、光圈大小和焦距。无人机航拍器飞行时我们不要只看着监视器图传，尤其在距离楼体或建筑物比较近的时候。因为高清图传会延时，影响我们的判断，我们看监视器时虽然感觉飞行器还没碰到建筑物，但实际可能已经撞到了。

除了飞手和云台手之外，最好再有一人负责瞭望，以避免无人机航拍器不小心碰到障碍物。飞手控制飞行的高度和机身的角度，操作时要轻推操纵杆，要慢慢感受操纵手感的力度，使无人机航拍器的飞行始终保持平稳，然后再练习调控飞行器前后左右自如转向，并精确定点。云台手要随时根据无人机航拍器的飞行特点和方位调整镜头角度，还要兼顾看监视器找准构图。

无人机在飞行过程中，最忌讳的是飞行的路径设置、速度、高度、画面曝光等方面都没问题，但拍摄的画面构图有问题，如果是这种情况，拍摄的视频就不能用了。我们在操控无人机拍摄时尤其要注意航线，飞行器在弯道飞行的情况下，很容易出现构图问题，很多时候这都是飞手和云台手配合不当造成的。因此，两个操作手之间的配合一定要默契，云台手在飞行中根据画面构图随时调整镜头的角度，这种调整是带有一定预见性的，要提前有心理准备，等发现构图不好再调整则为时已晚，拍出来的视频就作废了。

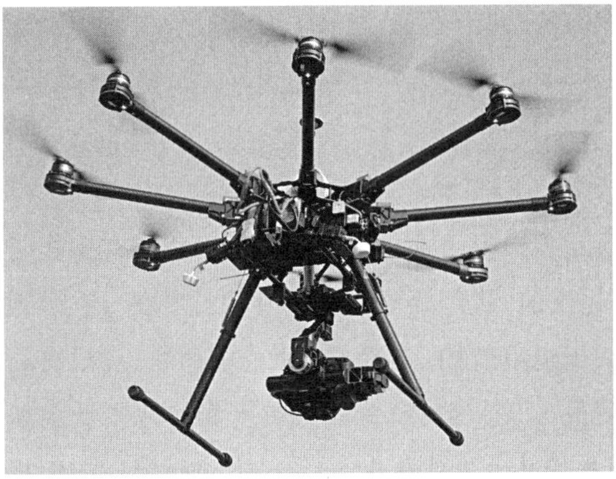

无人机飞行过程中，导航员要严密监视无人机航拍器的飞行状况，密切关注它的高度变化和航线执行情况，如遇紧急情况(天气突变或高度急剧下降、无人机航拍器未按航点飞行等)，则应立即变更航点，努力使无人机航拍器返回起飞点，并及时通报给飞手，做好应变准备。无人机航拍器最好选择有 GPS 定位的，以便于返航。

(三)航拍设备的保养和维护

我们要经常检查和保养航拍设备，老化的电机、电池等要及时更换。航拍设备应轻拿轻放，以免损坏无人机航拍器的舵面、舵机连杆、尾翼等易损部件。要注意以下事项：

(1)拆装时应使用专用工具，以免用力过猛损坏设备和系统部件；

(2)禁止在通电状态下插拔接插件，应在断电状态下检查插件和线路；

(3)防止接插件进水、进尘土，小心插拔；

(4)室内外温度、湿度相差较大时，应将设备放置在工作环境下 10 分钟以上，待设备内外温度基本一致、无水雾、无霜时再通电使用；

(5)在雨天使用时，航拍设备须做好防水、防雨淋措施，除非特殊情况，不建议在阴雨天使用航拍设备，如遇打雷或闪电等天气状况，更是坚决不能工作；

(6)在太阳直射且温度较高的环境下使用时，应采取遮阳措施；

(7)选用洁净、高质量的汽油和机油；

(8)按照设备生产厂商提供的《设备使用手册》定期保养。

二、延时摄影

延时摄影(timelapse photography)是以较低的帧速率拍下图像单帧或降格视频，然后用正常速率播放画面的摄影技术。延时摄影以低于正常的速率将物体或景物缓慢变化的过程记录下来，呈现快速变换的奇异精彩的景象。影片的正常播放速度为 NTFS 制每秒 24 格(24 fps)或 PAL 制每秒 25 格(25 fps)，也就是正常 1 秒钟包含 24 张或 25 张图像，我们将 24 张或 25 张单帧图像连续播放能制作 1 秒钟的影像。

延时是什么概念呢？就是在同样时间内去掉帧数，如每 1 秒只拍 1 张，或每 10 秒甚至更久一点只拍1张,这样拍的影片中的景物会以24倍或240倍的速度运行。延时摄影的过程类似于制作定格动画(stop motion),即把单个静止的图片串联起来,得到一个动态的视频。因此,我们可以把一天的景色变化在1分钟甚至更短的时间内表现出来。延时摄影的拍摄器材目前有两种:第一种借助摄像机来实现,现在许多摄像机已经具有这样的功能,通过机内设置让传感器每间隔一定时间记录一帧画面,从而实现延时的效果。第二种则借助数码相机来实现,只需一根定时快门线就可以让自动装置以一定的间隔时间拍摄一定张数的照片,然后将这些照片以图片序列的形式导入非线性视频编辑软件中,这样就可以生成高画质的视频。专业领域通常用单反或专业相机来拍摄,如佳能5DMARK系列或尼康D800、D90等。

(一)固定延时摄影

三脚架是拍摄延时摄影的必需品,一旦开始拍摄,就不能再动三脚架了,必须持续到拍摄完成为止。相机要配置定时快门控制器,还要设定按下快门的间隔时间、拍摄张数等。开拍前要固定ISO、光圈和快门的值,设定好间隔时间,一旦设定好就不要再变了。设定好后,剩下的工作就由快门控制器来完成了。在此提示一下:请注意快门速度的设定,延时摄影对快门的速度要求十分严格,既不能太快,也不能太慢。例如,在强烈的阳光下拍摄,正常的快门速度是1/1000或1/2000,这种快门设置可以确保拍摄的景物清晰。以单一相片来看,那是不错的选择,但对延时摄影来说就不可以了,因为延时摄影最终会以动态影片的形式呈现在大家眼前,那些清晰的相片在高速播放时(如24 fps或25 fps)会出现影像跳动的现象,看起来令人非常不舒服。因此,大部分高清影片的拍摄将快门设定为1/48,1/48快门的单元格影像看起来略有点模糊,但在视觉上却增加了每格影片间的连续性,更有电影感。如果相机没有1/48的快门速度,可以把快门设在1/50,在阳光下拍摄时用两块ND8滤镜或灰片大幅减弱光线。在夜间拍摄时,1/20、1/30的曝光很普遍,在长时间曝光下,灯火辉煌的都市中运动着的人物、汽车、灯光会变成一条条金色的光流。如果延时摄影要拍出景物的快速运动和变幻,曝光就不要超过数秒。如果每5秒拍下一张照片,曝光的速度便不能超过5秒了。延时摄影时,相机的拍摄位置、角度及机身要绝对稳定,拍摄过程中即使轻微的晃动也会使画面闪动,这段视频就不能用了,后期制作也无法修复。

(二)运动延时摄影

运动延时摄影通常采用两种方式:

前后纵向运动(可以偏离一定角度,形成纵深感)和半圆形环绕式运动。左右横向移动拍摄出来的画面效果不理想,因而很少采用。

相机要调整好固定的曝光参数、焦距、画幅比例和间隔时间。把相机固定在延时滑轨上,设置好滑轨的运动速度(专业延时滑轨支持间隔时间运动),剩下的操作就和固定延时拍摄一样了。拍摄时,最好采用手动对焦或者锁定焦点,始终对准一个焦点,因为自动对焦的焦点容易随着光线的变化而变化。

(三)大范围移动延时拍摄

大范围移动延时拍摄相对比较麻烦,我们在拍摄一段大范围移动延时前,首先要考虑镜头是纵深运动还是环绕目标物体运动。这一点在拍摄前必须搞清楚,因为只有确定了这一点,我们才能设计相机与被拍摄目标物体的运动路径。比如,围绕一个目标物体进行运动延时拍摄,首先要在这个物体上找到一个固定的视角参考点,最好是标志性的,而且要以目标物体的主元素作为参考点;然后把相机调整为中央点对焦的方式,拍摄每张图像时都要对准这个焦点;再以这个焦点为圆心,大致规划出机位移动的路径(也可以是半圆形路径),每次平均移动之间的距离要大致相等;最后设定拍摄每张图像之间的间隔时间。确定好后就可以遵照这些设定拍摄了,之后再将拍好的素材序列帧导入 Adobe After Effects 中生成视频(其他后期编辑软件也可以)。如果出现画面轻微晃动的现象,利用 AE 自带命令变形稳定器处理即可。

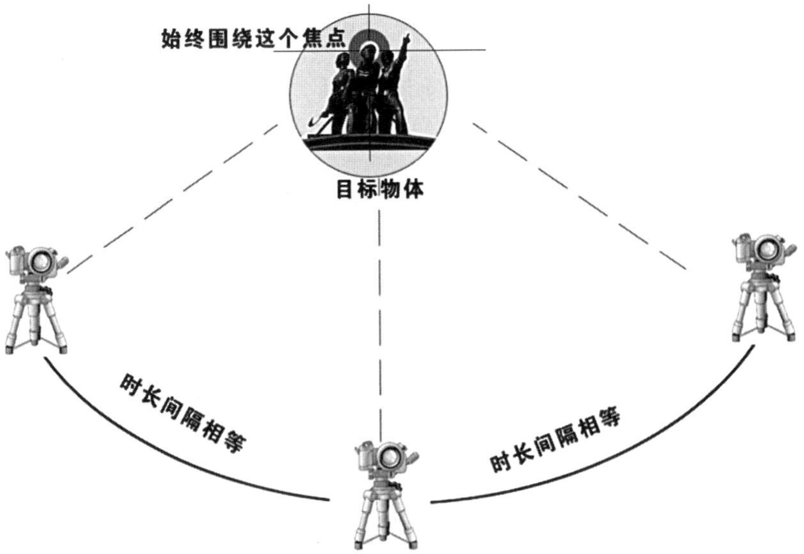

案例分析:《长春》城市宣传片延时摄影

这段延时摄影整整拍了一年(每个季节间隔拍摄几天,多次累计),分四个季节,展现长春四季的更替。下面将拍摄经验与大家分享一下。

1. 制订拍摄计划

计划拍摄一段一年四季更替的延时画面,每个季节拍摄一次,选取具有季节代表性的延时片段。后期为了实现更好的过渡效果,春季和秋季这两个树叶颜色变化明显的季节又分别增加了拍摄次数,一年四季变化分6次拍摄。

2. 堪景

把长春最具代表性的人民大街沿线作为延时拍摄的题材,起初找了几个高点取景,但都不理想,后来根据光照、距离、建筑物遮挡状况等多方面因素选取了长春出版大厦楼顶露台作为外景拍摄地点。景别最后确定为28mm,根据导演的意图确定了最终构图。

3. 确定拍摄器材

(1)稳固的三脚架,云台最好是那种带有微调功能的齿轮云台,这样可以精细地调整构图(6次拍摄必须拍同样的景别,否则后期无法对位)。

(2)尼康单反相机,成片长边像素在4000以上(需要输出4K视频素材),全画幅半画幅均可,机身本身自带间隔拍摄功能,但我们采用的是外接延时快门线。

(3)定焦镜头,这样在拍摄期间每次拍摄的景别就不会有变化,方便后期制作。

(4)热靴水平珠,用以精确控制相机水平。

(5)目镜盖,用以消除拍摄过程中取景器进入的杂光(有些机型机身内部自带,如尼康D700、D800)。

(6)测光表和色温表,每次拍摄前测量数据以供设置白平衡、光圈、快门速度等参数。以上器材在6次拍摄过程中不可以更换。

热靴水平珠

4. 正式拍摄

(1)拍摄时间:根据拍摄位置的朝向选择晴朗多云的时间段拍摄。为了使光影过渡比较自然,可设定上一次拍摄的结束时间就是下一次拍摄的起始时间。每个季节呈现的效果不同,应选取具有代表性的天气时间段拍摄,如在春秋两个季节,可以通过观察树叶颜色的变化择机拍摄,冬季则选择下雪期间拍摄,拍摄期间要随时关注天气预报。

(2)固定拍摄位置:选择一处可以做标记的位置固定三脚架,三个脚分别标记三个点的位置和中轴位置,每次拍摄三脚架的高度保持不变。

(3)相机设置:这次拍摄使用的相机长边超过6000像素,以便后期构图裁剪和对位。拍摄的图片格式为无损RAW格式,后期调整曝光、白平衡等参数不能有任何损失,后期用Adobe Camera Raw打开。感光度100,光圈快门和白平衡K值按照测光表和色温表的读数来设置。考虑到车流和云层,拍摄间隔设置为2S(2秒)。时间间隔太长,画面跳动感太强;太短,则运动效果不明显,存储卡的存储速度也容易跟不上。镜头选用了28mm定焦手动镜头,拍摄时光圈为F8(中间光圈成像比较好),焦点无限远(为了保证每次拍摄的景别不变)。因为文件比较大,拍摄间隔比较短,因而选用了大容量高速卡。每次拍摄要求输出超过10秒的视频素材,所以每次需要拍摄300张。

(4)对准位置:同一景别的四季更替延时摄影要求拍摄时对准位置。把机内参考线打开,在第一次拍摄后记录参考线在画面中的位置,以便下次对准,第二次拍摄时拷贝一张第一次拍摄的图片以供参考对位。在对位过程中,首先确定大概位置,然后根据热靴水平珠调整相机水平(机身自带的电子水平仪精度不是很高,因此采用热靴水平珠),根据上一次拍摄时的对位信息记录对准并拍摄一张,与存在卡里第一次拍摄的图片对比,再次调整位置,直到与第一次拍摄的位置基本一致。

(5)拍摄:拍摄时,根据天气情况在镜头上加偏振镜或减光镜来控制、调整光线强度,设置拍摄张数、间隔,遮挡目镜,记录拍摄参数及时间。相机设定在M挡。

5. 后期制作

(1)得到每组拍摄数据后,分别利用相机专用转换软件调整画面曝光、白平衡、对比度、亮度、暗部细节等参数,然后统一转换为高质量JPG文件,以方便后期制作视频。

(2)使用Photoshop软件对6组图片进行位置对位、裁剪和图像旋转,使其对位更加精准、图片固定位置完全重合。

(3)使用AE后期编辑软件将图片以序列帧的形式导入,并做最后对位调整,输出4K无损视频文件。

(参照样片:长影博物馆雕塑延时摄影。视频来源:商伟立。)

三、数字虚拟影棚拍摄

以往我们拍片经常使用的传统影棚包括实景棚(在影棚里搭建实景)和抠像棚(绿幕、蓝幕),这些都是为了解决无法实地拍摄的问题或者是为了实现某种创意特效而采用的拍摄方式。在实景棚和抠像棚拍摄都会增加后期制作的工作量,同时对后期制作有很高的技术要求。

下面让我们看看 LED(发光二极管)数字虚拟影棚与传统拍摄影棚相比的优势:

第一,LED 数字虚拟影棚可以通过模拟多种场景背景,给予制片人无限的创意空间和灵活性。通过改变显示在 LED 屏幕上的图像,摄像师可以快速变换拍摄地点和背景,不需要物理搭建拍摄场景或前往实际拍摄地点。而传统影棚则需要现场搭建并布景,还要调整灯光照明,耗时耗力,环境控制能力相对较弱。

第二,虚拟影棚减少了实地拍摄的需要,可以显著降低交通、场地租借和设置场景的成本。同时,多个项目可以共用相同的设施,提高了影棚的使用效率。

第三,LED 屏幕不受天气和自然光线变化的影响,为用户提供了对拍摄环境的完全控制权,大大提高了拍摄效率,确保了拍摄工作的连续性和稳定性。

第四,传统的绿幕或蓝幕抠像是将后期重新合成的背景与前景的演员合成,最终形成完整的镜头画面,演员看不到最终成片的背景,完全凭借想象表演,存在某些不确定性,这要求演员和导演都要有丰富的经验。在 LED 数字虚拟影棚中,演员可以在逼真的背景下表演,导演和摄影师也能立即看到合成效果,这有助于提高演员的表演质量以及让导演即时做出创意决策。LED 数字影棚实现了将影视工作的前期后期合二为一,所见即所得。这里的后期指的是后期合成,不是后期剪辑。LED 屏幕与传统绿幕相比,不会出现传统绿幕的溢色问题。LED 数字虚拟影棚将虚拟场景与实际拍摄有机地融为一体,沉浸在这种高精度的场景中,演员可以更加专注地投入表演;摄影师可以随心所欲地取景;导演和摄影师通过监视器也可以实时看到即刻合成的场景,发现问题能够立即进行调整和改进,无须等到后期合成,大大缩短了制作周期,也节省了后期制作的时间和精力。

由此,我们可以清晰地看到这两种制片流程的不同思路:传统制片流程属于线性流程,严格按照线性顺序执行每一个步骤,等拍完每个镜头之后进入后期制作才能看到效果。尤其是影视特效,拍摄过程中大部分都是依靠工作人员的想象力和不断调试来进行制作的,如果发现问题,就要再进行补拍或修改。这种工作流程从时间上和物质上势必要付出高昂的代价。

虚拟制片流程属于非线性流程,工作人员从方案阶段就可以对视觉细节进行调整,

拍摄过程中可以实现“所见即所得”的视觉效果。虚幻引擎实时渲染系统和摄影机的实时跟踪系统能精准地捕获演员和场景的每一个细节，演员能够自由发挥，工作人员也可以根据需要实时调整光源照明。这使得摄制组的各个部门能够在同一时间内快速进行调整而不用等到后期制作阶段再调整，避免了资源和成本上的浪费。借助虚拟制片流程，影视制作团队得以将“在后期制作阶段解决问题”的工作方式转变为“在制作前和拍摄过程中解决问题”的新方式。

四、LED 数字虚拟影棚在影视广告方面的应用

（一）场景创作

LED 数字虚拟影棚可以通过计算机生成各种虚拟场景，从实景到梦幻，从室内到户外，几乎可以模拟任何环境。这为广告拍摄制作提供了更大的创作自由度。

（二）实时预览和调整

LED 数字虚拟影棚中的实时渲染和跟踪系统使广告制作人能够在拍摄过程中实时预览虚拟场景的最终效果，及时调整摄影机的位置、光照效果和其他要素，以便获得最佳的视觉效果，加快了拍摄进程，减少了后期制作的工作量。

（三）呈现复杂特效

有些广告常常需要用到复杂的特效，LED 数字虚拟影棚通过结合实际拍摄画面和计算机生成的虚拟元素，可以实现逼真而令人惊叹的特效，使广告效果更具视觉冲击力。

（四）提高利率，节省成本

如果你要拍一部体量较大的传统影视广告，需要搭建和制作实际的场景、道具和景物，或者实地考察勘景，人员交通成本和器材运输成本相对增加，如果遇到恶劣天气，还会造成拍摄周期延误、成本压力骤增的后果。而 LED 数字虚拟影棚通过计算机生成虚拟的背景，再结合少量实景道具，在室内就可以完成全部拍摄工作。而且 LED 数字虚拟影

棚可以模拟各种天气,不仅可以模拟阳光灿烂,还可以模拟风、霜、雨、雪等自然现象,不受任何天气限制,大大降低了制作成本。

(五)定制化和个性化

通过 LED 数字虚拟影棚,制片人可以根据产品的特点和品牌形象,不受传统条件的限制,定制和创造独特的虚拟场景,凸显产品的特色和个性,量身定做独特的艺术效果,与目标受众产生更强的共鸣,提升作品的吸引力。拍摄方在 LED 数字虚拟影棚拍摄,可以在拍摄过程中邀请客户参与决策过程,让客户实时看到他们的广告如何在不同的背景和环境中呈现,从而提高客户满意度和参与感。

五、LED 屏幕素材制作方式以及素材来源

目前 LED 数字虚拟影棚屏幕的高质量素材基本是通过虚幻引擎 UE 制作的,该引擎最新版本为 UE5,最大特点是能够实时渲染,渲染效果可以实时呈现。用户可以将制作好的 3D 模型导入 UE5,(调取纹理和材质库,例如,Quixel Megascans 能提供各种高质量的纹理和材质,可用于为虚拟场景的各个元素添加细节和质感)设置全局光照 Lumen,从而实现“真实”场景。虚幻引擎 UE 强大的实时渲染能力和实时画面质量,支持用户在制作过程中随时修改和调整,实现所见即所得的画面效果。

用户通过激光扫描技术,如利用 LiDAR 扫描或摄影测量能够获取真实世界场景的精确几何形状和细节信息。这些扫描数据可以转换为点云数据,并用于在虚拟影棚中重建真实场景的模型。

用户还可以使用高分辨视频素材在虚拟影棚中创建真实世界的景观。这些素材可以通过摄影设备进行拍摄,在后期处理中用于虚拟场景。

特效和视效素材通常使用专业的视觉效果软件创建,如 Houdini、Maya、3DMax、Blender、C4D、After Effects、

Nuke 等。在虚拟场景中添加粒子效果、爆炸、火焰、烟雾、流体等特效，能增强场景氛围的真实感和视觉冲击力。

六、适合广告拍摄的 LED 数字虚拟影棚及拍摄注意事项

在广告拍摄过程中，拍摄物体经常会因为表面反射现象而导致 LED 屏幕出现镜像效果，影响广告拍摄和制作，因此拍摄团队挑选的显示屏表面一定要做防反射处理，确保屏幕不会在强光下反光，以呈现更逼真的色彩，实现更完美的拍摄效果。

摄影机设备的感光元件易受高频干扰，会导致拍摄时显示屏图像出现彩色和形状不规律的条纹，这种条纹被称为摩尔纹。要消除摩尔纹，拍摄者可以通过调节摄影机的拍摄参数来实现，如焦距、拍摄角度和位置等，这其中最有效的消除摩尔纹的方式是使用带有去除摩尔纹屏面罩的 LED 屏幕。

在虚拟影棚拍摄时，LED 屏幕显示的画面会随着摄影机位置、拍摄角度和焦距的调整而实时变化。如果从视频信号源到 LED 屏幕的延迟过大，拍摄下一个场景时 LED 屏幕上仍残留着上一个场景的画面，就会影响整个拍摄过程的流畅度，造成影像延迟。因此，我们要想办法确保从渲染引擎到 LED 显示屏的信号传输延迟最小化。我们可以使用高质量的视频传输设备和接口，如 HDMI 2.1 或 DisplayPort 1.4，以提供更快的数据传输速度和更低的延迟。拍摄时要避免使用延长线或信号转换器，因为它们可能会引入额外的延迟。另外，拍摄者在拍摄时要随时检查硬件是否与画面同步，应使用专业的硬件同步设备来确保虚拟场景和实际演员或物体之间的同步和协调。这些设备可以将实时渲染和实际演员的动作信号进行硬件同步，减少延迟并提高实时互动性能。例如，我们可以使用带有 Genlock 功能的设备进行同步锁相，避免在显示刷新时帧间黑屏时间被镜头捕捉，确保画面更流畅、紧凑。

灰度等级是指 LED 显示屏能够显示的不同亮度级别的数量。它决定了显示屏的色彩深度和细节表现能力。因此，我们在拍摄时要选择高灰度等级的 LED 显示屏，高灰度等级能更好地呈现图像层次、细节，低灰度等级的 LED 显示屏容易造成画面暗部细节丢失、纹理丢失、显色不均等问题。

LED 屏幕刷新频率也至关重要，当刷新率较低时，显示屏在更新图像时可能会以线条的形式逐行扫描，这被称为扫描线，会导致视觉上的不连贯。为了确保图像的连续性和稳定性，我们一定要选择较高的刷新率，这样能够避免扫描线的出现。在虚拟影棚中，演员的动作或物体的移动通常需要与虚拟场景实时渲染相匹配，较高的刷新率可以提供更平滑的动画和运动表现，使虚拟场景与实际动作更加协调和自然，这对于给予观众沉浸式的体验来说至关重要。

实训项目:

项目一:通过不同的机位设置强化景深关系。

实训目的:强调景深在广告拍摄中的作用。

实训条件:室内或户外拍摄指定产品。

实训要求:将焦点集中在产品本身,虚化前后景。

实训步骤:

1. 摆放摄影机找好构图比例。
2. 通过不同焦段尝试将焦点对准指定产品。
3. 让前后景虚化,形成景深关系。

项目二:通过强化镜头关系、色彩关系、影像剪辑关系形成不同凡响的画面效果。

实训目的:了解镜头语言和广告语言表达的内在关系。

实训条件:搜集教材中的相关广告案例,围绕镜头表现、色彩处理、转场设计、视觉符号等几个方面进行分析。

实训要求:理解广告表现的关键要素。

实训步骤:

1. 挑选合适的广告样片,让学生根据不同广告片的特点进行总结、提炼,分析优秀广告片所具备的几大要素。
2. 老师提供广告选题和相关视频素材,学生剪辑一部广告片,表现方式和手法不限。

项目三: 航拍和延时拍摄。

实训目的:了解航拍的流程及注意事项,掌握延时摄影技术。

实训条件: 与航拍器材公司合作,由航拍技术人员演示小型航拍;老师运用简易滑轨演示延时摄影,可用器材 5D Mark2/3、尼康、索尼、iPhone 等。

实训要求:学生观看航拍场景,认识在某些场面中航拍对镜头表现的重要性。

通过亲自操作延时摄影,体会这种影像表现形式的独特性。

实训步骤:

1. 航拍:由航拍手操作,学生根据无人机航拍器的飞行高度、距离和速度,通过监视器判断画面的构图和运动节奏。航拍过程以技术人员操作为主、学生观看为辅。
2. 延时摄影:老师指导学生操作,以学生操作为主、老师指导为辅。

思考题:

1. 不同的广告拍摄方式对广告创意表现有何不同的作用?
2. 如何让广告片与众不同、令人印象深刻?

第七章

影视广告拍摄制作团队各部门的职能及运作方式

本章学习目标

☑了解广告制作团队的组成部分及各部门的职能分工。

☑了解每个部门职能的特点并掌握相应的技能。

第一节 前期拍摄

一、导演组

(一)导演

导演相当于一个交响乐团的指挥、一支部队的统帅。目前,国内导演的工作职能要求他既要参与制订广告创意方案,又要将自己的想法通过二次创作把文字语言转换成影像语言,还要考虑如何将广告制作成本控制在合理的预算范围内。导演的一切艺术创作都得围绕着如何打造产品品牌和达到营销目的展开,以确保广告片能给观众留下深刻的记忆。此外,导演还要对广告片所投放的媒体属性有深刻的理解和认知,因为不同媒体投放平台的观众观看习惯不同,自然会产生不同的广告效果,因此,拍摄前期导演应对以上因素做到了如指掌。

拍摄过程中,各个部门必须服从导演的指挥和调度,导演必须能清晰地表达自己的意图和想法,以便剧组的每位成员都能明确自己的职责所在。演员的表演方式、走位、服装、化妆风格、摄影角度、节奏、每个镜头之间的关系、灯光布置、场景、道具、录音效果等,都由导演来决定。包括后期制作、指导剪辑、合成、调色、特效、音乐、配音等综合艺术效果的把控,目前在国际上都采用导演负责制。总之,一条广告片的最终成败,导演负有不可推卸的责任。

成为一名合格的导演需要具备以下素养:

1. 广告学知识必不可少

一切表现手段都是为产品宣传服务的,导演掌握必要的品牌知识、营销常识、消费者购买心理,是制作出好广告的必要前提。

2. 训练和强化创意性思维

导演虽然不是策划创意人员,但最终的策划案能否实施却是由导演来决定的。有时,看似很有创意的策划案却在某些环节上实施不了,或者说成本太高超出预算而客户又不想增加预算，就会造成广告片难产。因此导演非常有必要参与创意，在不损害创意核心诉求的前提下使其具有可行性。因为创意人员大部分不懂如何拍摄、如何制作，他们的职能是想出一个符合产品特性的好创意让客户满意，这就要求导演具备一定的创意能力并能保证创意方案能顺利实施。

3. 亲手绘制分镜头脚本

这是非常重要的一项技能，它能将导演的想法以画面的形式呈现在摄制组各个部门面前，从而让各部门成员非常直观地了解导演的意图，同时解决与客户沟通的问题。如果导演不具备美术基础也不要紧，他可以找分镜头画师根据自己的想法画出来，还可以利用相关软件来代替手绘，如 Poser、DAZ Studio 这类软件，他可以直接在模型库里将模型拖入场景，设置摄影机的位置、角度、灯光位置和冷暖光源，直观地在三维场景中将自己的意图体现出来。

4. 具备影视语言表达能力

影像语言表达能力训练是无止境的，通过不断观摩各类优秀影片和各种不同风格的广告片，我们可以学习其中镜头语言的运用手法，平时拍摄时也要不断积累经验，形成自己的影视语言表达风格。我们必须认识到，分镜头脚本再完善也不能确保广告片最终一定能达到令人满意的效果，因为动态影像涉及的元素远远多于静态图像。演员的表演风格、镜头运动的节奏快慢、受场地和天气限制所作出的适当调整、现场氛围的营造、对白的语调语气……这些都是分镜头脚本无法解决的。所以，在客户签字认可创意方案和分镜头脚本之后，不妨找一些类似的参考样片让客户和剧组工作人员观看，提前让他们预想最终的拍摄效果，团队成员思想统一更易于达成拍摄的预期目标。

5. 制造影视广告令人过目不忘的记忆点

影视广告是视听语言的一种综合表现形式，无论是在视觉上还是在听觉上，是否能在瞬间给观众留下深刻的记忆点是评判一条广告是否成功的标志。也许一条广告看起来比较常规甚至平庸，但只要有一个亮点给观众留下了深刻的印象，就可以算是一条成功的广告了。当然，这种记忆点不是哗众取宠，而是和创意的有机结合，是创意诉求的最好呈现。广告导演要在创意脚本中提炼出这个亮点，让它既出乎意料又合情合理，并通过视听语言的合理运用将其表达出来。虽然广告的所有元素都是为产品和品牌服务的，但视觉表现手法、影像节奏和记忆点的创意形式才能体现出导演的风格。某种程度上，可以说，只有形成了自己独特的影像表达风格的导演才是成功的广告导演。

6. 驾驭和操控拍摄现场的能力

在拍摄现场，导演具有绝对的权威，广告片的最终成败导演要负完全责任，导演要确保每个细节都不能有任何疏漏,各个部门都要无条件地全力配合,但这并不意味着导演就可以一意孤行。摄影组要向导演提出合理的拍摄建议,照明组要将灯光效果提前呈现给导演。导演不是技术工种,不可能对每一个技术环节都精通,他主要看最终的呈现效果。达到导演所预期的效果,是各个部门发挥自己的技术特长、精诚合作的结果。在拍摄过程中,部门之间有时会产生摩擦,这就需要导演来掌控局面。例如,拍摄产品时要求形成一个光斑的效果,这个光斑最好出现在产品的哪个部分与机位的角度、灯光照射的位置,包括产品摆放的位置都有直接关系。形成这种效果必然要求以上几个要素、几个部门紧密配合,如果在微调过程中没有达到预期效果,部门之间就有可能产生矛盾,互相指责对方配合不到位,这时就需要导演来找出问题所在,指导其中某个部门的具体操作,最终达到目的。所以导演要掌握拍摄和灯光性能的基本知识,平时要下功夫钻研相关知识,一旦片场出现问题,导演要马上就能发现问题并予以解决。

7. 前期向客户阐述创意内涵并确保广告片顺利通过客户验收

在拍摄前期,导演要将创意方案的要点和在广告片中如何表现等问题向客户描述清楚,针对不同类型客户提出的不同问题做出合理的解答。客户通常会担心制作出的广告片达不到预期效果,这时导演就要通过自己的拍摄经验来消除客户的这种担忧,经验丰富的导演会将类似的广告样片展示给客户,从风格、效果和制作质量等方面给客户一个参照标准,让客户放心。在广告成片验收阶段,由于不同客户的认知程度不同、欣赏水平不同,因而定制的广告片要兼顾两个方面,既要满足客户的需求,更要针对消费者的需求,让大多数消费者认可。广告片经过一段投放期,如果市场反应良好,客户就不会再坚持自己的意见。因此,导演要向客户阐明片中的表现手法、表现技巧、表现风格以及产品品牌概念的诉求,让客户树立起信心,从而让广告片顺利地投放市场,让市场来检验。

8. 充分了解和掌握后期制作的流程和相关技术环节

合格的导演一定要懂得后期制作流程,甚至清楚地知道后期制作软件的特点,这样,前期拍摄时才能做到心中有数,否则就可能导致拍完的镜头后期无法处理,如抠像拍摄和镜头跟踪拍摄。国内很多后期特效师不懂前期拍摄,而导演只懂前期拍摄不了解后期制作,如果没有一名好的监制(广告拍摄中很少设置这个环节),前期拍摄和后期制作之间就会出现"脱节"的现象。导演只顾实现自己的想法,但拍完的素材后期无法使用或者会给后期工作造成极大的麻烦,这非常影响制作进度,得不偿失。所以,导演是整个广告片的实施者,这就好似作曲家要对每个音符和每个节拍都了如指掌一样,这样才能保证作曲的独立性和完整性。

广告导演要对前期和后期的每个制作环节都了如指掌,他可以不会操作摄影机,但他要知道哪些画面达到了要求、画面中哪些元素出了问题，是构图、光线明暗、色温、光比的问题，还是镜头运动节奏的问题……他可以不会操作后期软件，但他应该知道这些软件的属性特点，例如：它们都能制作出什么特效，怎样和三维元素合成，什么样的镜头画面可以做抠像，什么样的运动速率和运动轨迹可以做镜头跟踪……这些都是一名合格的导演应该了解和掌握的基本制作常识。

（二）副导演

副导演按工作内容大体划分为两大类：现场副导演和选角副导演。

1. 现场副导演

在影片进入拍摄时，现场副导演根据导演的意图与指示，检查拍摄现场的准备工作，协助导演指挥现场，直至完成全部影片的后期工作。

有时，根据导演的安排，现场副导演也会直接指挥拍摄某些次要的场景镜头或在导演的指导下代替导演执行全部现场拍摄工作。在广告片拍摄中，现场副导演所执行的每一个环节都必须经过导演的验收认可才能进行下一步。由于广告片拍摄周期较短，影视语言表达比较凝练，因而国内很少设置现场副导演这个职位，为了保证广告片的质量，通常都由导演亲自操刀。

2. 选角副导演

这个职位在广告片拍摄中非常重要，在广告片的筹备阶段和摄制前的准备阶段，选角副导演要协助导演挑选演员、联系美工、造型、服装、道具等部门以及选看外景等。

当然，选角副导演最主要的任务是根据创意脚本的内容向导演推荐演员：男一号、女一号，包括特约演员、群众演员。为了保证广告片的质量，一个剧组可以有不止一位副导演来提供演员资源供导演挑选。

二、摄影组（包含延时摄影、航拍）

摄影组包括摄影指导、摄影师、摄影助理、推轨员、斯坦尼康操作师以及大摇臂、升降设备组人员。

（一）摄影指导

摄影指导负责指导新入行的或年轻的摄影师完成影片的拍摄任务，他们是富有经验的摄影师，一般不直接操作摄影机，只是指导摄影师如何拍摄，解决拍摄中的困难，帮助摄影师掌握摄影创作规律,并对全片的摄影处理提出建议、制定拍摄方案。

在广告界,摄影指导一般都拍过很多成功的作品,现场拍摄经验极为丰富,能很好地驾驭影像语言,能确定用什么型号的镜头、什么样的拍摄角度才能更有力地表现广告片的产品主题,能确定摄影机的位置和运动轨迹乃至定位影像风格。摄影指导的水平高低直接影响着广告片的拍摄质量和广告片的最终成败。由于好的摄影指导比较稀缺,国内只有广告大片才会聘请摄影指导,因而绝大多数广告片都由有一定经验的摄影师直接拍摄完成。

(二)摄影师

摄影师是广告片的实际拍摄者,他们非常熟悉各种摄影器材,直接操作摄影机,对摄影机的性能了如指掌。导演所期待的画面效果是通过摄影师来实现的,因而摄影师不单单要懂得摄影技术,还要对灯光、照明有充分的了解。离开了灯光,拍摄效果便会大打折扣,因此摄影师和灯光组的配合非常紧密,他们的思路要一致,同时还得和导演密切沟通,以便了解导演的拍摄意图。要想成为一名合格的摄影师,首先平时要多看优秀的影片和广告作品,仔细分析每个镜头是如何处理的,平时也要多拍片,积累拍摄经验。在广告拍摄领域,摄影师也要了解创意脚本,除了执行导演的想法以外,有经验的摄影师还会给导演提出可行的拍摄建议供导演参考。好的摄影师具备一定的美术基础和色彩知识,可以在最短的时间内找到最适合的画面构图,捕捉到演员瞬间的表情变化,通过曝光指数、灰片增减、ISO 设定、色温设置来确定广告片的影像基调,而这些能力来源于摄影师深厚的艺术积淀。片子拍得如何,和摄影师的艺术修养密切相关。

(三)摄影助理

摄影助理的主要任务是协助摄影师完成拍摄工作。在广告拍摄中,摄影助理的工作范围包括管理摄影器材、搬运摄影器材。在这个数码时代,胶片已经用得很少了,以前采用 35mm 或 16mm 胶片拍摄,摄影助理要协助摄影师通过测光表测光,同时在片场更换胶片。合格的摄影助理应熟练掌握所使用摄影器材的各类参数,了解摄影师的拍摄风格,要和摄影师配合得相当默契才可以。这就需要他们私下经常沟通,甚至摄影师只要将想象的画面效果简单地描述出来,摄影助理就会根据当时的光线环境给出相关的摄影机参数设置。

摄影助理还有一个最重要的任务,就是跟焦点。在摄影机运动中,摄影师的注意力主要集中在画面构图、运动的平稳性和速率、演员表情和灯光环境的变化上。由于画面的景深关系,焦点的虚实非常重要,主要物体的焦点必须“实”不能“虚”,用业内的行话说,就是“不能跑焦”,这是决定“这一个镜头”成败的最为关键的一点。摄影助理就承担着跟焦、变焦的任务。这项技能要求我们平时多练习,根据运动轨迹的起点和终点,通过操作跟焦器的速率和平稳性来保证焦点的完美。摄影助理是摄影师的预备梯队,长期和摄影师一起工作,必然可以积累丰富的拍摄经验,很多经验丰富的摄影助理后来都成了摄影师。

(四)推轨员

广告拍摄通常离不开轨道,摄影师在轨道上拍摄,需要有人平稳地推动轨道车向一个方向运动,这个人就是推轨员。无论是推动轨道车还是拉动轨道车,其力度、速率和平稳性都必须符合摄影师的要求。这里包含了两个方面:一是轨道的铺设必须牢固平稳,滑轮要调试好;二是推轨员要熟悉粗细轨道的性能,平时多练习,要经常与摄影师沟通,以便快速、正确地领会摄影师的意图。

(五)斯坦尼康操作师

在移动拍摄时,我们通常会借助轨道车、摇臂来降低摄影机的抖动,但有些特殊环境或特殊镜头则要求使用斯坦尼康,因为它非常灵活、便利,与摇臂相比,可以拍摄时间更长的长镜头。轨道需要平坦的地面,斯坦尼康却可以适应山地、台阶等多种环境,可以完成更为复杂的移动镜头的拍摄。这也许就是它和其他传统稳定器的区别,也是它的特点和优势。

有些广告片根据镜头的叙事要求和场地限制必须使用斯坦尼康来拍摄运动镜头。传统的大型斯坦尼康由承重背心、减震力臂和稳定平衡杆组成,不是所有的摄影师都能驾驭这个笨重的家伙,因此操作师在走路姿势、腰肩角度、手臂随和度、手指分配、机器三轴向配平等若干环节都必须接受过专门的训练和调教。实际上,在专业领域里,斯坦尼康是一个专门的工种。简单地说,要想用好这个笨重的家伙,操作师一定要经过科学的练习和专业的训练。目前摄影领域通常都由高大强壮的摄影师来操作斯坦尼康,因为操作斯坦尼康确实非常消耗体力,技巧要求又非常高,而且操作人员同时还得具备构图能力和运动节奏把控能力。近景和特写只是斯坦尼康运动过程中的一个部分,单纯拍近景特写一般很少用斯坦尼康,因为过浅的景深和太近的距离无法在运动中保证画面的稳定性,会产生抖动和震颤的现象,除非摄影师想特意强调这种镜头风格。运动过程中的焦点跟踪需要通过无线跟焦器来配合,由于它对平衡性非常敏感,而拍摄过程中又不能有任何外力触碰,因此摄影助理只能操作无线跟焦器来掌控焦点的虚实。

(六)三轴陀螺仪稳定器操作师

三轴陀螺仪稳定器在影视拍摄中已经得到了广泛的应用。这种手持仪器操作简便,不同于斯坦尼康的机械平衡稳定,三轴陀螺仪稳定器基于电子平衡稳定,操作人员无需经过长时间专门训练即可上手,稳定效果也很好。

三轴陀螺仪稳定器可以调节力臂以适应不同重量的摄影机,无论摄影师是在行走、奔跑还是跟拍,画面都非常稳定。最重要的是,普通摄影师也可以比较轻松地完成拍摄任务。此外,三轴陀螺仪稳定器也可以作为配合斯坦尼康的设备。

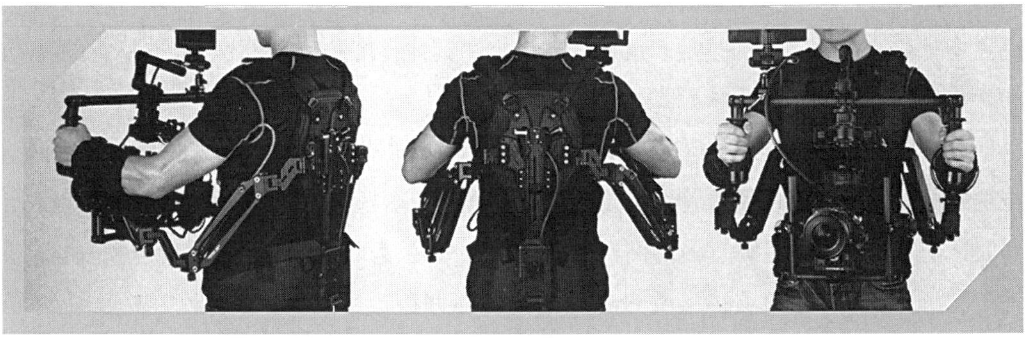

三、大摇臂及升降设备组

(一)大摇臂操作手

在广告拍摄中,大摇臂一般应用于大场景拍摄,用以展现大场景和局部之间的关系。大摇臂需要摇臂手来操控摇臂的运动轨迹,也可以结合轨道边移动边拍摄,某些特殊摇臂的臂杆具有伸缩功能。拍摄现场通常有两个人同时操作摇臂摄像机,其中一人通过遥控器控制镜头的拍摄角度,并保证摄像机的安全;另一人控制操作手柄,保证画面的构图,控制运动节奏和所要强调的主体表现元素。这是一项相互配合的工作。在此我们举一个在广告拍摄中运用大摇臂的例子,以便大家理解,掌握了其中的应用规则便可以举一反三,希望能借此激发大家更多的镜头创意灵感。

比如拍摄一个啤酒节的狂欢场面：先特写手中的一瓶啤酒，清晰地展现啤酒的形态和包装；镜头逐渐拉开一点，一个演员充满激情的笑脸入画；摇臂慢慢上升向后拉开，画面上呈现五六个人在举杯狂欢；摇臂继续向后拉开同时升高，几十人出现在画面中，他们激情四射；摇臂升至顶端，呈现出几百人载歌载舞的场面，整个广场灯火通明，空中礼花绽放。

这个镜头采用了从局部逐渐过渡到整体的表现形式，既有细节的展现又有大场面的震撼，很有视觉冲击力。

摇臂手根据导演对画面构图和运动速率、节奏的要求，精准地控制摄影机的运动路径，因此摇臂手要充分领会导演和摄影师对当前运动画面的表现意图。还有一种情况：摇臂手根据导演的意图拍摄几组镜头供导演选择。

合格的摇臂手平时会通过大量练习掌握摇臂的各种性能，从而做到熟练地操控镜头方向和角度，使之与摇臂的运动路径完美地结合。

（二）升降设备操作手

摄影升降机是一种在拍摄时能做升降移动的摄影专用机械，主要由带轮子的底座、悬出的升降臂和后座的配重装置组成。摄影师坐在前端的座位上，后座的配重和前端保持平衡，操作手在拍摄中控制升降臂上下左右升降。由于升降设备功能单一，因而操作手不必考虑镜头的角度和方向，只要控制好升降运动路径和节奏即可。

拍摄前，操作手要与相关工作人员配合，根据摄影师的体重、摄影机以及云台和配件的重量，逐渐增加后座的配重，使之达到与前端平衡的重量。

操作手要根据导演和摄影师的意图，反复演练升降设备的运动路径。导演通过监视器观看画面的运动路径、节奏和构图，坐在升降设备前端的摄影师随时和导演沟通，导演和摄影师将共同认可的建议传达给升降设备操作手，操作手做出相应调整直至导演满意。下一步进入正式开机拍摄环节。

有的同学也许会问:大摇臂和升降设备看上去很相似,操作手法也有很多共同之处,能否将这两个设备做一个综合比较呢?

升降设备和大摇臂各有优缺点,可以优势互补。升降设备的优点是:摄影机的角度不是由摇臂操作手通过操作遥控器来控制的,而是由前端的摄影师来控制的;缺点是:如果场景有限制或处于危险地带就不适合了,大摇臂反而更适合有些危险场景的拍摄现场。此外,大摇臂的拍摄空间更自由,镜头的转换角度和节奏更自由,而升降设备在这些方面会受摄影师操作的限制。

四、照明组

(一)灯光师

灯光师在广告拍摄中的作用和摄影师一样重要。影像离不开光,光是塑造影像的重要元素。一条优秀的广告片,其画面质感与光线息息相关。因此,灯光师要能熟练运用各种灯具,要能够根据不同的题材打造出不同的光影艺术效果。在影视广告的拍摄中,布光工作耗时最长。主光源在什么位置?环境光如何营造?侧逆光要达到什么效果?整个画面的调性是偏冷还是偏暖?要高色温还是低色温的光?怎样模拟太阳光的效果?怎样模拟月色的效果?怎样消除多余的阴影?这些问题都要在布光过程中被充分考虑。在片场,除了要确保演员表演到位,剩下的最复杂的工作就是灯光布置了。在片场,来得最早的是灯光组,走得最晚的同样也是灯光组。灯光师要指导灯光助理和灯光场工根据创意脚本和导演的要求,将各类照明用具合理地布置到相应的位置上。摄影师首先确定拍摄位置和拍摄角度,确定画面构图,然后灯光师指挥灯光组成员开始布光,直到导演和摄影师满意为止。优秀的灯光师可以让广告画面的质感提升一个层次,对于画面所传达的情绪信息、画面的氛围营造，灯光师起着不可替代的作用。

怎样做一名优秀的灯光师？内行都很清楚，灯光师在剧组里是最受尊敬的职位。尤其是影视广告片，在短短的几十秒甚至十几秒里，灯光照明的成败直接决定了广告片的优劣。然而国内的很多灯光师都在做“行活”，也就是人家怎么布光我就怎么布光，像个完美的熟练工，但却没有自己的创意，遇到什么样的场景就布什么样的光，形成了思维定式，不求有功，但求无过。理想的灯光照明其实是技术与艺术的完美结合，是对创意的挑战，优秀的灯光师都具备以下几种素质：

(1)掌握一定的电工基础，了解电压与电流、功率的关系，接线、插座安装熟练、到位，充分了解各类灯具的属性和各种附件的应用，熟知各种灯具的性能参数。

(2)掌握一定的美术知识，知道什么是原色、补色、主光源、附光源、环境光、轮廓光、逆光、顶光、面光、冷暖光比，理解脚本的内涵。

(3)具有刻苦的钻研精神。这是个日新月异的时代，新的灯光产品层出不穷，创意构思更是五花八门，灯光产品的造型和材质不再局限于传统的金属、塑料、陶瓷、玻璃等，新的材质不断涌现。这就要求灯光师在表现产品质地时，布光方式要与时俱进，要研究不同材质的光线反射和折射规律，结合灯光的特点创造出新的艺术效果。另外，随着创意表现难度的加大，广告片对灯光师的要求也越来越高。因此，灯光师不仅要在片场不断积累经验，平时也要细心观察、细心体会光线变化的规律，这一点非常重要。

(二)灯光助理

灯光助理是灯光师意图的执行者，只对灯光师负责，完全听命于灯光师并按照灯光师的指令将灯光搬运到指定位置，布置灯光、调试灯光、接线、操作各种灯光附件。导演一般会根据广告项目的规模安排灯光助理的人数，一般的广告项目通常需要6名—7名灯光助理。灯光助理也要非常熟悉灯光的种类和性能，这样才能领会灯光师的意图。身为灯光助理，最重要的是动作要快、效率要高，要在最短的时间内将灯光调试到预期效果，这是灯光助理的基本素质。

五、美术师和道具师

美术师设计影片元素的整体造型,包括景物造型和人物造型,他们负责片场的布景、道具的设计以及外景选择等。道具师负责设计、组织影片所需的各种道具及陈设,组织、收集或装配、置换道具,编制道具预算。道具师应具有一定的文学艺术修养和历史知识,了解不同历史时期有关道具的样式,并根据美术师的整体造型设计意图完成片中的道具设计。

美术师和道具师是紧密合作的关系,美术师的设计要通过道具师来实现。

目前,国内很多广告摄制组为了节省预算,将美术师和道具师合并为一个职位,这个职位上的人既是美术师也是道具师。场景设计方案经导演确认后,美术师带着几名助手就能够完成,设计通过方案后直接安排人制作,省去了许多中间环节。

六、服装、化妆与造型

广告拍摄所需的服装,要根据分镜头脚本的画面需要由服装师来把控,有些服装通过租赁、购买即可达到拍摄要求,个别特殊服装则需要根据演员的身高体重和形体特征单独定制。服装师要根据导演的要求选择相应的服装款式,同时也要考虑预算,其决策以拍摄效果为最终目的。化妆造型是一个富有挑战且体系复杂的学科领域,是一种视觉艺术。靠个人兴趣或天赋不一定就能成为一名出色的化妆造型师。化妆造型师要根据角色的性格特点和剧情需要去创造出不同风格、不同创意的整体艺术形象。优秀的化妆造型师除了具备技术实力外,还要具有独到的艺术审美眼光、优秀的思维感知能力和创造性的设计表现能力。

化妆造型不仅是要求实操性和服务性的简单手工作业,它更重要的任务是设计和塑造完美的形象。在广告拍摄中,化妆造型的目的已不再是单纯地追求唯美的妆面效果或妆面的创意与另类,而是更注重表现人物所呈现的内在气质与产品品牌内涵的完美结合,更注重将产品隐含的诉求和演员的化妆风格统一起来,以形成强烈的视觉元素记忆符号。这种视觉冲击力不能喧宾夺主,而要从整体上烘托气氛,提升产品的品牌价值。

如果广告拍摄中没有对服装提出特殊要求,服装师通常由化妆造型师兼任。

那么,广告化妆造型师应该具备怎样的专业素质或个人特质呢?

(1)化妆造型师应具备扎实的造型基本功,能汲取各家所长,结合自身条件融会贯通,创造性地将别家所长运用到自己的创作中。

(2)化妆造型师应了解脚本的表现方式和表达的核心点,理解导演的要求和意图,能给导演提出建设性的化妆造型方案，并能根据不同演员的特点和风格制定细节方案，包括面部和发型的处理以及服装、首饰、演员性格呈现等。与此同时，化妆造型师还要结合产品特点、品牌内涵进行整体造型的风格定位。所以，化妆造型师还要掌握本专业以外的相关广告知识，这样才能将演员的风格特点与产品的品牌属性特征有机地结合起来，达到艺术和商业的完美融合。

(3)化妆造型师应学会从生活中汲取营养并将它们应用到创意设计中，通过个性化的、完美的设计表现手法去传递美的信息和美的概念，而不是一味地迎合客户的喜好和想法，盲目地听从客户的主观臆断。化妆造型师对产品和演员造型，包括创意脚本中设计的剧情一定要有自己独到的见解，能利用自己的专业知识去说服客户，积极地与客户沟通，了解客户的真实需求。

七、制片管理

在广告片的制作流程里，制片管理涵盖了生产制片、外联制片、生活制片，甚至包括场务和剧务等。制片管理首先要在保证广告片质量的前提下制定出一套节约拍摄成本、合理规划拍摄周期的严谨科学的拍摄流程方案。在广告拍摄中，制片管理通常也兼任统筹的职务，比如把广告脚本中的镜头进行合理的归类，根据场景组织镜头的拍摄顺序，以便在同一场景下集中拍摄完所有的镜头，然后再转换到下一个场景，从而节约拍摄成本。制片管理部门的主要任务是在制片人的领导下监督整个广告片的拍摄进度，并为摄制组提供拍摄和生活所需的各种设备和服务，有经验的制片管理会给剧组的拍摄创造良好的拍摄环境和条件。科学合理地安排制片流程可以节约很多成本并保证广告片在预计周期内顺利完成。由于广告片的拍摄周期一般不长，因而制片管理这种部门很容易被忽略，但这是错误的，有经验的制片人都非常重视这个部门。

八、录音师

在广告制作中，录音师按照导演的创作要求进行音响、音效、独白、对话等录音工作，根据拍摄画面的要求进行前期录音、同期录音和后期录音，最终完成全片的录音工作。

任何一部影视作品都离不开声音，声音的风格和品质直接影响着广告片的品位，甚至影响广告片的表现方式。当今数字录音时代对录音师的要求越来越高，首先是传声器的使用技术，这就要求录音师必须掌握和控制不同类型传声器的拾音特性，恰当地组合立体声、环绕声，匹配调音台的各种连接阻抗，搭建合理增益架构和同步系统，校准降噪系统和监听回放环境，严格遵守播出平台对声音指标的要求，熟练掌握录音软件的操作，包括录音格式、录音文件的科学系统管理。

录音师通常会根据脚本设定的氛围向导演提出录音方案,比如除了录制对白之外是否还需要提前或在拍摄结束后录制环境音、同期声、特效声等。录音师要和音效师沟通相关声音的录制指标和特定要求。

在拍摄现场,录音师通常配有一两名助理,录音师负责设定录音设备的录音参数、监听声音的录制,助理则负责检查录音线的连接、测试声音及挑杆话筒。

九、场记

场记的主要任务是将广告拍摄现场的每个镜头的详细情况——镜头号码、拍摄方法、镜头长度、对白、布景、道具、服装、化妆等方面的细节和数据详细、精确地记入场记单。广告拍摄由于受到场景和时间的限制,拍摄时不能按镜头顺序进行,通常会将同一个场景中的戏份全部拍掉再转换到下一个场景,以便提高效率、节省预算,因此镜头的顺序会被打乱,很容易出现丢镜头或漏镜头的情况。场记所做的记录就是为了防止这种现象的发生,为导演的后续拍摄以及补拍、重拍提供准确的数据和资料。场记最重要的任务是协助导演合理地规划镜头,防止镜头遗漏或其他失误。影片完成后,这些记录还可用于制作台本。

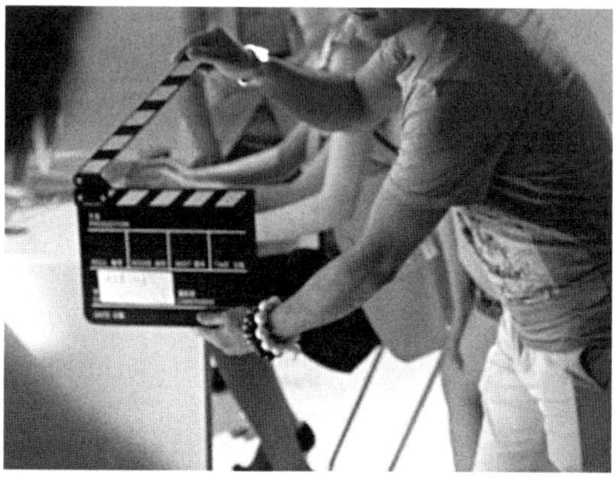

场记板在每个镜头开拍时使用(打板),场记在板子上记录摄像机将要拍摄的集数、场数、镜数,然后用摄像机拍摄下来。

场记单有一定的格式:先写上场数、镜数、条数,再写上拍摄的内容,最后记录时间码。导演每拍完一条,场记都要仔细记录导演对这个镜头的想法和提出的问题,哪一条通过了哪一条没通过,何时补拍或重拍都要一一记录在案。场记要时刻守在导演身边,及时记录导演所说的话并领会导演的意图。

十、场工和司机

场工主要负责搬运器材和道具、灯具,场工不是只要有体力就行,还要能领会各部门负责人的意图。摄影师会安排场工将摄影器材搬放到指定位置,比如距离拍摄物体多远、距离对象多高，灯光师也会安排场工将灯光器材放置到合理的布光区域，这个过程中不能有失误，否则将耽误整个拍摄进度。司机的主要任务是在转场时接送工作人员、运送各种拍摄器材和道具。由于转场频繁，司机在行驶过程中必须集中精力、安全驾驶，无论事情多么紧急，都要遵守交通规则，人身安全和设备安全都不容小视。

第二节 后期制作

一、剪辑师

剪辑师也称非线性编辑师，不能把他们当作操机员。然而目前在影视行业，剪辑师基本上成了导演的一个工具，完全成了技术员，成了导演创作意图和艺术构思的忠实体现者。其实，优秀的剪辑师应该在导演构思的基础上提出自己对镜头的理解和对影像关系的再创作。剪辑师通常不在拍片现场，这样也有好处，他们在后期剪辑中可以始终对画面保持一种新鲜感，不受片场导演构思的影响，而以观众的角度来客观地看待镜头之间的关系要素。

剪辑师一定要对创意脚本有深刻的理解，具有非凡的洞察力，善于运用蒙太奇手段达到影像叙事的目的。此外，剪辑师还应熟练掌握剪辑软件，目前广告视频剪辑领域常用的软件有 Adobe Premiere、Final Cut Pro、Sony Vegas Pro、Avid Media Composer、Edius 等。

二、视觉特效合成师

视觉特效简称 VFX，指真人实景拍摄和计算机图像（CGI）经过特效软件的合成而制造出的虚拟仿真的视觉效果。视觉特效师在特效软件的操作和编程上要有极高的水平，因为导演再有想法，无法实现也等于零，而要实现这些想法，熟练掌握特效软件是前提。实景拍摄画面和 3D 制作画面（包括抠像画面）要有机地合成，在角度、构图、运动节奏、3D 渲染模式、抠像画面边缘精细度、跟踪点设置、整体画面色调与风格的匹配等方面都有严格的要求，一旦穿帮，特效合成就会失去意义。目前广告片制作遵循的原则是：能实景拍摄解决的最好实景现场拍摄，实景拍摄无法实现最终效果的才通过特效合成来解决。这反映了国内市场存在的两个问题：一是复杂的特效制作还普遍达不到客户的要求，二是即使有少数能达到要求的制作公司，其制作费用也非常高昂。

合格的特效师要做到以下两点:

(1)熟练掌握特效制作软件。目前市场上的特效制作软件按制作流程分类大概有两种类型:一种是节点类,[①]另一种是层级类[②](详见第九章第三节)。

(2)多看国内外电影大片和广告大片的特效,开阔眼界,丰富自己的想象力。如果能搜集到拍摄花絮,尤其是特效制作花絮,特效师应仔细研究,最重要的是要学习和掌握特效制作流程,什么样的特效从哪里着手,实拍和特效通过什么方式处理最合理,从而在实践中不断总结经验。特效师只有具备了先进流程的思维方式,掌握了先进流程的制作规律,再加上勤练习、多实践,才能成为优秀的特效师。

三、3D 动画师

3D 动画也称为三维动画,目前在影视领域,3D 动画技术是通过 3D 软件来实现虚拟现实的技术。由于 3D 软件是一个非常复杂的系统,它涉及建模、贴图、材质、灯光、摄像机运动、路径、粒子特效、动力学、骨骼、程序代码等方方面面,因此 3D 动画师也细分为场景动画师、角色动画师、特效动画师。由于广告行业涉及的范围比较广,各行各业有不同的广告需求,创意类型又五花八门,因此单纯依靠某一类动画师很难解决所有的问题,一般需要一个团队或几个不同类型的动画师配合来完成一个项目。

目前从事广告制作的动画师所需掌握的主流 3D 动画软件中,应用最广泛的是 Autodesk 公司出品的 3DMAX 和 MAYA,这两款软件基本上能解决广告片的制作需求。还有一些动画师比较钟爱 Cinema 4D,这个后起之秀的软件也异常强大,广泛应用于影视、广告和工业设计等领域。

(一)场景动画师

场景动画师不只会做场景,除了骨骼绑定、角色动画、动力学、粒子特效之外,他们在其他方面也都应该精通。他们要掌握各种建模技能,熟知贴图、材质、物体动画、摄像机

---

① 节点式流程相对比较直观,方便查找、修改、归类,节点树一目了然,每个节点对应每个素材和处理的效果,每种效果的归类都可以一眼看到。通过观察和梳理节点树,可以形成一个整体编辑轮廓,流程清晰严谨,逻辑性很强,无论效果多么复杂,都可以根据节点树找出各个环节的相互关系。

此外,这种流程也方便修改,如果某一环节出现问题或者要替换素材、更改效果,只要针对这一环节进行处理即可,无须改动其他节点,这就可以避免因某一环节出错而导致将整个效果弄乱。

② 层级式流程的特点是时间线功能强大,镜头与镜头之间、特效与特效之间可以通过上下层关系让人一目了然,层和层之间的特效叠加既方便又直观,第三方特效插件对层级的支持也更广泛,特效插件的选择余地非常大。此外,层级软件和剪辑软件的配合也最方便、最契合。层级式合成软件的剪辑功能比节点式合成软件更强大。

运动、灯光设置、路径设置和渲染技巧。

(二)角色动画师

角色动画师负责设置动画,操控角色动起来。在3D动画领域,角色动画师根据角色设计方案来制作3D角色模型,通过骨骼绑定、骨骼调节、运动设置、IK(反向动力学)设置、皮肤、毛发、布料、人物动态捕获、面部表情动态捕获等来实现惟妙惟肖的角色运动状态,定义动画的特定风格、运动节奏和帧数。给我们留下深刻印象的M&M巧克力广告就是3D角色动画的经典代表作品。

(三)特效动画师

粒子特效在影视广告中应用得最为广泛,水的特效、奶液特效、光线特效、爆炸特效、生长特效、雨雪特效等。因此,特效动画师要重点研究3D动画软件中的粒子部分,包括动力学和刚体柔体属性以及虚拟物体设置,同时还要掌握各种特效插件。如果想成为特效高手,建议学习一下Houdini软件①。

特效动画师要有很大的耐性和毅力,要有极强的逻辑性和严谨性,因为面对大量的参数设置,稍有一个参数设置不合理或者数值不精确,就可能导致前功尽弃,因此要反复测试不同参数才能达到满意的效果。

(四)2D动画师

广告片的风格多种多样,2D动画也是一种表现形式。2D动画的制作内容包括分镜、原画、中间画、动画、上色、背景作画等,角色形象设计是2D动画的核心要素,这就要求2D动画师必须具备美术基础和手绘能力。虽然传统2D动画的烦琐步骤早已被当今的计算机软件所取代,很多制作环节操作起来更加方便了,但这并不意味着2D动画师就可以完全依赖电脑,实际上有些传统的制作步骤仍然需要人工去完成,只不过以前在纸质介质上绘画,用画笔手工上色,现在用计算机软件来完成,变成无纸化操作了。根据制作的规模和难度,我们将2D动画师分为两类:一类是独立2D动画师,即一个人,或一名动画师和一名助理;另一类是团队2D动画师,多人协作完成项目,其特点是分工详细、流程规范,适合承揽大型项目。

独立2D动画师通常应该掌握Anime Studio Pro、TVPaint Animation等相关软件。

---

① 这是一款应用于电影领域的重量级软件,是完全基于节点模式设计的产物,其结构、操作方式等与其他的3D软件差异很大。Houdini也有第三方渲染器的接口,如RandMan、Mental、Ray、Vray等,可以把场景导出到这些渲染引擎中进行渲染。

团队 2D 动画师使用 RETAS PRO、ANIMO、TOOZ TOONZ 等软件。

无论哪类动画师,都必须根据项目的需要和导演的要求来设定动画的风格,2D 动画师是很辛苦的职业,尤其是原画师,他要设计角色形象、动作关键帧、动作姿态、场景形态、色彩体系,等等。根据不同的广告项目,动画师一般每秒钟影片需要绘制 8 ~ 12 帧,30 秒广告则需要 240 帧—360 帧,同时还要保证动作连贯自然、节奏鲜明、表情丰富。

2D 动画师除了要具备软件操作能力,更要掌握以下动画原理。

1. 个性化的角色设定

根据动画角色的造型特点,我们常见的角色风格有三大体系:欧美代表一种风格,其中迪士尼、皮克斯、梦工厂的卡通形象最具代表性;日本动画自成一派,以宫崎骏为代表的一批动画大师设计的经典动画角色深入人心,这些角色造型元素极具日本风格;中国的动画以水墨画和工笔画的表现形式强烈地传达出中国的视觉符号。

2. 内心状态

动画片离不开表情，表情是传达内心情感的核心要素。动画是否传神、有感染力，就要看表情刻画得是否到位。

3. 动作规律

2D 动画师要善于把握动画的节奏,可以适当夸张角色的动作和神态,人物动作要富有节奏感,要使其更具有表现力和戏剧性,同时要注重强调每个姿态衔接关键点的合理性和动作的连贯性。

4. 镜头设计

2D 动画也有镜头关系,现在的 2D 动画很多都是 2.5D 或仿 3D 动画。我们可以恰当地处理镜头的景深关系和景别关系,让广告片呈现出电影化的气质。

5. 场景设计

广告片中的场景一般有以下三种呈现方式:3D 场景、2D 场景。场景在设定上要与广告所表达的主题风格相统一,背景要与 2D 动画角色的运动轨迹、角度、透视关系相吻合,必要时,2D 动画师要设定镜头跟踪与之相匹配。

四、调色师

广告片的风格包含拍摄风格、动画风格、特效风格、音乐风格,将这些风格统一在一起的是整体色调风格。调色师的工作是整个广告片剪辑合成后、提交成片前的最后一道工序。调色师利用广告片的影像基调来表达广告主题,用色调传达出情感诉求,以此来提升广告片的品质。毫无疑问,调色师除了要熟练操作调色软件,还必须具备美术基础尤其是色彩知识,要对色彩非常敏感。

目前,Davinci Resolve 仍然是广告制作领域的主流调色软件。无论使用什么类型的软件,作为调色师,关键都是要在初级调色阶段将全片的画面控制在标准色彩范围内,使黑电平触底,让白电平达到合理的上限值,控制影像的曝光、色阶、明度、纯度、对比度等;到二级调色阶段才做广告色彩风格个性化的具体表现,同时要兼顾调光,包括光线塑造、光比大小等,从而营造画面的情绪氛围,根据不同主题、不同产品风格展示广告片的影像基调及其与同类产品的差异化表现风格。

五、配音

不同类型的广告片必须配以不同风格的配音。即使是卡通风格的广告片,也需要角色的对白配音和广告词的旁白配音,只是配音风格偏重于动画片的语调而已。配音演员的配音风格要符合角色本身的性格特征,突出广告片主体要表达的声音要素。如果是常规拍摄的广告片,场景对白可以直接在现场录制,如果现场比较嘈杂或演员的发音达不到要求,则要进入录音棚进行二次配音,之前的现场录音仅作为参考音。广告词的旁白配音涉及广告片的整体风格,尤其在选定了几位配音演员的情况下,要考虑他们的配音是否与广告片的整体风格吻合。因此,我们最好先录制样音发给客户确认。配音风格没有好坏之分，只有适合和不适合之分，优秀的配音演员在配音风格（音域、音色等）上的差异很细微，有时我们需要反复观看画面才能判断哪种风格更适合。需要注意一点，在配音整体风格保持一致的情况下，落幅的配音中语调和语气应稍微强调一下，增强广告的识别性，以便给观众留下声音记忆点。

六、编曲及作曲

广告的编曲或作曲通常都是根据预算来决定的，但也有例外，如有的客户担心作曲达不到预期的理想效果，同时作曲周期较长，于是选择编曲。我们在此只从广告片的一个狭义范畴来讲编曲①。

编曲成本相对低一些，但需要将几段音乐完美地结合在一起形成新的音乐风格。这种制作方式要求编曲对不同的曲目风格有充分的了解，能巧妙地处理细微的音调转呈。

作曲指原创音乐，针对一支广告片量身定做。作曲的制作成本相对高一些，大制作的广告片一般都采用这种方式。作曲对作曲家的水平要求很高，他首先要对广告片的内涵有充分的理解才能给这条广告片一个整体的风格定位，确定广告片的主旋律。其中难度最大的是广告音乐的识别性。优秀的广告音乐能将广告片提升一个高度，经典广告音乐的传播性甚至远远超过广告片本身。

广告片的音乐作曲一般都委托给非常有经验的作曲家，他们在正式出成品之前要作出音乐小样或提供类似的音乐风格作为参考，以便与客户、导演共同探讨创作思路，在此基础上再确定作曲和编曲的创作方向，以免成片出来后再做大规模的修改。

七、音效合成师

广告音效通常可以通过三种渠道获得：常见的场景音效或日常生活音效可以在音效库里选择；特殊音效需要音效师在录音棚里或现场录制，用专业硬盘录音机录制经过特殊处理的声音，如科幻声音；音频软件里利用现有的音效素材和各种音频处理手段将不同的声音特性进行叠加处理、变音处理，从而获得新的音效。

音效合成师要仔细倾听日常生活的环境声音，包括那些被人们遗漏、不易察觉的音效，并将它们分类归纳，不断总结录制经验，然后在此基础上创造出生活以外的各种音效，以适应不同广告风格的要求。

---

① 编曲指挑选带有版权授权的音乐素材，包括几段风格相近的音乐素材，进行二次编辑，从而满足广告片的音乐制作所需。

实训项目:

实训目的:通过了解广告制作各部门的不同职能、作用,逐渐掌握广告拍摄及后期制作等各个环节的特点。

实训条件:1. 老师提供选题,成立摄制组,组织学生拍摄一条广告短片,根据学生的不同特点,给他们指定相应的职位,共同完成这条广告片(拍摄地点可在校园内或本市区域)。

2. 与广告制作公司合作,学生以实习生的身份参与拍片现场,了解各部门的操作流程。

实训步骤:

1. 老师确定选题,如拍摄洗涤用品,然后组织学生撰写创意文案、绘制分镜脚本并开会讨论,选出优秀的创意和脚本。
2. 老师组织前期拍摄和后期制作团队,进行职能分工。
3. 根据最终成片总结、分析各部门取得的经验。

思考题:

为什么说严谨科学的广告制作流程及各个部门的高效协同合作是决定广告片制作质量的重要因素?

第八章

摄影器材的选择

本章学习目标

☑掌握摄影器材的不同类型、基本常识及配置特点。

☑了解如何根据不同广告项目选择相应的拍摄设备。

第一节　摄影机基本知识

主要知识点

1. CCD 和 CMOS 两种图像传感器的对比。
2. 视频编码。

一、有关摄影机的几个关键术语和概念

在了解不同类型的摄影机之前,我们首先要认识决定摄影机性能的几个关键性术语和概念。

(一)动态范围

动态范围,通俗地讲就是拍摄对象从最亮到最暗部的跨度,这是摄影机成像最重要的一个指标。好的画质要求动态范围一定要高,高动态范围可以使画面看起来更加逼真。高动态范围由多个性能组合而成,包括高亮度、高对比度、宽色域,它能以最低限度的黑白噪点逼真地捕捉画面中的高亮区域和黑暗区域。动态范围越广,摄影机在单一帧内能够捕捉到的亮部和暗部细节就越多。摄影机的动态范围是衡量其在高对比度场景中的表现的重要指标,对摄影师和摄像师来说非常重要,尤其是在复杂光照条件下的拍摄中,通过合理选择和使用具有高动态范围的摄影设备,可以大幅提升影像的质量和细节表现力。

(二)传感器

目前数码摄像机的核心成像部件有两种:一种是广泛使用的 CCD(电荷耦合)元件;另一种是 CMOS(互补金属氧化物导体)器件。

CCD 和 CMOS 两种图像传感器的对比见表 8-1。

表 8-1　CCD 和 CMOS 图像传感器对比

	CCD 图像传感器	CMOS 图像传感器
图像数据扫描方式	扫描的方法非常简单,搬移时像素无任何损失。例如,假设分辨率为 300 万像素,CCD 传感器可连续扫描 300 万个电荷,只有在最后一个数据扫描完成之后才能将信号放大	每个像素都有一个将电荷转化为电子信号的放大器,因此 CMOS 传感器可以在每个像素的基础上将信号放大。采用这种方法可以省去任何无效的传输操作,只需消耗少量能量就可以进行快速数据扫描

续表

	CCD 图像传感器	CMOS 图像传感器
图像数据传输方式	每一行中每一个像素的电荷数据依次传送到下一个像素中,由最底端部分输出,再经由传感器边缘的放大器放大输出。CCD 的特殊工艺可保证数据在传送时不会失真,因此各个像素的数据可汇聚至边缘再进行放大处理	每个像素连接一个放大器及 A/D 转换电路,用类似于内存电路的方式将数据输出;数据在传送距离较长时会产生噪声,因此必须先放大,再整合各个像素的数据
灵敏度	在像素尺寸相同的情况下,灵敏度更高	在像素尺寸相同的情况下,灵敏度更低
像素	尺寸相同时,CCD 传感器的分辨率通常优于 CMOS 传感器	每个像素都比 CCD 传感器的更复杂,尺寸相同时,CMOS 传感器的分辨率很难达到 CCD 传感器那种水平
ISO 感光度	在像素相同、感光器尺寸大小相同的情况下,CCD 的感光度高于 CMOS	每个像素包含了放大器与 A/D 转换电路,过多的额外设备压缩了单一像素的感光区域表面积,感光器尺寸大小相同时,CMOS 的感光度低于 CCD 的感光度
色彩	图像饱和度较高,图像相对锐利,质感更加真实,尤其在低感光度的情况下,成像表现更好	成像看上去偏灰(在不调整的情况下),色彩饱和度较低,质感和锐度的表现稍逊一筹
噪点	只有一个放大器放在芯片边缘,相比 CMOS 传感器噪点更少	每个感光二极管都需搭配一个放大器,由于放大器属于模拟电路,因而很难让每个放大器所得到的结果保持一致;噪点比 CCD 多
成本	采用电荷传递的方式传送数据,只要其中有一个像素不能运行,就会导致一整排的数据无法传送,因此控制 CCD 传感器的成品率要比控制 CMOS 传感器难得多;成本高于 CMOS 传感器	采用普通半导体电路最常用的 CMOS 工艺,可以轻易地将周边电路集成到传感器芯片中,因此成本低于 CCD 传感器
功耗	图像采集方式为被动式,需外加电压让每个像素中的电荷移动,该外加电压通常需要达到 12V ~ 18V,高驱动电压使 CCD 传感器的功耗远高于 CMOS 传感器,相对于 CMOS 传感器,CCD 传感器是一只名副其实的"电老虎"	图像采集方式为主动式,感光二极管所产生的电荷直接由晶体管放大输出,是针对 5V 和 3.3V 电压设计的,功耗远远低于 CCD 传感器

综上所述,CCD 传感器在灵敏度、分辨率、噪声控制等方面都优于 CMOS 传感器,而 CMOS 传感器具有成本低、功耗低以及整合度高的特点。不过,随着 CCD 与 CMOS 传感器技术的进步,两者之间的差异逐渐减少。

在同样尺寸条件下,绝大多数消费级别以及高端数码产品都使用 CCD 作为传感器;CMOS 传感器则更多地作为低端产品在应用,但不能因此就说 CMOS 传感器差。

CMOS 传感器可以通过加大尺寸来提高感光度,全画幅 CMOS 传感器进光量比较大,即使在低感光度下成像质量也非常好。

CMOS 传感器不需要复杂的处理过程,可以直接将图像半导体产生的电子转变成电压信号,因此速度非常快。这个优点使得 CMOS 传感器非常利于高帧摄像机,高帧速度能达到 400～2000 帧/秒,其转换数据的速度比 CCD 传感器快 10～100 倍。因此,在同样时间内,CMOS 传感器记录的帧数更多,因而非常有利于拍摄快动和升格帧。

(三)分辨率

分辨率分为显示分辨率与图像分辨率。显示分辨率涉及屏幕图像的精密度,指显示器所能显示的像素数量。由于屏幕上的点、线和面都是由像素组成的,因而显示器可显示的像素越多,画面就越精细,同样大小的屏幕区域内能显示的信息也就越多,所以分辨率是一个非常重要的性能指标。在显示分辨率一定的情况下,显示屏越小,图像越清晰;而在显示屏大小固定时,显示分辨率越高,图像越清晰。

图像分辨率指所有经线和纬线交叉点的数目。视频图像的分辨率越高,包含的像素越多,图像就越清晰。

(四)帧速率

帧速率也称为 FPS(frames per second),指每秒所显示的静止帧格数,常用“fps/秒”来表示,指视频在播放时每秒播放的帧数,我们也可以理解为图形处理器每秒钟能够刷新的次数。帧速率越高,得到的画面就越流畅、越逼真。目前在视频领域大概有三种帧速率(在这里不探讨动画帧速率):电影的帧速率以及电视领域的两种主流帧速率——PAL 制帧速率和 NTSC 制帧速率。此外,还有 SECAM 制帧速率。

(五)电影制式

传统的电影为 23.976fps/秒。由于人眼特殊的生理结构,当人眼所看画面的帧速率高于 24,大脑就会认为画面是连贯的。数字时代,2K 分辨率下的电影格式为16:9 24p(分辨率 2048×1152、帧速率 23.976 fps/秒),4K 分辨率的电影格式为 16:9 24p(分辨率 4096×2160、帧速率 23.976 fps/秒)。

(六)PAL 制与 NTSC 制

正交平衡调幅逐行倒相制——Phase - Alternative Line,简称 PAL 制,是中国、德国、英国和其他一些西北欧国家采用的制式,这种制式的帧速率为 25fps/秒。

正交平衡调幅制——National Television Systems Committee,简称 NTSC 制,采用这种

制式的主要国家有美国、加拿大和日本等，这种制式的帧速率为29.97fps/秒。

（七）升/降格

1. 升格

以电影制式为例，电影的拍摄标准为每秒24格，也就是每秒拍摄24张画面，这样在放映时才是正常速度的连续画面。但为了实现慢镜头效果，拍摄时就要改变正常的拍摄速度比，如高于24格/秒，这就是升格，升格越高，动作越慢。例如，拍摄液体飞溅需要300fps/秒以上，要达到最佳效果则需要500fps/秒—600fps/秒。一般的摄影设备通常设置到60格、120格、240格、300格、500格等。如果拍摄射出的子弹或更快的运动物体，则要用高速摄影机，比如Phantom V1610摄像机，它配有宽屏1280×800的CMOS传感器，可获得超过16,000fps/秒的全分辨率画面，若降低分辨率，可达到1,000,000fps/秒。

2. 降格

降格和升格刚好相反，降低拍摄速度（低于24格/秒）就是降格，降格放映出的效果是快动作。降格越低，拍摄对象的动作速度越快。

二、视频编码

在市场上的主流摄影机中，ProRes这个词出现频率非常高。ProRes是苹果系统的专有视频编码格式。

视频编码指通过特定的压缩技术，将某个视频格式的文件转换成另一种视频格式文件。如果从拍摄角度去理解，就是你是以什么视频编码的格式录制的。视频编码里包含的信息有帧尺寸、帧率、位深以及色彩采样比率等。常见的视频编码有很多种，在此，我们重点介绍MOV格式的ProRes编码。

ProRes编码是苹果专有格式，运用广泛，ProRes的解码方式有六种：ProRes Proxy、ProRes 422 LT、ProRes 422、ProRes 422 HQ、ProRes 4444及ProRes 4444 XQ。

（一）ProRes Proxy

ProRes Proxy画质比较差，在分辨率为1920×1080、帧速率为29.97fps/秒的情况下，其目标数据速率大约为45Mbps，剪辑流程比较快捷。ProRes Proxy常被用作代理工作流程，这就需要低数据速率全分辨率视频。初学者可能搞不太懂，怎么又出现一个代理工作流程？举个例子：如果你拍摄的文件量巨大，单个视频的文件已经很大，那么在非线性编辑的过程中,配置低的电脑运算起来就会很吃力,画面甚至无法正常浏览,这时就需要先用一个代理文件去剪辑,在最终渲染时再替换成原始文件。

(二)ProRes 422 LT

和 ProRes Proxy 相比,ProRes 422 LT 的整体画面质量较高,因为 ProRes 422 LT 包含了画面中的每一个像素,它的比特率是 ProRes Proxy 的两倍。在分辨率为 1920×1080、帧速率为 29.97fps/秒的情况下,ProRes 422 LT 的目标数据速率大约为 102Mbps。

(三)ProRes 422

ProRes 422 是经过优化的格式,能很出色地平衡画质和剪辑效率,即使标准配置的电脑在剪辑过程中运行得也很流畅,在分辨率为 1920×1080、帧速率为 29.97fps/秒的情况下,ProRes 422 的目标数据速率大约为 102Mbps。

(四)ProRes 422 HQ

这一版本支持全宽、10-bit 像素深度的 4:2:2视频,极受欢迎,在后期制作中采用率很高,在 10 比特像素深度下支持全宽 4:2:2视频源,在分辨率为 1920×1080、帧速率为 29.97fps/秒的情况下,ProRes 422 HQ 的目标数据速率大约为 220Mbps。

(五)ProRes 4444

该编码对存储、交换和合成动态影像来说分辨率极高,非常适合 VFX(视觉特效)工作、色度键控及重度调色操作。

ProRes 4444 的像素深度更广,色彩采样比率为 4:4:4,亮度和色度的比率几乎无损失。这类编码的调色空间很大,要求高品质画面的广告片最好采用这类编码拍摄,它在后期剪辑、视觉特效、调色中都会发挥很大的作用。但是它对设备硬件配置的要求相对高一些。

(六)ProRes 4444 XQ

ProRes 4444 XQ 是 ProRes 家族中的最新成员,是一个非常专业的高质量格式,专为高端后期工作流程和设备而设计,这个编码相比 ProRes 4444 的图像精度更高,文件体积也更大一些,所支持的画面通道比特高达 12,每个 Alpha 通道则高达 16 比特。在分辨率为 1920×1080、帧速率为 29.97fps/秒、数据来源为 4:4:4 的情况下,其目标数据速率大约是 500Mbps。该编码主要用于大制作的广告片。

三、镜头基础知识

按接口来分,电影镜头大体上有 EF 接口、PL 接口、F 接口、微 4/3 及 E 型卡口类。

根据焦距来分,电影镜头有定焦镜头和变焦镜头两大类。定焦镜头又可以分为广角镜头、短焦镜头、标准镜头、长焦镜头四类;变焦镜头又可以分为手动变焦镜头和电动(自动)变焦镜头两类。

此外还有特殊用途的镜头:微距镜头、移轴镜头和鱼眼镜头

(一)视角 FOV

视角 FOV 指镜头所能覆盖的范围(物体超过这个角度就不会被收在镜头里),镜头能涵盖多大范围的景物,通常以角度来表示,这个角度就叫镜头的视角 FOV。被摄对象透过镜头在焦点平面上结成的可见影像所包括的面积,叫镜头的视场。

(二)F 光圈和 T 光圈

F 光圈常用于照相机的镜头,F 光圈的数值越大,表示光圈孔径越小,即光圈越小。通常镜头规格上的 F 值表示的是该镜头的最大光圈极限。光圈大的镜头比光圈小的镜头在对焦速度及夜拍能力上都更有优势。由于镜片材料、镀膜以及镜片数量的不同,即便是相同 F 值的光圈,镜头的透光率也不尽相同,曝光亮度也有不同。

视频和电影是连续拍摄的,切换镜头时两个镜头间拍摄出来的光线效果不能相差太多,不然两段影片会出现明暗偏差。于是,为衡量镜头的实际曝光亮度,出现了另一个参考值"T 值",又称"曝光级数"。T 值的数值通常比镜头最大的光圈值大,两者数值之间的差,代表光在传输过程中流失的量。简言之,T 值越小,表示镜头的透光性越佳,拍出来的曝光效果也更好。在电影摄影镜头上也多用 T 值作为镜头亮度的参考标准。特别是在早期还没有变焦镜头时,由于拍摄距离的不同,需要更换不同焦距的定焦镜头来"变焦",但又不能影响拍出来的光线亮度,这时 T 值就是一个不错的参考值。

四、镜头的选择

(一)ARRI/蔡司电影镜头、卡尔蔡司镜头

ARRI/蔡司电影镜头在国内属顶级镜头,定焦基本组共有 16 只:12mm、14mm、16mm、18mm、21mm、25mm、27mm、32mm、35mm、40mm、50mm、65mm、75mm、100mm、

135mm、150mm,是电影定焦镜头中的顶级水准,畸变极低,呼吸效应极小,反差与色彩表现良好,并配备有 T1.3 大光孔,T-stop 范围广至 T1.3 ~ T22,适合在各种光线条件下拍摄。从大光孔到小光孔,成像质量均稳定。

ARRI/ZEISS-Ultra-Prime 简称 UP 镜头,现有焦段为:8R/T2.8、10mm/T2.1、12mm/T2(以下均为 T1.9)、14mm、16mm、20mm、24mm、28mm、32mm、40mm、50mm、65mm、85mm、100mm、135mm、180mm,Ultra-Prime 这组定焦镜头更为大家所熟知,在电影、电视剧、广告片的拍摄中使用频率非常高。无论是在镜身机械设计还是在成像质量标准上,UP 镜头都能满足不同的拍摄场景所需。

Compact Prime CP.2 系列镜头是蔡司数码及胶片电影镜头家族中的新成员,这些第二代的 Compact Prime 系列镜头使用起来更加灵活,通过可互换的镜头卡口,镜头可适用于不同的机身:由传统的电影摄像机至最新的高清单反数码相机系统,现有五款镜头卡口可供选择(PL、EF、F、微 4/3 及 E 型卡口)。该系列镜头即使覆盖全画幅范围也不会出现四周暗黑的现象。

以上蔡司镜头目前在国内中高端影视拍摄制作中一直占据着主流地位,是大中型广告片拍摄的首选。

(二)徕卡(Leica)电影镜头

徕卡镜头在国内照相机领域口碑很好,成像品质非常优秀,被公认为镜头中的贵族。但徕卡电影镜头在影视拍摄领域却极少应用,或许是因为价格高、产量少的缘故,国内很少能租得到徕卡电影镜头,我们在此只大体介绍一下大家相对比较熟悉的 35M 系列。

Summilux 35mm 系列中的 Summilux – C 电影镜头在电影领域属当之无愧的高端镜头,是顶级产品,最大光圈为 1.4,PL 电影镜头接口镜头主要有 21mm、35mm、40mm、50mm 和 75mm 五种规格,全部为定焦镜头。

徕卡 T2.0Summicron – C 镜头的最大光圈为 T2.0(PL 电影镜头接口),定焦镜头有 18mm、25mm、35mm、50mm、75mm 和 100mm 六种规格,成像圈大于 34mm,能很好地匹配 6K 模式。该系列镜头可与 ARRI ALEXA F65 等系列机型以及 SONY F5、SONY F55 等机型匹配,不过徕卡 Summicron – C 电影镜头价格不菲。

徕卡 Summilux – S 镜头接口为徕卡 S 卡口,这是徕卡相机的专用接口。在视频拍摄领域,Summilux – S 镜头的高清视频成像质量相当不错,但很遗憾这款 S 系列镜头只能在徕卡相机上使用,与其他机型不兼容。徕卡 S007 相机可达到 4K 水平(每段视频 15 分钟)。目前 S 系列镜头中只有一只变焦镜头,其他八只均为定焦镜头。

（三）施耐德（Schneider）电影镜头

在蔡司、徕卡的光环下，已有100多年历史的施耐德看上去一直默默无闻，施耐德靠着自己一流的设计在传统相机领域中以制造中大画幅座机和放大用镜头而声名远播，其生产的镜头堪称座机中的“镜中之王”。在此我们重点介绍Schneider Cine-Xenar Ⅲ（第三代施耐德PL电影镜头）。

该镜头可覆盖35mm画幅的传感器，成像质量极佳，图像几乎无失真和畸变现象，没有呼吸效应，每个镜头有25个清晰焦点标记。六只定焦镜头的光圈基本在T2.0—T2.2之间，镜头焦距包括18mm、25mm、35mm、50mm、75mm、95mm，镜头接口为PL卡口（标准的电影镜头卡口），同时也有EF口（佳能EOS系列相机卡口），接口兼容性非常好。在高端广告拍摄领域，施耐德电影镜头极具优势。

（四）库克（Cooke）电影镜头

库克镜头作为主流的电影摄影镜头，无论是做工还是专业程度，在业内均具有相当的分量，能够拍摄出维度感强的图像，因而备受摄影师的青睐。库克镜头售价较高，因此在中国市场上比较少见。库克镜头具有以下特点：

（1）焦外形状：焦点外部图案形状不是圆形，也不是大家所说的蜂巢形状，而是一种边缘极其锐利、漂亮的菱形。

（2）焦外过渡：在焦外部分光线的过渡和细腻度上，库克镜头远远超过其他镜头，焦外的光线层次特别好，清晰而明确，即便在焦外的一个菱形点上，也可以分辨出细微的光线过渡。

（3）锐度：业内公认MP（镜头的最大像素分辨率）镜头非常锐利，但MP的处理更像是对图像边缘的锐化处理，而库克镜头的锐利则更多地体现在色彩上。库克镜头能把画面中的每一个颜色都真实地还原，并让颜色更加饱满，在打光相同的情况下，库克镜头画面中色彩的独立性和细节处理也好过其他镜头。

（4）亮光的光滑柔和感：王家卫的电影《一代宗师》中用到了库克镜头，我们可以看到，在画面的高光部分有柔和的光晕。如果用MP镜头加柔光来达到这种效果，我们就会发现画面整体会失去锐度，但库克镜头却可以在保持暗部锐利的前提下做到部分晕开。这会让数字影片呈现出更接近胶片的质感，也会让整个画面更加光滑油润。

（5）对比度：库克镜头会让暗部和亮部记录更多的画面信息，拥有更大的对比度，从而让画面更加细腻，让焦外部分颜色清晰、过渡柔和。

(五)安琴(Angenieux)电影镜头

世界上第一只变焦镜头于1956年5月由法国安琴公司制造。该公司是专门生产变焦镜头的厂家,其产品几乎覆盖了所有拍摄领域,包括电影镜头、专业电视镜头、医疗用镜头以及航天卫星用镜头等。安琴镜头(又叫爱展能镜头)以精湛的制造工艺和绚丽的成像色彩征服用户,其焦点更实、色彩更加饱满、真实。在电影电视领域,安琴的品牌知名度很高。国内常用的安琴变焦镜头有24mm—290mm、25mm—250mm、28mm—340mm、17mm—102mm、19.5mm—94mm、12mm—120mm、30mm—76mm、16mm—24mm。以上变焦镜头均支持PL电影镜头接口。

Angenieux Optimo 25mm—250mm镜头是我国最常用的一款变焦镜头,适用于高性能S35数码摄像机,可为S35传感器提供完美图像,偏移最小,3.2恒定光圈,为10倍变焦电影镜头。

Angenieux Optimo 19.5mm—94mm镜头图像偏移低,光圈T2.6,聚焦标尺带有50个参考标志,能精准对焦,可在英制与米制单位之间轻松转换,拥有出色的光线品质和无与伦比的光学性能,可媲美同等焦距的定焦镜头。

索尼电影镜头表现非常优秀,其电影定焦镜头焦段为:25mm、35mm、50mm、85mm、135mm,镜头特点如下:

(1)成像效果好于卡尔蔡司的CP2系列,与UP系列相近。

(2)最大光圈均为T2,在低照度环境下表现非常出色。

(3)手动对焦为0.35m、0.5m、0.85m至无穷远;对焦行程长,非常适合手动对焦。

(4)抗炫光能力强,成像锐利,能够最大限度地降低几何失真、虚光和模糊程度。

(5)标准电影镜头接口PL卡口。

索尼电影镜头在电影和广告拍摄领域和ARRI/蔡司镜头一样,是绝对的主流镜头。

(六)佳能(Canon)EF CINEMA电影镜头系列

佳能EF镜头不仅产量大,镜头种类也非常丰富,包括数字电影摄影用的"EF CINEMA镜头"在内,佳能的EF系列镜头阵容有84款之多。

目前EF CINEMA电影镜头共有6款定焦镜头、4款PL卡口的变焦镜头和3款EF卡口的变焦镜头:

1. EF CINEMA定焦镜头

EF CINEMA定焦镜头系列适配35mm全画幅和S35mm大尺寸传感器,能提供独特的4K图像品质和全画幅成像,并且设计小巧、轻便。

2. EF卡口定焦镜头

该系列镜头分别为CN－E14mm T3.1 L F、CN－E24mm T1.5 L F、CN－E35mm T1.5 L F、CN－E50mm T1.3 L F、CN－E85mm T1.3 L F以及CN－E135mm T2.2 L F,可提供一致的外观规格和为电影制作而优化的标记,其中1.3超级大光圈感光度表现异常强悍。

3. EF CINEMA电影镜头的特点

新的玻璃材料和先进的多层光学镀膜赋予了这款镜头较好的对比度,佳能EF CINEMA电影镜头在中小成本广告制作领域应用得非常广泛。

(七)图丽(Tokina)(肯高—图丽)电影镜头

这里重点介绍两款Cinema ATX电影系列新镜头:Cinema ATX 11mm—16mm T3.0(f/2.8)和Cinema ATX 16mm—28mm T3.0。

1. Cinema ATX 11mm—16mm T3.0广角电影镜头

这是一款超大广角镜头,拥有T3.0光圈(f/2.8),其最大的不同便是镜身改为了全金属设计并转为全手动控制,配合视频操作。新镜头覆盖APS－C画幅像场,因而可以在Super－35画幅以及各种APS－C画幅机型上使用。镜头接口为EF卡口和M4/3卡口。

2. Cinema ATX 16mm—28mm T3.0电影镜头

ATX 16mm—28mm T3.0电影镜头的体积和重量明显增加,镜身上标注了各种电影拍摄所需的光圈环以及镜身预览标尺。为了方便安装该镜头的滤镜,还加大了滤镜尺寸,最大光圈T3.0(f/2.8),镜头卡口改为了适用于专业摄影机的PL口,并在光圈环、变焦环和对焦环部分增加了驱动齿轮,以使其更适应电影拍摄的需要。该镜头同时也支持EF卡口。

(八)适马(Sigma)镜头

适马是刚刚进入电影领域的新秀,没有严格意义上的电影镜头,目前的适马镜头光圈标注的是F值,没有T值参数,它的镜头基本应用在相机和单反领域。适马全画幅大光圈镜头具有相当的市场竞争力,其镜头卡口基本为佳能EF口、尼康卡口、适马卡口。适马镜头目前在我国国内应用得还不错,价格易于接受,画质不错,常用于佳能5D、尼康等相机的视频拍摄。国内常规的网络广告和专题片拍摄也常用适马镜头。以下是几款适马主流的全画幅镜头。

1. 全画幅定焦镜头

恒定光圈 f/1.4,35mm 全画幅,适马 Art 20mm F1.4 DG HSM 广角定焦镜头、适马 50mm F1.4 DG HSM Art、适马 35mm F1.4 DG HSM 和适马 180mm F2.8 EX DG OS HSM。

2. 全画幅变焦镜头

适马 24mm—70mm F2 DG OS HSM、适马 150mm—600mm f/5 ~ 6.3 DG OS HSM、适马 24mm—35mm F2 DG HSM ART 和适马 24mm—105mm F4 DG OS HSM。

(九) Samyang 三阳电影镜头

后起之秀韩国三阳公司发布了 XEEN 系列电影定焦镜头,相对于蔡司 Compact Primes、佳能 Cinema Primes 以及施耐德 Xenon FF 等"入门级"电影定焦镜头,三阳电影镜头在性价比上具有相当的优势,价格比以上那些大牌厂商的镜头便宜很多,最重要的是质量非常不错。XEEN 严格遵循电影镜头的设计,并在各个方面都进行了提升和优化,可覆盖全画幅传感器 T1.5 大光圈,有 5 种可互换的镜头接口,包括 PL、佳能 EF、尼康 F、索尼 E 以及 MFT,几乎能适合市面上所有主流的摄影机和视频相机。

这里顺便提一下国内拍摄领域的一个现象:为了节约成本,很多摄影师使用相机镜头拍摄视频,这虽然不失为一种低成本的解决方案,但静态摄影用的镜头与电影镜头在视频拍摄方面还是有一定的差异的。严格地讲,相机镜头的呼吸效应往往比电影镜头大,这将导致在变换焦点的过程中画面出现景别上的细微变化。基于这一点,我们还是建议在拍摄视频时尽量使用电影镜头。

第二节　广告拍摄如何选择摄影机

一、高端商业广告拍摄摄影机选择

通常,高端商业广告拍摄普遍会选择 ARRI Alexa 系列摄影机、RED 系列摄影机和 SONY CineAlta 系列摄影机,之所以选择这几个系列的摄影机,是因为这几款摄影机具备以下共同点:

（一）出色的高动态范围（HDR）

高端商业广告拍摄通常需要处理广泛的光照场景。这三种摄影机系列都具备出色的高动态范围（HDR），能够捕捉细节丰富的高光和阴影层次，确保图像在不同光照条件下保持质感和细腻。有些商业广告需要在低光条件下拍摄，如拍摄夜景或弱光场景，这三种摄影机系列都具备出色的低感光性能，能够在降噪的同时保持影像高品质细节。

（二）支持原始（RAW）录制格式和高位深度

广告拍摄通常需要灵活的后期处理和色彩校正，这三种摄影机系列普遍支持原始（RAW）录制格式和高位深度，在后期制作中可以针对图像进行精细的色彩校正和细节调整，保留更多的色彩信息和影像细节。

（三）能够与各种专业高端电影镜头兼容

高质量的商业广告拍摄离不开高品质镜头支持，图像的清晰度、细节质感和成像艺术效果，取决于镜头的优秀表现。这三种摄影机系列都能够与各种专业高端电影镜头兼容，包括广角、定焦和变焦镜头，以满足客户不同的拍摄需求。

二、SONY FX 系列摄影机常用于纪录片拍摄的主要原因

（1）个人纪录片拍摄和小团队摄制组通常需要去不同地方，需要便携性强、灵活性高的摄影设备。SONY FS7、SONY FS5 和 SONY FS700 都具备相对轻便的设计，便于摄影师捕捉瞬间影像，有利于进行移动拍摄和快速部署。

（2）纪录片拍摄中经常需要捕捉快速运动、或展现慢动作效果。这三款设备都能够拍摄高帧率的视频，呈现丝滑流畅的慢动作效果或更好地捕捉动作的细节。

（3）纪录片拍摄通常需要长时间录制，要求摄影机具备较长的电池续航和存储容量。这三款摄影机续航能力较强，都支持长时间的录制，并且可以使用高容量的存储介质。

(4)纪录片拍摄中,有时需要拍摄快速移动的主体或需要在运动中自动对焦。这些摄影机都配备了有效的自动对焦和跟踪功能,使摄影师能够轻松捕捉清晰的图像,减少手动焦点跟踪带来的不便。

(5)纪录片拍摄中,经常需要在不同光照条件下进行拍摄,频繁更换滤镜有时会错过精彩景象,这三款摄影机都具备内置的可变(ND)滤镜系统,能够方便地调整光线的进入量,保持合理的曝光,而无需更换滤镜,减少外部滤镜的使用。

(6)纪录片通常需要高质量的音频录制,包括采访、同期声,环境声等。这些摄影机都配备了 XLR 音频接口,能够连接专业的外部麦克风和音频设备,提供清晰、高品质的音频录制。

(7)相比其他高端摄影机,这三款摄影设备具有成本优势,无论租赁还是购买,价格相对都较为便宜,而且这三款设备还具有部分高端摄影机的功能,因此性价比很高,适合纪录片制作的有限预算,颇受纪录片制作团队的青睐。

三、为何 URSA Mini Pro 摄影机在小成本广告拍摄中颇受青睐

URSAMini Pro 摄影机在小成本广告拍摄中应用广泛,这是因为:

(1)URSA Mini Pro 摄影机中的 Blackmagic RAW 格式有别于传统的 RAW 格式,既能达到和 RAW 格式相同的画质、位深、动态范围和控制,还能拥有比传统视频编解码更佳的性能表现和更小的文件尺寸,这意味着它可以捕捉更多的图像信息、更宽广的动态范围,并获得更好的图像质量,同时并不占用过多的存储空间。

(2)URSA Mini Pro 摄影机配备了较大的图像传感器(8000 万像素),12K 超采样意味着可以获得更好的色彩和分辨率,影像画面不会出现任何锯齿现象;Super 35mm 电影级别全画幅尺寸,14 档动态范围,这使得它能够实现完美浅景深效果,让广告影像具备电影质感的视觉吸引力。

(3)Blackmagic Design 公司也是 DaVinci Resolve 编辑调色软件的出品商,摄影机和软件之间紧密集成,带来的好处就是拍摄过程中对画面进行的各项调整和设置也会通过元数据一一导入 DaVinci Resolve 软件中，包括镜头信息、光圈、ISO、色彩空间、白平衡，场记板信息以及更多参数，这些元数据可以在 Davinci Resolve 软件中调取进行二次调整，这意味着即使前期曝光不足或曝光过度，也可以在后期软件中纠正过来。

URSA Mini Pro 12K

（4）该摄影机具备较高的帧速率选项，可实现慢动作效果，可以拍摄高达 60fps 的 12K，12288 ×6480，17∶9 影像。如果追求更高帧率，还可以选择以 120fps 拍摄 8192 × 4320、以 160fps 拍摄 8192 ×3408，甚至以 Super 16 传感器裁切模式拍摄帧率高达 240fps 的 4096 ×2160 DCI 4K 影像，可以满足大部分广告拍摄中对于升格的苛刻要求，最重要的是对画质毫无损伤。

（5）该款摄影机配备了标准全画幅 PL 镜头卡口，以及全画幅 EF 镜头卡口和全画幅 F 镜头卡口，这几乎涵盖市场上大部分的主流镜头，为广告拍摄提供了更多的灵活性和便利性。

（6）摄影机具备内置的可变中性密度（ND）滤镜系统，可方便地调整进光量，以适应不同的光照条件，实现准确的曝光控制，无需额外的外部滤镜。

总的来说，URSA Mini Pro 摄影机在小成本广告拍摄中受欢迎的原因是它本身实惠的价格、高质量的图像和音频录制、友好的操作界面，以及 URSA Mini Pro 摄影机与 DaVinci Resolve 编辑调色软件的结合提供了高效的后期制作工作流程。从图像导入、色彩校正到剪辑、合成和输出，这款摄影机形成了完整的影视制作生态闭环，从而确保高质量的广告影片项目能够顺利完成。

四、适合拍摄高速升格慢动作的摄影机

我们经常看到广告中饮料飞溅、牛奶溅起涟漪、玻璃瞬间破碎等特效，实现这些效果是高速摄影机的拿手好戏。目前主流的高速摄影机是芬腾 Phantom Flex4K，它以超高帧

率(高达每秒1000帧)进行4K分辨率的录制,以2K高清画质录制时则可以高达每秒2000帧,轻松呈现肉眼无法捕捉的瞬间,并提供出色的图像质量和细节质感。Phantom Flex 4K被广泛应用于电影、广告等领域。

另一款机型芬腾Phantom Flex4K - GS具有与Phantom Flex4K相同的全功能机身控制按键,超35mm格式高分辨率4K低噪点成像,4K分辨率下的速度同样高达1,000fps。存储格式为Cine Raw文件格式,兼容主流调色软件和视频剪辑软件。

五、拍摄产品细节的不二神器:揭开探针镜头的神秘面纱

当你想拍摄昆虫的一只眼睛、花卉上的一滴晶莹水珠、金属表面上的拉丝,手表的指针等时,传统镜头便捉襟见肘,探针镜头闪亮登场,大展拳脚。

探针镜头的优势是能细致地捕捉产品的细节和特点,表现产品的质感和工艺,其拍摄距离可以接近4mm。大多数探针镜头无法纠正畸变效果,但对于创意广告摄影来说,探针镜头可以创造出梦幻、变形、扭曲或艺术感十足的影像,为广告带来独特的视觉吸引力。下面我们以老蛙laowa FF 24mm T8 2X MACRO PRO2BE为例,简单聊聊它在拍摄场景中的特点和优势。

首先,探针镜头独特的细长镜身设计,可以使它进入普通镜头无法深入的昆虫洞穴、管道、狭长的缝隙等场景进行创意拍摄,激发摄影师更多创意拍摄想法。它可以探入任何狭窄空间拍摄,包括水下36.6cm处,同时可更换三种不同模块提供3种视角:0°直视镜头;35°折射镜头,让光场弯折35°,在高低机位拍摄时保持摄影机水平。其次,90°直角镜头带来了前所未有的操作便利性,兼容PL卡口(佳能EF/R、尼康Z、索尼E、L卡口组件),拧松固定螺丝,卡口即可实现360°旋转。结合滑轨和moco复杂的轨迹控制,探针镜头可以大大激发创作者的想象空间。

我们在用探针镜头进行拍摄的过程中要注意以下几方面问题:

（1）保持稳定。由于大多数探针镜头没有自动对焦功能，针对拍摄物体具有极短的最小对焦距离，所以对焦是非常关键的。使用手动对焦时，我们需要仔细调整焦距，确保主体清晰锐利。使用三脚架或其他稳定装置有助于保持摄影机稳定，如果拍摄条件允许可以考虑无线跟焦，因为哪怕细微的、不易察觉的颤动都可能导致图像模糊，使拍摄前功尽弃。

（2）曝光和光线。用探针镜头拍摄过程中，辅助照明非常重要，探针镜头的光圈普遍偏小。即使新一代的 Laowa FF 24mm T8 2X MACRO PRO2BE 光圈从 T14 已经提升至 T8，但相对于其他标准镜头感光度还是有一定的差距，因此我们在拍摄时要注意光线状况，确保场景有足够的光线，配合 ISO 和快门速度随时调整曝光设置。

（3）畸变和失真效果。上文提到过探针镜头通常会产生一些畸变和失真效果，这些效果可以是针对创意设计和艺术表现，但在广告拍摄过程中并非每个镜头都需要特殊效果或夸张效果的呈现，因此使用时也要注意艺术效果的平衡，适当调整拍摄距离和角度，以确保效果符合广告的主题和目标。

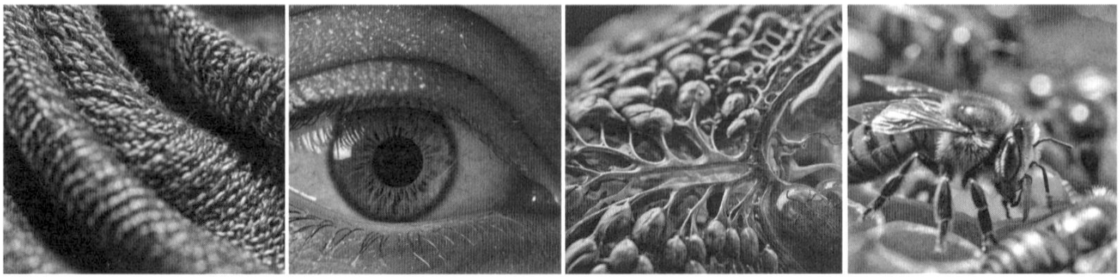

六、“一招鲜，吃遍天”GoPro 运动相机，小体格大能量

如今，GoPro 已然成为运动相机的代名词，通常，我们只要拍摄大幅度运动镜头，如拍摄骑车、滑雪、冲浪、游泳、滑板等，就必然离不开 GoPro 这种运动相机。运动相机专为运动和户外活动设计，通过 GoPro，用户可以记录自己冒险、运动、旅行和探索的精彩瞬间。GoPro 运动相机最大的特点是“拍摄运动”，它几乎能与任何物体绑定，也可以携带在身体的任何部位，实时拍摄并记录下人们的运动瞬间。GoPro 的主要特点是体积小、分辨率高、视野宽广（超广角），其中 GoPro HERO 12 的 HyperSmooth 采用最新防抖算法，可有效消除相机抖动，即使在极限运动环境下也能拍

摄出超稳定的影像。另外,GoPro 还拥有先进的 HDR 拍摄技术,能精细重现高光和阴影细节,确保画面层次丰富、暗部细节不丢失。适应多样性的拍摄任务是运动相机的最大特点。当然,在色彩宽容度和焦点景深方面就不能对 GoPro 要求太高,但即使无法与专业摄影机相媲美,也并不影响 GoPro 在广告拍摄中的受欢迎程度。术业有专攻,这就是运动相机的独特之处。

运动相机由于体积小巧,紧固耐用,不惧磕碰,因此“上山入水”无所不能。GoPro 运动相机防水深度可达十几米,可以适应多种恶劣的天气和地理环境。

我们在使用 GoPro 运动相机时应注意以下五点:

(1)注意光线条件。由于 GoPro 运动相机感光度普遍不高,低照度条件下影像会出现很多噪点,良好的光线条件对于获得高品质图像至关重要。在拍摄之前,我们要观察周围的光线状况并相应地调整相机的曝光设置。在光线较暗的情况下,我们可以考虑启用低光模式或使用外部辅助灯光来提供额外的照明。

(2)防止镜头起雾。寒冷的冬季室内外温差较大,当我们从寒冷环境进入温暖环境时,镜头可能会起雾,为了防止这种情况发生,可以在进入温暖环境之前将相机放入密封袋中,或放置在一个适当温度环境中过度一下,以帮助相机适应温度变化。此外,还可以使用不含酒精以及其他任何轻微腐蚀性的成分的专业光学防雾喷剂,以防止镜头起雾。

(3)由于运动相机大多使用广角镜头,因此拍摄时相机位置和固定方式会直接影响画面构图,我们可通过多种支架、车架、头盔架等灵活调整相机位置和角度。

(4)GoPro 有 Wi – Fi 连接功能,可通过手机实时监看影像,调整构图和参数,使其更有利于捕捉精彩瞬间。

(5)注意电池续航。GoPro 运动相机的续航时间有限,在长时间连续拍摄、使用高功率功能,或者在寒冷环境中拍摄时电量衰减比较快,我们需要随身携带备用电池及时更换,以避免拍摄中断或错过关键时刻。

第三节　摄影机附件及常用辅助设备

主要知识点

1. 摄影机附件的种类及相关用途。
2. 摄影机附件在拍摄中的重要性。

一、摄影机附件

摄影机附件包括三脚架、遮光斗、跟焦器、取景器、滤色片、灰片、导演监视器、肩托架、场记板和苹果箱。

这里简单介绍一下这些附件的特点和用途。

(一)三脚架

我们根据摄影机的类型选择合适的三脚架。三脚架承重各有不同,12kg ~ 50kg 不等。大型摄影机要选择承重较大的三脚架,同时要匹配相应的云台。三脚架的阻尼为 4 ~ 8 级,要挑选超硬耐磨材料制成的阻尼元件,以保证拍摄中阻尼运动平滑稳定、无停滞。市场上主流的三脚架材料大体上有镁合金和碳纤维两种。

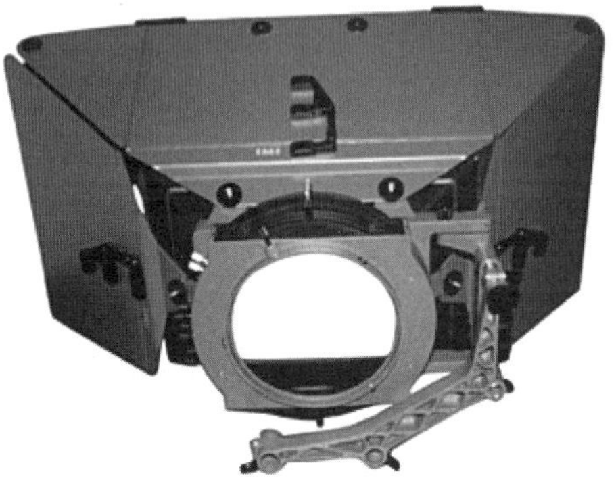

(二)遮光斗

遮光斗可以防止光线从镜头侧面进入镜头以免产生光斑。遮光斗有不同的型号和规格,同时也可加载滤片和灰片。全功能遮光斗适用于各种镜头,包括35mm以及高清变焦镜头,最多可以配6个滤片槽,最小滤片尺寸为6.6寸×6.6寸,圆形。

(三)跟焦器

跟焦器分为手动跟焦器和自动跟焦器两种,其主要功能是跟踪焦点。我们在拍摄过程中,如果直接在镜头上跟焦,操作起来会非常不便,而通过跟焦器就比较容易控制焦点了。手动跟焦器通过跟焦钮直接带动焦环驱动齿轮,通常由摄影助理站在摄影机旁操作。拍摄浅景深的画面时,跟焦器的作用非常明显。初用跟焦器时,要根据运动目标物体的起点和终点,在跟焦器上做好标记,这样我们就知道焦点范围在哪里,以便控制焦点。转动跟焦器时要尽量与运动物体的速率同步,以免“跑焦”。自动跟焦器也称作无线跟焦器,比较适合在斯坦尼康和三轴陀螺仪上使用。由于斯坦尼康这类平衡稳定装置不能让任何外力接触,不能手动跟焦,因而使用自动跟焦器拍摄就很方便。

(四)取景器

取景器是常用于导演和摄影师取景构图的参照目镜,可以替代很多摄像机提前对画面进行观察,有多种画幅形式,画幅比例为16.9、1.77、1.85、2.35、2.55等,取景格式为电影格式——35mm、16mm或电视格式,取景范围可达18mm—200mm。

(五)滤色片和灰片

灰片和滤色片各有不同的用途。

滤色片能改变色温(色温决定被摄物体呈现的色调),其色温分别为3200K、4800K、5600K、6400K。

灰片控制进光量,进光量若过大,可以通过增加灰片来减少进光量。有些摄影机有内置灰片,统称为ND滤镜,显示为NO ND、ND1、ND2。如果光线太强,可以用它来降低照度。

有些摄像机上灰片和滤色片是合二为一的,显示为如5600K+1/16ND;也有些摄像机灰片和滤色片是分开的。

有些摄影机本身不自带ND滤镜,此时可以外加灰片,一般是1/4、1/8、1/16、1/64四挡,用于控制进光量。在阴天或者阴影下用1/4灰片或不用灰片。是否用灰片主要取决于光孔想开多大、想呈现什么样的画面效果。在清晨或者阳光不强烈的下午,一般用1/8灰片,在上午或下午阳光较强烈时用1/16灰片,在阳光下的雪景等高亮光环境下用1/64灰片。

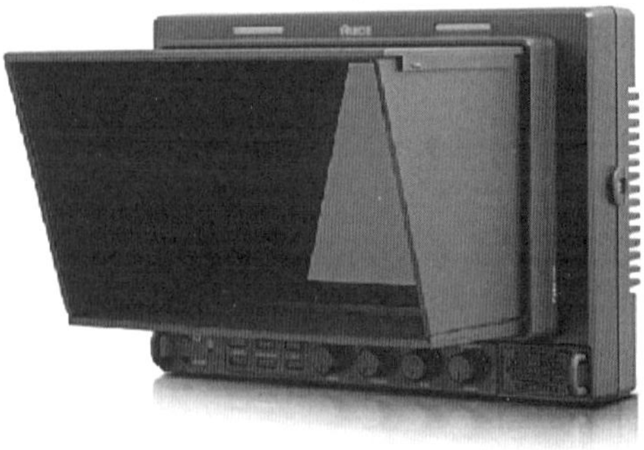

(六)导演监视器

导演监视器最重要的作用是监看屏幕画面的呈现效果,包括色彩、清晰度、锐度等。导演监视器有别于摄影机上的小监视器,它的屏幕尺寸较大,便于观看细节,有17英寸、19英寸甚至更大一点的。导演通过监视器在拍摄现场监看画面构图是否合适、演员表演是否到位、色彩和光影的明暗是否符合影片的要求、焦点是否精确,等等。

(七)肩托架

肩托架是手持摄影的辅助稳定器,主要以肩扛为主,目的是增加镜头的运动呼吸感。但实际上它的稳定效果并不太理想,拍摄过程中镜头会略微晃动,但可以利用这一点产生情绪化的镜头画面效果。

(八)场记板

场记板是记录场次、镜次、导演、项目名称等资料的小木板,一端可以开合,可以拍

出清脆的响声,主要有三个作用:

(1)充当每一段拍摄素材的开头标记,便于剪辑的时候识别;

(2)利用打板的声音确定准确的声像定位,充当后期音效编辑的开始点;

(3)作为区分特定镜头的依据,避免重拍或补拍镜头时出现混乱,同时也防止遗漏镜头。

(九)苹果箱

“苹果箱”就是一个小木箱,是摄制组约定俗成的术语,是摄影师常用的工具,也是垫脚箱。拍摄时由于脚架升得比较高,摄影师可能看不到摄影机寻像器,不方便拍摄,此时就需要箱子来垫脚。若在轨道上拍摄,摄影师有时也需要坐在苹果箱上,以便操控摄影机。苹果箱有时也用来抬高演员或物体的高度。由于苹果箱的尺寸不同,因此可以组合成各种高度,以适应拍摄的需要。

主要知识点

1. 辅助拍摄设备的种类。
2. 辅助拍摄设备的使用原理。

二、常用辅助拍摄设备

常用辅助拍摄设备包括轨道、车载吸盘跟拍器、大摇臂、车载摇臂、升降设备、小摇臂、斯坦尼康、手持三轴陀螺仪稳定器。

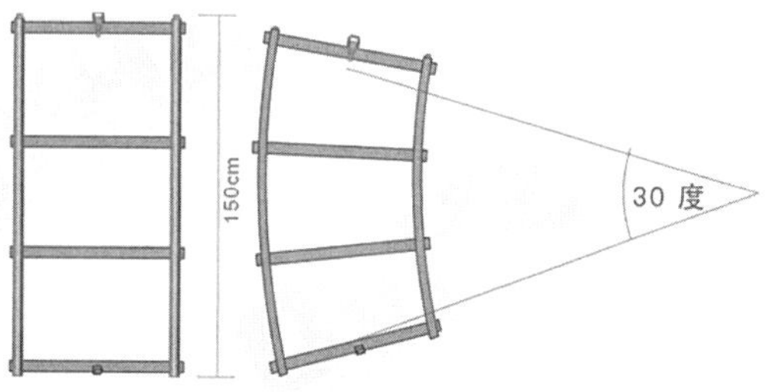

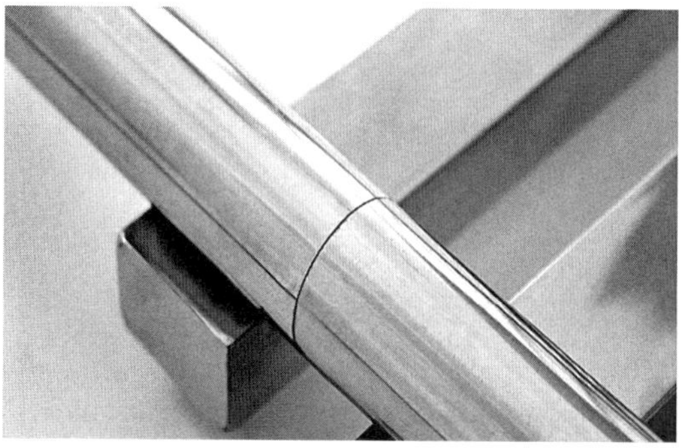

(一)轨道

轨道分直轨和弯轨,全部采用高强度优质工业不锈钢管精制而成,每节直、弯轨道可任意拆装组合,拍摄时摄影师坐在轨道车上,由他人推动或拉动轨道车在轨道上滑行。直轨单节长度为 1.5 米,弯轨的夹角为 30 度。不同规格的轨道,钢管粗细也稍有不同,一般电影拍摄青睐粗轨。

使用轨道车时要注意以下两点:

(1)由于轨道是一节一节地衔接在一起的,因此我们在挑选轨道时要仔细检查轨道之间的衔接处是否平滑,不能有焊点或颗粒,否则会影响轨道的平滑运行,给拍摄造成障碍。

(2)我们在拍摄前要在轨道的底座上架上机器,将轨道缝隙中的木楔子镶嵌牢固,要仔细观看云台上的水平仪,用水平尺调整好轨道与地面之间的角度,之后再将轨道车从头至尾反复滑动,业内称之为“润轨”,以便让轨道更顺滑,避免拍摄时轨道车运行到某处时出现抖动的情况,我们在弯轨上拍摄时尤其要注意这一点。

(二)车载吸盘稳定器

车载吸盘稳定器是安装在车辆上的专业影视设备,有双吸盘、三吸盘、四吸盘几个版本,分别可以承重50kg、100kg、150kg。使用时,我们先把吸盘固定在设定的位置上,将部件按需要调节好,再把事先装好快装板的摄像机装上,松开云台旋钮,调好角度,再锁紧云台旋钮即可,也可锁定需要的轴,其他轴在拍摄时可随意控制。注意,我们在车体外使用该设备时必须系好防脱落安全带,也可使用普通绳子辅助固定。

(三)大摇臂

大摇臂是拍摄电视剧、电影、广告等大型影视作品中用到的一种大型器材。通过大摇臂的运动,我们能够全方位地拍摄场景,增强场景的震撼力。大摇臂的组成部分包括摇臂臂体、电控云台、伺服系统、中控箱、液晶监视器。使用时,我们通过臂杆运动、摄像机镜头指向控制、变焦控制、焦距调整等来达到拍摄的目的,而臂杆运动与摄像机镜头指向之间的互相配合是用好摇臂的前提,特别是在围绕目标主体运动时,这一点尤为重要。随着摄像机变焦镜头逐渐向主体推近,操作的难度也会随之增加。有时为了方便控制焦点,我们需要换上广角镜头。操作大摇臂既要控制摇臂臂杆的运动,又要控制摄像机镜头的指向,这就要求摇臂操作人员在整个操作过程中始终兼顾运动节奏和画面构图。普通摇臂分为6米摇臂、10米摇臂以及最长的15米以上摇臂。操作人员使用时必须检查摄影机的云台型号与大摇臂是否匹配。

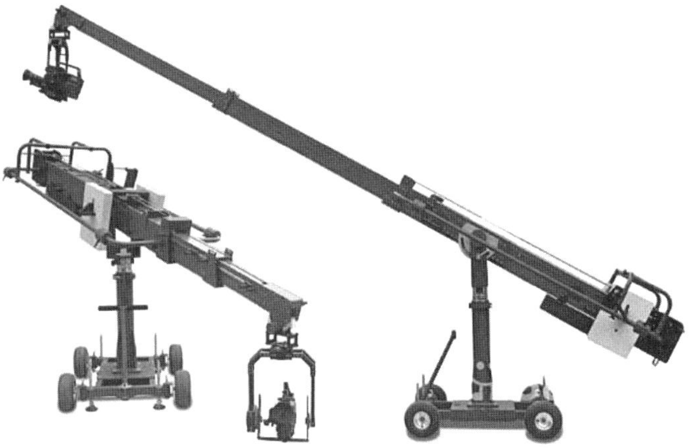

(四)车载摇臂

车载摇臂(Russian Arm)也称为"俄罗斯臂",最早由乌克兰 Filmotechnic 公司推出的车载电控摇臂并不是一种常见的电影拍摄设备,它只在预算较高的电影或广告中使用。其最关键的技术是将汽车、电控摇臂和三轴陀螺仪稳定云台结合了起来,可以使其对运动物体做近距离跟拍。车载摇臂通常安装在高性能的越野车上,常见的有奔驰 ML、丰田 TUNDRA、福特 F150 等。车内操作人员配置为三人:摇臂操作员,负责控制摇臂转动和升降;云台操作员,负责控制云台的动作,车载摇臂的云台可做 XYZ 三轴转动;跟焦员,负责控制焦点。另外,导演或摄影师也会随车指挥拍摄。

(五)升降设备

很多人认为升降设备和摇臂在功能上差不多,其实应该说原理差不多,但在使用方式上有一定的区别。使用升降设备时,摄影师坐在摇臂顶端的安全座椅上,系好安全带操作摄影机,摇臂手只控制升降的起点和落点的方向及速率,至于焦点和画面构图,则完全由摄影师来控制,相当于摄影师和平常一样操作摄影机,只不过他的运动路径由摇臂手根据导演的意图来控制。从这个方面来讲,摄影师控制焦点和变焦更方便。大摇臂的特点是电控云台,运动路径与升降设备相似,但摄影机的转动更灵活、更具优势。

(六)升降轨道车(升降移动车)

顾名思义,升降轨道车兼顾轨道运动和上下升降运动,从而大大拓展了镜头表现的丰富性,它既可以在轨道上运行,也可以装配能适应标准平滑地面和影棚地面的轮胎,在不平坦的路面则装配充气橡胶轮胎。

(七)小摇臂

顾名思义,小摇臂同样遵循摇臂的原理,但体积更小、重量更轻,臂长1.2m ~ 3m,没有电控系统,它可以平移、摆臂、超低角度拍摄,可以增加画面的冲击力和空间感。小摇臂的正确操作是前端操作(承载摄影机的那一端),操作人员调整好配重平衡后在前端直接控制云台就可以完成很多复杂的镜头,也可以把它升到顶端拍摄垂直俯拍镜头。小摇臂比较适合中近场景的空间运动,运动速率和轨迹完全由前端操控人员控制。

(八)斯坦尼康

手持摄影在移动过程中通常会产生画面抖动的现象,需要通过稳定装置来解决这个问题。斯坦尼康有点像轨道和摇臂的混合物,同时兼具轨道和摇臂的特点,但镜头变化更加灵活,有自己独特的画面风格。斯坦尼康是人机高度结合的设备,因此使用时要对使用者的走路姿势、腰肩角度、手臂随和度、手指分配、机器三轴向配置平衡等若干环节进行训练和调整。在专业领域里,斯坦尼康是一个专门的工种,操作员需要大量练习才可以使操作达到预期效果。

传统的斯坦尼康稳定系统包括稳定平衡杆、减震力臂和承重背心三个部分:稳定平衡杆用于保持摄影机水平稳定,通过万向轴进一步减少摄影师运动时带来的震动和轴向干扰力量;减震力臂利用减震弹簧臂缓冲摄影师运动时(或车载)产生的震动,通过弹簧臂吸收运动所产生的震动,减少摄影机的上下震动;承重背心用于将稳定系统固定在摄影师的身上,将重量有效地分布在摄影师的肩、背、腰上并同时发挥保护作用。

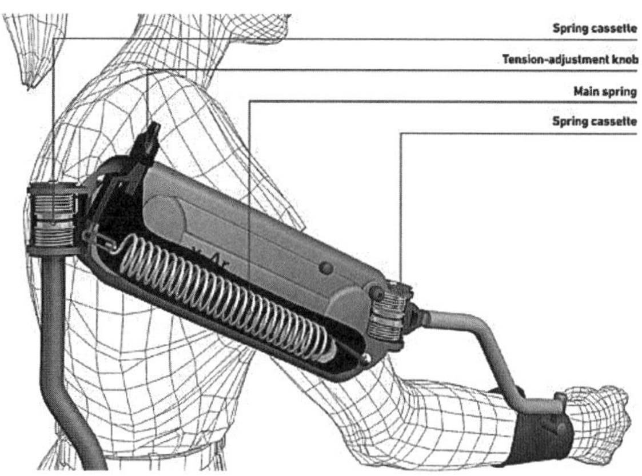

(九)手持三轴陀螺仪稳定器

手持三轴陀螺仪稳定器是近几年新开发的新生代电子自动化稳定装置,与斯坦尼康相比,三轴陀螺仪稳定器在使用上更为方便、灵活。斯坦尼康需要高度的人机结合,三轴陀螺仪稳定器则不需要,上手很快。最初,三轴陀螺仪稳定器适用于单反、Sonyα7 系列、Canon5D 系列等体积小、重量轻的小型摄影机,现在也逐渐被应用在 ARRI ALEXA MINI、RED EPIC、BMD URSA MINI 等这类体积稍大的摄影机上。三轴陀螺仪稳定器可以同时测定六个方向的位置、移动轨迹、加速,其最大的作用就是“测量角度、维持方向”。

当前,影视领域为了取得更好的拍摄效果,往往在稳定装置方面采用斯坦尼康和三轴陀螺仪稳定器相结合的方式。这种组合威力更强大,在影视拍摄画面创意方面可以发挥更大的作用。

三、现场录音设备

现场录音常规设备配置包括硬盘录音机、挑杆、话筒防震架、专业定向话筒、防风罩、话筒防风毛衣、延长线等。

一般根据项目的大小和预算来配置以上设备,为了保证声音质量,避免失真,如果预算充足,建议使用配置高一些的专业硬盘录音机,不低于6轨数字录音,最好是10轨同期声数字录音,同时加配便携式调音台。数字录音机除了支持SD/SDHC卡,最好也支持

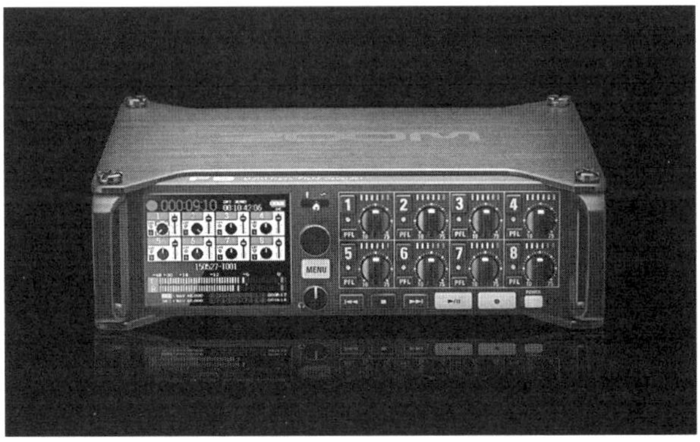

SDXC卡。录音机接口支持卡依口,加载多轨音频文件和多轨回放。目前,市场上有些数字录音机可用iPhone或iPad通过蓝牙无线控制录音机记录、播放、停止、快回声音,也可以监看电平、时间码和电池状态。

专业的定向话筒具有强指向性和频响范围宽的特点,这类话筒可以抑制侧面和背后来的噪声。若在室外使用话筒,一定要加上一个防风罩,以收到更为干净的拾音效果。

话筒挑杆

片场由录音助理举杆进行同期录音,如果挑杆的重量较轻,他就可以节省很多力气,手臂不至于过于酸痛。因此,建议选择重量轻、高强度的碳纤维材质的专业挑杆(目前市场上挑杆品牌很多,在此就不逐一介绍了)。

关于摄影器材,最后要补充一句:由于技术的飞速发展,器材更新换代的速度极快,因而大家在选用设备时可参考各大生产厂家的官网介绍。

实训项目:

全面掌握摄影机的不同类型、与之相匹配的镜头型号以及相关摄影附件的应用

实训目的:比较不同摄影器材的特点及实用性,以便在广告拍摄中选择性价比最高的器材,达到最佳效果。

实训条件:学校与影视器材租赁公司合作,挑选其中两三个主流机型,让学生现场观摩、接触真机,相关人员现场拍摄样片。

实训要求:教师或租赁公司技术人员指导个别学生操作,其他学生认真观看。

实训步骤：

1. 选择一款机型和不同焦段的镜头。

2. 结合摄影附件进行实地拍摄。

3. 根据拍摄画面分析摄影机机型和镜头特点以及不同格式的设置。

4. 学生详细分析数据，根据相关参数设置调整拍摄细节。

5. 总结摄影机、镜头及附件的使用心得。

思考题：

如何根据广告项目选择适合的摄影器材及相关附件，最终确保拍摄出高质量的广告片？

第九章

照明器材与布光法则

本章学习目标

☑了解不同照明器材的特点和用途。

☑了解灯光附件在场景照明中的作用。

☑掌握室内光和室外光、日景和夜景以及针对不同材质物体表面的布光规律。

☑认识光线对整体画面表现的作用。

第一节 照明器材

主要知识点

1. 不同的照明器材适合的场景和时段。
2. 功率、色温等数据及判断。

在影视广告的拍摄中,灯光照明具有极其重要的地位,场景氛围的营造离不开灯光。很多同学在拍摄广告时不知道该用什么类型的灯光才能达到自己心目中的预期效果,究其原因,主要是对灯光的属性不了解。例如,什么是冷光源、暖光源?什么是高色温、低色温?所用灯光的照明强度是多少?所以我们在此对灯光器材做一个系统的介绍,帮助大家掌握灯光的属性和特点,从而更好地创作出优秀的作品。

一、常用的灯光类型

常用的灯光类型有:镝灯(镝灯、PAR 灯)、钨丝灯(太空灯、组合灯、Dedolight-特图丽灯)、KinoFlo 灯、LED 影视灯。

下面我们分别介绍这些灯光的属性、用途、特点和相关注意事项(表 9-1)。

镝灯和钨丝灯是较常用、用途也较广泛的两种属性的灯光,在此简单介绍一下镝灯和钨丝灯的区别:

(1)色温:镝灯的色温大概是 5500K—5600K,钨丝灯的色温是 3200K。镝灯光源偏冷一些,钨丝灯光源偏暖一些。

(2)瓦数:钨丝灯和镝灯的瓦数不同,看瓦数表便能大概知道是什么灯具类型。

◎ 镝灯的瓦数:125W、200W、400W、575W、1200W、2500W、4000W、6000W、12000W、18000W。

◎ PAR 高色温镝灯的瓦数:200W、575W、1200W、2500W、4000W、6000W、12000W、18000W。

◎ 钨丝灯的瓦数:150W、300W、650W、1000W、2000W、5000W、10000W、20000W、24000W。

表 9－1　不同灯具的属性、用金、特点及注意事项

镝灯					
		属性	色温(K)	特点及用途	注意事项
镝灯聚光灯		金属卤化物灯，气体发光，属于聚光灯	5500—5600	广泛用作主光，照度较高，高色温，偏冷，属于日光型光源	1. 严禁用手直接接触灯泡，否则会引起热阻塞，造成灯泡变形，应戴手套操作。2. 开灯前将灯泡拧至后端，远离透镜，避免灯泡炸裂损伤透镜 3. 开灯后亮度慢慢上升，这期间禁止关闭电源或频繁重启开头；关灯后 3—5 分钟内禁止开灯 4. PAR 灯发光率极高，不能对着人直接照射，也不能将 PAR 灯对着易燃物直接照明。可以在灯泡前的遮菲片上加柔光纸和色纸，改变光线的属性
PAR 高色温镝灯		金属卤化物灯，气体发光，属于聚光灯	5500—5600	镝灯的升级版，高色温，属于冷光源，发光率极高，照度非常强。它配有 5 个滤镜，对光线形成聚光和泛光范围控制。透镜表面的螺纹越密集，光线越散；螺纹越稀疏，光线越聚	
镝灯散光灯		金属卤化物灯，气体发光，属于散光灯	5500—5600	散射光源，属于日光型光源，适合营造环境光，需要接镇流器使用	
钨丝灯					
		属性	色温(K)	特点及用途	注意事项
钨丝聚光灯	也称作非涅尔聚光灯 	卤钨灯泡 固体发光	3200	低色温，光线偏暖，适合夜戏的照明，也可以用作辅助暖光源和镝灯的主光源，以形成冷暖对比，应用时直接插电源，不需要镇流器	1. 一定要戴手套安装灯泡，否则手上的油渍粘在灯泡上会形成热阻塞，损伤灯泡 2. 开灯前将灯泡拧至后端，远离透镜，避免灯泡炸裂损伤透镜 3. 可以在灯泡前的遮菲片上加柔光纸和色纸，改变光线的属性

续表

		属性	色温(k)	特点及用途	注意事项
钨丝散光灯	太空灯 	钨丝卤素灯泡,固体发光	3200	只能悬挂在高处,用作场景的底子光,白罩使光线较柔和,黑罩可以遮挡光,让光线汇聚,照度包括2K、6K等	通常悬挂在影棚的顶棚处,位于被拍摄对象的上方,用于照明整体场景,根据场景大小可以放数盏太空灯
	组合灯 	钨丝卤素灯泡,固体发光	3200	属于散射光,根据灯泡的排布数量,分为9头灯、12头灯、24头灯等,有不同排列方式。	可以单独开、关其中一盏灯,也可以竖排一组灯灵活地调整角度,方便控制照射方向和范围
	黄头灯 	钨丝卤素灯泡,固体发光	3200	暖光源,散射光,最大功率2000W,适用于补充环境光	通过调节灯具后面的旋钮和移动反光网的位置控制光线的聚散,严禁将灯具倒放
	红头灯 	钨丝卤素灯泡,固体发光	3200	漫反射,光线柔和,但功率太小,最大功率只有800W	调节灯具后面的旋钮,移动灯泡的位置控制光线的聚散。严禁将灯具倒放
	Dedolight-特图丽灯 	钨丝卤素灯	2900—3200,低色温	有150W、400W、575W、650W不同功率,在打亮区域内光线完美均匀分布,光线精准、干净,非常适合细节塑造	体积小,重量轻,适合局部细节的灯光塑造

续表

<table>
<tr><th colspan="6">LED 影视灯</th></tr>
<tr><th colspan="2"></th><th>属性</th><th>色温(K)</th><th>特点与用途</th><th>注意事项</th></tr>
<tr><td>LED 聚光灯</td><td></td><td rowspan="3">半导体光源,也称作发光二极管,由很多颗粒状的灯珠组成,能将电能转化为可见光</td><td rowspan="2">暖白光冷白光相互转换,3200K—5600K 之间转换,液晶触屏无级调控色温</td><td>体积小,耗电量低,照度强,高亮度,环保。低色温和高色温的灯珠混合在一起,根据需求可随时调整色温</td><td>灯体轻巧,携带方便,功率虽小但发光量大,既可以接直流电源,也可以直接用电池供电</td></tr>
<tr><td>LED 泛光灯(LED 平板灯)</td><td></td><td>LED 光通量衰减小,可以直接用电源适配器接交流电工作,也可以用专业电池直流电供电</td><td>无</td></tr>
<tr><td>可弯曲 LED 灯</td><td></td><td>3000K—6000K 之间转换</td><td>既可使用 3.7V 锂电池,也可使用市面上所有的 USB 充电器充电,使用防水材料,功率低,发光量大</td><td>可卷成桶状塞到很小的空间里置于任何角落,方便布光,也可以放到水里照明</td></tr>
<tr><th colspan="6">KinoFlo 灯</th></tr>
<tr><th colspan="2"></th><th>属性</th><th>色温(K)</th><th>特点与用途</th><th>注意事项</th></tr>
<tr><td colspan="2"></td><td>荧光灯管</td><td>既有 3200K 也有 5500K 的灯管</td><td>有高、低色温灯管可更换,兼备日光型和灯光型灯管,接通电源通过镇流器控制发光</td><td>灯管匹配:使用 Kino Flo 推荐的灯管,不同色温的灯管不能混用。常见的色温有 3200K(钨丝灯光色)和 5600K(日光色)
开关控制:很多 Kino Flo 灯具具有多级开关,能控制不同数量的灯管,用户可以根据需要选择合适的开关设置
色温调整:根据拍摄需要,可以更换不同色温的灯管或者使用色片调整光源的色温</td></tr>
</table>

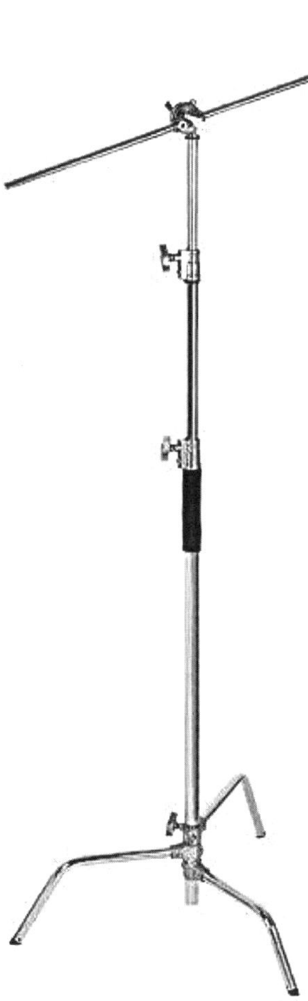

(3)照度:瓦数相近的镝灯,其照度所达到的发光量比钨丝灯大。

(4)特点:镝灯是气体发光,需要镇流器。镇流器有两种:一种是电子镇流器,另一种是电感镇流器。电感镇流器会有频闪现象,在拍摄升格镜头时比较麻烦,会造成画面闪烁;电子镇流器可以将旋钮调整到无频闪挡,避免画面闪烁。

钨丝灯是固体发光,不用镇流器,也不会有频闪现象。

二、灯光附件

常用的影视灯光附件有魔术腿、黑旗、金银板、米波罗、珍珠板、大力夹、背景布、柔光纸、色纸、柔光片、蝴蝶布等。

(一)魔术腿

魔术腿也叫 C 型灯架、C 型架、旗板架,类似于坚固的“三脚架”,三条腿可折叠放置,节省空间。有 20 寸、30 寸、40 寸等不同规格,可拆卸组装。魔术腿可用来放置黑旗、反光板、柔光板、蝴蝶布等各种附件,底架可以当矮脚使用,适用于放置背光灯,也可以配合各种延伸杆使用。

(二)黑旗

黑旗用于挡光,放置在魔术腿上或由灯光助理手持,目的是将多余的光线遮挡掉。组合使用黑旗可以改变灯光的照射形状,也可以通过控制黑旗离光源的远近控制光线边缘的虚实。

(三)金银板

金银板是反光板的一种形式,反光的一面类似锡箔纸材料,起到反光作用。

(四)米波罗

米波罗就是高密度泡沫板,板材自身比较脆、易折断,也是反光板的一种类型。这种材料反射的光线比较柔和,因此常用作室内外主光源照射下针对拍摄对象的补光,起到提升暗部亮度、淡化阴影的作用。

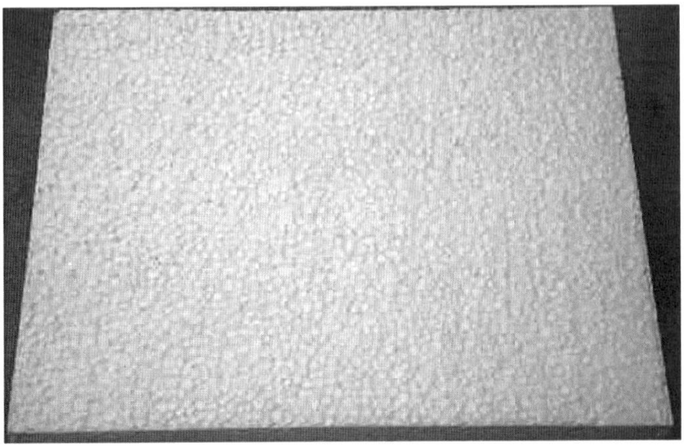

(五)珍珠板

珍珠板也是一种泡沫板,由 PS 颗粒经过发泡生成,主要成分为聚苯乙烯,重量轻,强度高,韧性较好,可弯曲。它也是反光板的一种。由于这种材料可弯曲,因而反光角度比较灵活。

(六)大力夹

大力夹也叫万用夹,可以夹在几厘米甚至更薄的物体上,也可以夹在钢管、水管、栏杆、门、架子、桌子、树枝等任何形状的物体之上。可用蟹钳卡住物体,防止部件脱滑,也可配合魔术腿上的魔术手臂使用,发挥固定和咬合的作用。

(七)背景布

常用的背景布有黑色和白色,用于暗调、高调的背景环境。此外,还有蓝布(幕)和绿布(幕),用于背景抠像,便于后期合成。

(八)柔光纸

柔光纸也称为硫酸纸,根据用途裁切大小,小尺寸的可以夹在光源前部的遮菲片上,稍大尺寸的可以用在大 Kino-Flo 灯上,目的是让透过的光线变得散射和柔和。好的柔光纸具有不起皱、不易变色、耐高温的特点。

(九)色纸

色纸的颜色比较丰富,基本对应调色环的颜色,有改变色温的作用,同时也具备减光和偏光的作用,用法和柔光纸差不多,也是放在光源前起滤光的作用。好的色纸具备耐高温、耐老化、透光性好的特点。

(十)柔光片

柔光片也称为柔光旗,挡在光源前发挥柔光的作用,也可以部分减弱光线。柔光片放置在魔术腿上,高低左右可以根据需要随意调整,以距离光源的远近来遮挡出不同的光线效果。

(十一)蝴蝶布

蝴蝶布即大型的柔光旗,规格尺寸比其他柔光材料大,能使光线散射柔化而不影响照射的方向和颜色,从而产生大面积的柔光效果。

第二节 光的种类、属性与布光加减法

主要知识点

1. 主光、辅助光和环境光。
2. 灯光布置的加法和减法。
3. 户外布光方式。

一、主光、辅助光和环境光

在拍摄现场布光，首先要确定主光在哪里，确定之后，其他的灯光都围绕着主光来布置。只要置身于环境中，就会有来自不同方位的光照。这些光照的形成因素很复杂，环境光包括周围墙壁的反射光、玻璃窗的折射光等，这些光线都来自阳光，因此阳光就是主光。如果在室内影棚拍摄，但要营造阳光效果的画面氛围，则应该确定一盏灯作为主光，模拟阳光光源，用来表现景物的形态、轮廓和质感。对于艺术形象的塑造，主光起决定性作用，其他光线起辅助作用，因而主光也常被称为“基调光”。

在电影摄影中，无论是外景摄影还是内景摄影，首先要确定每场戏中主光的方位。主光方位传递着时空概念的信息，不论景别、构图、演员走位怎样变化，主光的方位一定要准确，否则就容易穿帮。一切辅助光都是围绕着主光方位来设定的，上午阳光状态下布置的主光到下午的阳光下方位会发生变化，因而整体的辅助光设定也得随之变化。总之，只要主光方位发生调整，其他辅助光的布置也要随之调整。

根据脚本规定的时间和空间塑造各种人物、产品特质和渲染特定氛围时，要精心设计主光的方位。在实际拍摄中，我们首先要求主光照亮被摄体主要的和最有表现力的那一部分。主光的位置要根据光线亮度的强弱、光距的远近、上下位置的高低、被摄对象的性格特点、环境特征、作者的创作意图和画面构图的具体要求来确定。

辅助光的主要作用是适当提升暗部的亮度，它的光线照度小于主光，其作用只是提升景物暗部的光影层次、加强景物阴影部分的质感，是帮助主光完成形象塑造的光线，因此应根据画面的氛围来决定选用什么色温和照度的灯。

主光和辅助光的亮度比例，习惯上称作“光比”。根据拍摄对象的不同，主光与辅助光的光比也应有所不同。我们经常听到导演要求这组镜头画面用“大光比”，就是指主光和辅助光的亮度反差要大；反之，“小光比”就是主光和辅助光的亮度比较接近。

环境光是照亮整个场景的常规光线，这种光具有均匀的强度，均质漫反射，不具有可辨别的光源和方向。

二、布光注意事项

布光时应留意环境光的强度和光线的冷暖倾向。

(一)冷光和暖光

我们一般参照色温来确定冷光和暖光,接近3200K(低色温)或低于3200K的属于暖光,接近5600K(高色温)或超过5600K的属于冷光。在这个色温范围内,色温值偏低,光线就偏暖一些;色温值偏高,光线就偏冷一些。色温值可以通过色温仪测量出来。

从色彩上看,低色温光线偏橙黄色,高色温光线偏蓝色。我们在上一章介绍照明灯具时说过,镝灯通常都是高色温灯光,发光量强,光线色彩偏蓝色。钨丝灯基本都是低色温灯,同样瓦数的照度,光线没有镝灯那么强,光线色彩偏橙黄色。KinoFlo灯属于荧光灯,它的灯管有两组,一组低色温灯和一组高色温灯,可同时更换。LED灯的灯头上,灯珠排布也是高低色温混合在一起的。我们要根据自己的拍摄需求来控制、调整冷暖光的比例。在拍摄现场,色温也是调整白平衡的重要参照要素。

(二)柔光和硬光

所谓柔光,就是照在物体上时边缘比较柔和的光线,轮廓呈散射状;反之,硬光的光线边缘比较清晰锐利。具体需要什么样类型的光,还得根据创意表现的需要而定。如果光比较大,明暗反差就比较明显,这种类型就属于硬光;如果光比不大,明暗关系比较接近,但明暗交界线却很清晰锐利,这种类型也属于硬光。

大体上有两种情况具备形成硬光的条件:一种是室外阳光比较强烈,形成大光比,主光源很强烈,同时环境光所形成的底子光又很弱,这样就容易形成硬光;另一种是聚光灯主光源前面没加柔光纸或柔光片,或加得很少,比如只加了一层,或是通过黑旗切出来的,那么被照物体上也会形成硬光效果。

柔光的光比一般不会太大,而且明暗交界线比较模糊。我们通常在聚光灯主光源前加柔光片、柔光纸或蝴蝶布来柔化光线,或者采用泛光灯来制造柔光效果。泛光灯是散射光,用于暗部和阴影的补光,会降低光比。

(三)光质和光线结构

光质不是专业名词,灯光术语中没这个词,它只是业界对灯光效果的一种形容和界定,也可以称作光线的质地。光质好,指光线层次比较丰富,整体氛围营造得比较好,效果很纯粹,格调比较高,有秩序,没有杂乱无章的阴影。光质差,指光线塑造的画面很平,光线处理得很粗糙,高光点有瑕疵,没有主次,画面很碎,阴影杂乱无章。

那么怎样才能得到高规格的光质?要想做到光质好,首先要确定主光源在哪里、整体基调是什么。一切布光都要围绕主光源来设计,所有的辅助光都不能喧宾夺主,要先按照主光源设定的光比确定明暗关系,然后再逐层次慢慢雕刻和塑造。更重要的一点,就是被摄物体的受光面积不能太大,只能占小部分,大部分是在暗部区间内塑造阴影层次感。如果受光面积过大,画面就会一览无余,什么都看得清清楚楚的,一点空间层次感都没有了。如果想形成良好的光线秩序,就要将暴露在外的那些杂乱无章的元素统一到阴影里,在阴影里形成层次感,而不是一片漆黑。这样,高光区和暗部的反光区就能形成有条不紊的秩序范围,画面就显得很干净纯粹,整体感就会非常好,空间结构关系比较明确。

三、灯光布置的加法和减法

布置灯光的基本原则是:以尽量少的灯光量达到最佳的照明效果。

好的照明效果有助于塑造主体,提升整体画面的情绪氛围,对情节有推动作用。

所谓的加法,就是加灯光附件,如魔术腿、各种反光板、银板、珍珠板、米波罗、柔光片等。这个要做加法,要增加,原因就是灯光效果不是通过光直接照射产生的,传统的那种用灯光直接照射的理念是大错特错的。灯光效果也不是简单地加一两张柔光片或色纸那么简单,真正能做出灯光效果的是反射光而不是直射光。除了主光源直接照射被摄物体外(这种直接照射也不是单纯地直接照亮物体,而是通过黑旗和柔光片或柔光纸等附件组合来塑造主光源的强度和方向),其他辅助光一定是通过对各种灯光附件的组合搭配来产生反射光而达到理想的照明效果的。灯光细节都是通过灯光附件慢慢雕琢出来的,在拍片现场,即使有很多灯,如果缺少灯光附件,也很难设计出理想的灯光效果。

减法其实就是尽量减少用灯量,在灯光的数量上要做减法,至于减到多少则视情况而定,能用一盏灯打出效果,绝不用两盏。灯光过多会造成错综复杂的影子,为了消除弱化这些不必要的杂乱影子,只好增加附件或灯光。灯光量一旦过大,我们将无法判断到底是哪盏灯形成的不良投影,只能通过排除法去逐一排查,效率非常低。这样布光就成了一件很费时的工作,会造成很多麻烦。关键在于,灯光数量多,意味着光源数量多,而光源一多,势必会破坏画面的整体感,无论是受光区还是暗部的光线秩序都会显得比较凌乱,不利于塑造画面的光线结构、组织光线层次,反而会破坏灯光风格的统一性。

四、户外布光方式

(一)常规布光原则

在户外布光的原则是,以自然光线为主、人工光线为辅,尽量有效地利用自然光,任何人工光线都不如自然光。比如,在阳光下拍摄一个物体,应少用灯光或基本不用灯光,要以灯光附件为主,把它们作为反光和透光的工具。由于强烈的阳光直射会导致大光比和浓重阴影,所以常规的布光方式是用蝴蝶布或柔光片过滤掉一部分阳光,使整体光线柔化。先形成这样的氛围,然后通过银板或米波罗这类反光板对拍摄物体的细节进行反射补光,塑造物体的结构,并通过调整反光板的角度、距离和方向来产生反光、表现细节。

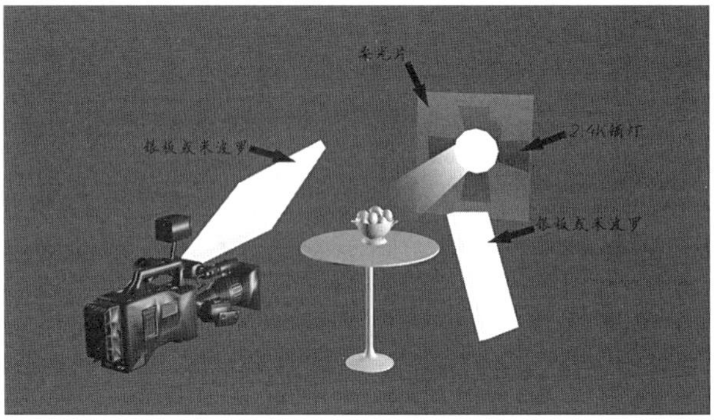

如果是阴天,就需要先确定一个主光源,因为在阴天这种天气条件下,整个画面处在平均调性下,整体画面显得比较昏暗,光线缺乏层次感,比较平。可以在距离被摄物体稍远一点的侧后方放一盏2.4K镝灯,再加上柔光纸或柔光片,给物体勾勒出一个柔和的光边。光边不能太硬,也不能过亮,否则会显得不自然,与环境格格不入。这个柔和的光边将物体与背景分开,可以增加物体结构的层次感,使细节关系显得更加丰富。物体的两侧依然用反光板来补光。根据光线条件,如果光线较弱,可以采用银板来反射,如果仍然觉得暗,可以用一盏聚光灯打到银板上,通过银板将反射光投射到物体上。银板和物体之间的距离、角度应根据实际情况具体调整,这样才会让暗部过渡更有层次。

(二)夜景布光原则

这里的夜景分两种情况,从空间上分室内和室外,从时间上分傍晚(夕阳刚刚落山的那段时间）和深夜。摄影时要求最好用 ISO 高感光的摄影机并采用大光圈镜头，这样可以相对减少用光量，也无需采用大功率灯光（比如 6K 以上的灯光），场面比较大、演员比较多的情况可另当别论。我们这里探讨的通常是中小场景，而且演员人数不多，不针对电影这种大场面设计灯光。傍晚的天光对于拍夜戏来讲是最佳时机，蒙蒙黑有一定的层次感，天色完全黑下来后天光就没有层次了，会给布光带来很大的麻烦，效果也不甚理想。因此，在蒙蒙黑的傍晚环境中，无论是室内还是室外，主光源的色温都可以根据拍摄需要来设置。主光源如果偏暖，整体画面的主导色调就会偏暖，暗部环境光则可以偏夜间蓝色一点，这样受光面为橙黄色的暖调，暗部为偏蓝色的冷调。这种冷暖对比的画面令人感觉非常舒服。此刻，无论是亮部还是暗部，在这种天光下，光线层次感都非常丰富。

同样，主光源如果是偏冷的高色温，主导画面的整体色调就偏冷，也同样不影响光线的层次，画面也不错。在这种天光环境下，高感光大光孔的摄影机就能派上用场了。有的摄影机即使感光度在 1000—1500 之间也不会出现噪点，设定光圈 T1.4 或更大光孔，再结合一两盏灯和相关灯光附件就完全可以呈现出以上效果。

如果天完全黑下来，面对这种漆黑的环境，就需要铺一层底子光。底子光可以用不同方式来形成，如可以用我们常见的灯笼，偏红偏黄都可以，用几排灯笼或者在某个区域形成一定氛围的面积光，这就是底子光的整体基调。在这个基础上，再单独塑造局部光域，主光源、辅助光源依次设定。具体灯光布置要根据脚本需要表现什么样的情景来设定，灯光布置规则和上面讲解的基本一样。

如果是漆黑的夜晚，又没有月光（即使有月光，可能在某种特殊环境下照度也不够），这种环境下就需要借助太空灯来模拟月光，并根据拍摄的场景大小和人物多少，用几盏 6K 灯或 12K 灯把夜色的整体氛围渲染出来，然后有针对性地给拍摄主体的局部细致地打光。在此提示一下，在这种天光环境下，对于景观来说，无论用多少灯也无法表现出丰富的层次感，这就是为什么我们要强调天光蒙蒙黑是最理想的夜景拍摄环境。尤其对于拍摄风景和建筑景观来说，完全漆黑的夜晚非常不利于布光。

（三）逆光效果制作方法

逆光效果分两种：侧逆光和全逆光。制造逆光效果的必要条件是将环境光降到最暗。在影棚拍摄时，要将周围环境用黑幕布或深色幕布完全遮挡住，四周不能出现白墙或易反光的物体，被摄物体周围的地面也要铺上黑幕布，防止地面反射。在环境布置好之后，在物体顶部和两侧的侧后方打灯，在光源前加柔光片或将灯光照射到反光板上（米波罗或金属板都可以），利用反光板的反射光来勾勒逆光的光边效果。由于周围黑幕布吸光，物体正面就不会有光照，拍摄物体整体呈暗黑色，只有两侧和顶部的光边被塑造出来，这样就制造出了全逆光效果。制造侧逆光效果就很容易了,在此基础上将一侧的灯光向物体的侧前方移动,另一盏灯稍稍向后移动一点,这时一侧的光边被逐渐加宽,便呈现出侧逆光效果。

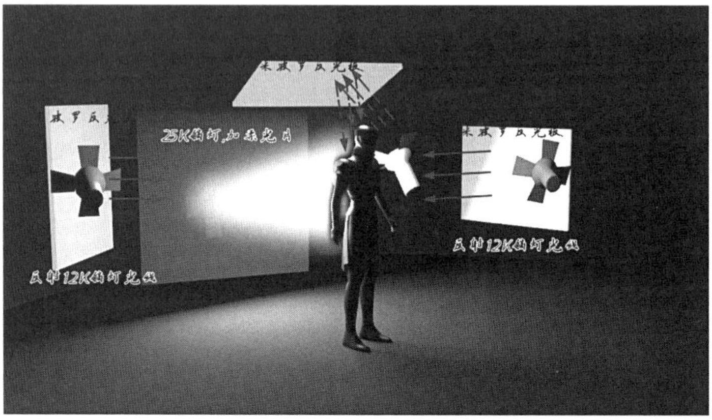

实训项目:

实训目的:通过对灯光附件的操作使用,认识灯光附件对影视照明所起的关键作用。

实训条件:在室内,将灯光附件与照明器材结合起来使用。

实训要求:判断哪些附件用于改变色温、哪些附件用于遮挡光线、哪些附件用于柔化光源、哪些附件用于辅助反射光线。

实训步骤:

1. 先确定主光源和辅助光的位置。
2. 逐渐增加或减少灯光附件,改变整体照明效果。

第三节　特殊材质布光

主要知识点

1. 玻璃材质、金属材质以及表面光滑的硬塑料或瓷器材质的布光方法和规律。
2. 如何表现黑色亚光物体的质感。

我们在这里指的特殊材质也是日常生活中常见的材质,如玻璃、金属、表面光滑的硬塑料或瓷器。之所以称其“特殊”,是指其在反射和折射方面相对于其他普通材质来说,在布光方面要求比较特殊一些。下面,我们介绍一下针对这几种材质的布光方式。

一、玻璃

我们以图中这瓶香水为例，分析一下在广告拍摄中针对玻璃的布光规律。

此类产品在布光照明时需要突出表现两个元素：一是表现玻璃质感的精致性，二是表现瓶中液体的晶莹透亮。这里只用两盏灯来布光，其余采用灯光附件来呈现这瓶香水的质感效果。首先，这类产品一定要在影棚里拍摄，只有这样才能很好地控制光线的质感。在产品周围围上深色幕布，在产品的侧后方留出一定距离放置一块稍大些的反光板，然后将一盏1.2K的镝灯的光线投射到这块反光板上，再适当调整反光板的角度和位置，让光线指向香水瓶的背面。反光板反射的柔和散射光确定了画面的整体基调。紧接着对细节进行雕琢：在产品的侧后方，也就是产品和反光板之间的那个位置，用一个小圆镜子（我们日常生活中常用的镜子）将光反射到瓶中液面上的大致范围内，再调整反射强度。如果反射光线过亮，可以在镜面上加一层透明硫酸纸。这样，液体的质感就凸显出来了。接着，在产品的侧前方放置一盏LED灯，将色温设在高色温挡并加上柔光纸，旁边用黑旗挡掉漏光和杂光。在对应的另一侧用一小块米波罗制造反光作为补光，然后不断细微调整米波罗的位置和角度，找到有效的光域。在米波罗的旁边，也可以用黑旗挡掉一部分干扰的光线，让光线更统一、更单纯、更有秩序。由于各种光线的形式、密度、特性都不尽相同，产品的受光层次也就显得更丰富了。

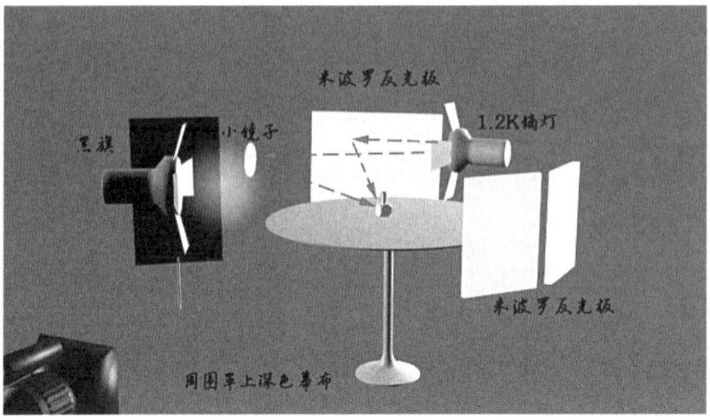

掌握了布光原理之后，我们还必须认识到布光形式是多样的，在此我们再介绍一种布光方式。

将一块珍珠板弯成弧形，罩在酒瓶的上面，再通过米波罗把反射光线照射到弧形珍珠板的内部（如果光线不足，可以换大功率的灯，或者将加上柔光纸的灯直接照射弧形珍珠板内部），弧形珍珠板相当于散射光源，酒瓶的两侧被勾勒出一圈光边。弧形珍珠板光域中心的光线强度由中心向两侧过渡、逐渐衰减，照射到酒瓶边缘的高光由亮到暗，形成丰富的层次。在产品的侧前方,设置一盏灯,把光线照射到另一张凸面朝外的弧形珍珠板上,凸面弧形所反射的光线在凸起的地方最亮,亮度沿着两侧递减。这样的光线就很有层次感,反射到酒瓶上的光线过渡也非常自然干净。在对应的另一侧,放置一小块银板,调整位置和角度,将反射光照射到酒瓶的另一侧,在这个角度适当补光可以让暗部显得更通透。下一步是给酒瓶上的光域塑形:用黑旗遮掉酒瓶前多余的杂光和干扰的景物,这样就“切”出了一块规整的色块,使酒瓶显得干净利落、亮部工整、暗部纯正,如下图:

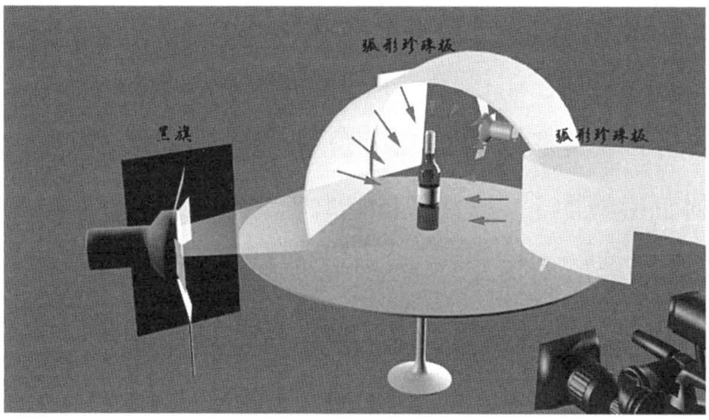

其实,这两种方式的布光原理是一样的,只是采用的灯光附件稍有区别。首先,它们都是先将玻璃材质的轮廓光做出来,再把整体基调确定下来,然后通过各种附件做出不同的反光效果,如利用米波罗、珍珠板、柔光片、柔光纸、银板、小镜子等来塑造细节。灯只有两盏,其余则通过各种附件的组合来制造出效果:阴影规整不杂乱,产品结构清晰,效果精致大气、干净利落。这就是广告产品所要呈现的状态,也是客户所期待的效果。我们在这里还要强调一下,要始终遵循上一节提到的加减法原则,能用一盏灯做出效果,就绝不用两盏灯,减少灯光,增加附件。

二、金属

金属材质可分为两种:一种是古旧金属(甚至表面有一点腐蚀),另一种是表面光滑的金属。后者反射效果极强,比如镀铬金属、白钢等。我们在此重点介绍表面光滑的镀铬金属的布光法则。

这类金属反射周围光线的能力极强,因而画面元素就会显得非常凌乱,我们以镀铬水龙头为例,谈谈具体的布光方式。

首先,确定环境光,确定整体基调。背景中在远处一侧用反光板将光线反射到水龙头上,由于水龙头能反射周围景物,所以要将这些杂乱的元素去掉,以形成整体干净的色块，突出水龙头的质感。先用米波罗和黑旗来处理这方面的细节。在机位和水龙头之间的一侧，调整米波罗的位置和角度，将水龙头的一部分切出长条状的白色，另一侧则通过黑旗遮挡，切出长条状的黑色，这样就大体形成了黑白两个区域。接着，在黑色区域里补光，形成过渡的渐变边缘。在水龙头侧面（或侧后方）放置一块弧形珍珠板，凸面朝外，用一盏灯把光线照射到弧形珍珠板上，珍珠板反射的光自然过渡，形成边缘由硬到软的渐变效果，这样呈现出的整体效果就非常简洁规整了，如下图：

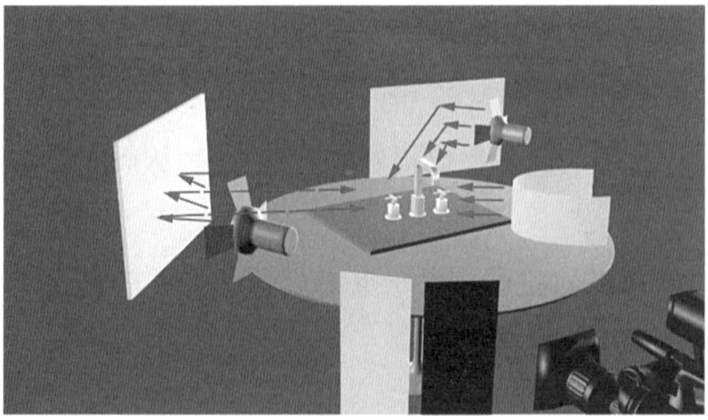

三、表面光滑的硬塑料或瓷器

这两种材质的布光方式比较类似，对于形状不规则的这类材质，最重要的是消除过多的高光点。这类材质最易出现星星点点的高光点，破坏画面的完整性，让画面显得很琐碎。我们处理这个问题时要掌握的最重要的一点是，主光源只能有一个，要在被摄物体的顶部设置一个窗格子（在窗上贴田字格黑胶带，背后打光），其余的则利用反光板进行少量补光，然后用黑旗遮挡、切光，消除多余的高光点，如下图：

四、黑色物体

黑色物体的材质有很多种，表面有光滑的和不光滑的，有反射强的和反射弱的，在此主要介绍亚光黑色物体，例如相机。

相机机身表面呈亚光状态，黑乎乎的，在自然光下显得比较闷，因而打光时需要加强层次感，以便让黑色显得通透起来。在相机顶部侧后方一点的地方设置一盏灯，将光线照射到反光板上，调整反光板的位置和角度，将光线反射到相机的机身顶部，再调整灯与反光板之间的距离。两者距离越近，反射光就越强，光线偏硬；两者距离越远，反射光就越弱，光线偏软。将反光板略微倾斜一定的角度，反射光就会形成很好的过渡效果，从而让层次显得细腻丰富。

在相机的两侧用小块银板反射光线，勾勒出相机的轮廓。由于银板反射的光线较硬，这样就会在相机上形成软硬光结合的光线效果，如下图：

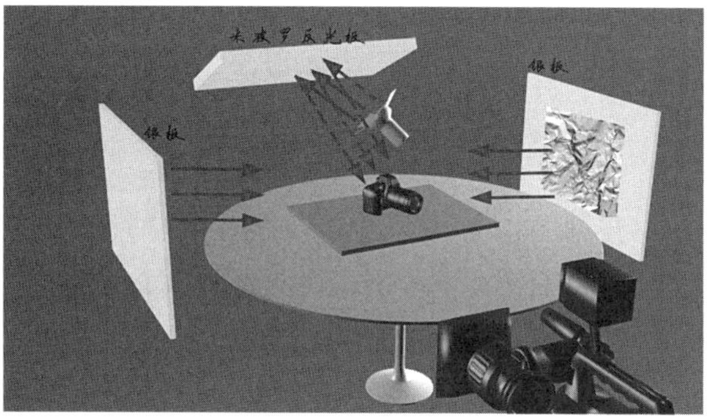

实训项目：

通过实践掌握不同环境下不同材质的照明规律。

实训目的：运用相关灯光法则，达到照明的预想效果。

实训条件：可以和灯光器材公司合作，由专业灯光师演示，让学生动手操作，体会照明的特点和规律。

实训要求：根据本节所讲内容，参照布光图解进行实地操作。

实训步骤：

1. 确定照明主体和环境。
2. 选择不同的主体材质。
3. 参照本节所讲内容进行实践操作。

第四节　人物布光及规律

主要知识点

1. 灯光氛围的营造是为了传达什么样的情绪、表现演员什么样的内心状态?
2. 除非有意强调戏剧化,否则灯光要内在且自然地契合主题。

一、室内人物的布光形式

人物和其所处的环境对布光有不同的要求,我们在此重点谈谈室内人物拍摄的布光形式。

光线是有情感的,因而我们必须清楚自己所拍的人物处在什么样的情绪氛围下,针对不同的情绪和情感有不同的布光方式。营造灯光氛围的目的是强化情景主题,不只是为了漂亮、唯美。在这里,我们抛开人物的情绪和心态,客观介绍一下灯光布置的原则,着重谈谈运动人物的布光形式。

首先要确定演员从 A 点到 B 点的走位路径,距离不宜过长。在这之前,我们要考虑演员行进过程中有没有其他道具,行走路线是直线还是弧线,中间是否绕过柱子之类的障碍物,把这些因素考虑周到以后再开始布光。在布光开始前,我们要和摄影师沟通用什么景别拍摄,是近景、中景还是远景。

如果是近景,就省去了好多不必要的布光麻烦,因为构图比较紧,周围景物在画面中占的比例很少,直接围绕演员布光就可以了。也可能只针对演员的上半身布光,让演员身后的背景在焦点外被虚化掉,只给背景环境光就可以了。布光的重点是把演员面部的明暗关系塑造出来,包括亮部、暗部、反光和轮廓光。

在演员的行走路径上,将主光源设定好,在其侧后方设置轮廓光。灯的远近可以自由调整,由于景别比较近也不用担心穿帮。灯光助理可以把一小块米波罗放在演员的下方,找好角度,随着演员同步行走,给演员面部补光。

如果是中景,演员会带上环境关系,周围景物的元素也会影响演员发挥,如我们在某个点打好灯光,演员在行走过程中可能有灯光阴影投到演员身上,这时就要调整灯具的位置。如果灯具离演员太近,这个景别就容易穿帮。所以,我们在拍摄时除了考虑灯位外,还要提升灯光的高度,以便缩小阴影的投射范围,如果照度不够,就要换大功率的灯。在布置灯光时,灯光师还要考虑周围环境,尽量将周围环境光弱化,突出演员主体。

如果是大光圈的中景拍摄,焦点虽然在人物身上,但也会呈现前后景的景深关系。因此,在关注人物光线的同时,也要考虑镜头前景物的光线,即使镜头前的物体在焦点外呈虚化状态,也需要通过补光来塑造整体明暗关系,尽量把这些元素统一在大的色系下,避免琐碎,强化整体感。

如果是全景,则演员从 A 点至 B 点的行进过程中的灯光不太好布置,中间的景物完全暴露在摄影机画面中,只要放上灯具就会穿帮,所以,只能把灯具隐藏在景物中布光,或者将灯具当作道具灯,让它成为画面中的组成部分,如窗外布光就是一个不错的选择。

如果是远景(或用广角镜头),所有景物都在画面里,灯光放在哪里都穿帮,打出的光线都是大平光,所以只能靠环境光或顶光来提升整体效果,也可以利用窗外布光来强化人物的光比。例如,可以将灯放置在窗外模拟户外自然光的照射,镜头可以适当吃进一些光斑来掩盖窗外的灯具,或利用薄薄的窗纱防止穿帮。想达到这个效果,最好在一楼布光,而且窗外还得有下灯的位置。如果是在高层,可以利用缆绳将灯在窗外吊起来照射,或把魔术腿固定到阳台上,再将灯探到窗外,向屋内照射。

下面我们就根据某矿泉水广告拍摄现场的一个镜头片段来分析如何布光和布光的大体步骤:

这个镜头需要模拟午后阳光的整体氛围,整体画面为暖色调。首先,我们确定主体光源的位置,然后通过顶光和斜上方的光将轮廓光勾勒出来。环境光要均匀照射背景绿布,剩下的是单独塑造面部细节和手部细节。

遵循的原则是:先整体、后局部。首先确定大的光比关系,然后进行细节刻画,氛围要符合主题表现要求。

二、好的照明效果具备哪些特点

好的照明效果具备下列特点:

(1)整体统一,暗部影子不会杂乱无章;

(2)光线富有层次感,忌平光照射;

(3)能表达情绪、营造气氛;

(4)除了舞台灯光或创意需要外,人工布置灯光的照明效果要尽量接近真实自然;

(5)有自己的照明风格。

实训项目:

针对人物照明进行实地操作。

实训目的:通过照明效果营造人物的情绪氛围。

实训条件:以室内为主。

实训要求:学生根据本节所讲内容,参照广告案例,提取其中一两个镜头进行实地操作。

实训步骤:

1. 老师组织学生观看广告样片。
2. 挑选其中一个有关人物的镜头场景。
3. 学生分组按照个人理解讨论照明方案。
4. 以组为单位进行实地布光操作。
5. 老师和学生共同总结布光规律和经验。

思考题:

1. 日戏和夜戏分别使用哪些类型的照明器材?
2. 为什么说影视照明效果是完全由灯光附件营造出来的?
3. 正午阳光下,室内的人物手里拿着矿泉水,此时该如何布光?(对环境光、人物、特殊材质之间的布光法则的综合运用。)

第十章

10

影视广告的后期制作

本章学习目标

☑了解目前市场上主流剪辑软件各自的特点和优势，将剪辑理念和商业诉求有机地结合起来，形成自己的剪辑风格。

☑了解层级式合成软件和节点式合成软件的操作和应用。

☑掌握蓝绿屏抠像的注意事项。

☑了解如何在影视调色过程中调出优质的画面色彩。

☑认识 3D 软件的应用领域和各自的特点。

前期拍摄的素材要经过后期处理才能成为完整的影片。广告后期制作流程包括剪辑、3D制作、视频合成、特效合成、调色、音乐。下面我们分别阐述各个制作环节的属性和特点。

第一节　影视广告剪辑理念和方式

主要知识点

1. 剪辑软件的属性和应用特点。
2. 影视广告的剪辑理念。
3. 合成软件的功能特点。
4. 非线性编辑软件和合成软件的差异化定位。

为什么有些广告影片让人感觉很精彩,有些则让人感觉死气沉沉,平淡无奇?以下,我们围绕“影视广告剪辑理念和方式”这个话题展开叙述。

影视广告剪辑旨在通过精确的时间控制、镜头选择和编辑技巧,将产品特点或品牌内涵以引人注目的方式展示给观众。

(1)影视广告剪辑应反映出品牌的核心理念,首要目标是突出品牌价值,吸引眼球,强化卖点。

(2)剪辑师需要仔细研究广告的创意和策略,了解品牌的定位和目标受众,以便在剪辑过程中强调关键信息。剪辑不应是简单的素材排列组合,而是运用创意性的视听语言呈现创新视角,通过剪辑来解码创意构思的表现形式。

(3)剪辑节奏的平缓、快慢、激烈程度以及画面的切换方式等都能够有效渲染情绪基调,引导观众情绪体验。优秀的广告剪辑能够在观众心中建立情感联系,无论是欢乐、温馨、激励还是怀旧,情感的触动可以促进品牌在观众心中的长期记忆。

(4)通过选择最具吸引力和代表性的镜头,并运用蒙太奇技巧来突出产品或服务的独特之处,吸引观众的注意力,产生共鸣。

一、利用蒙太奇剪辑技巧可以使广告更精彩、生动和有趣

蒙太奇通过组合不相关的图像来创造新的意义和符号性联想,这种象征性的表达可以增加广告的深度和吸引力。通过蒙太奇剪辑手法广告可以产生独特的视觉体验,变得

更加引人注目。下面我们重点介绍常用的两种蒙太奇表现手法。

(一)非线性叙事

蒙太奇的非线性叙事是一种叙事策略,它通过非顺序或非因果的图像和场景组合来讲述故事,这一技巧打破了传统的线性故事结构,即按照时间顺序或因果逻辑顺序进行叙述的标准框架。在非线性蒙太奇中,编辑可以从不同时间点、空间位置或叙述视角自由切换,从而创造一种新的叙述现实。在叙事过程中,编辑可以任意删去部分情节或插入其他片段,打断原有时间线,产生意犹未尽的效果;也可以使用象征性或暗喻性的内容来表达主题,增强深层次的意义和情感表达,让观众保持好奇心,并持续关注广告传递的信息。

(二)平行对比

平行对比是一种同时展示两个或多个不同场景、情境或主题的剪辑手法。将不同的画面并列或交错地呈现,可以创造出对比和冲突的效果,增加广告的视觉吸引力和记忆性;也可以将多个画面同时呈现在同一个屏幕上。这种蒙太奇剪辑技巧可以用来展示产品的多个特点或不同的使用场景,强调反差或巧合,从而创造出新鲜的视觉组合和效果。

二、影视广告剪辑要点和方式

以下,我们首先讲解一下剪辑要点。

(一)精确的时间控制和节奏变换

影视广告剪辑需要在较短的时间内传达信息和刺激观众的兴趣。

剪辑师需要精确掌握时间控制,将关键信息放置在最佳的时间点。

根据不同产品特点使用节奏变换,比如,快速节奏的剪辑风格变换为突然静止,或是柔和慢速的剪辑风格变换为在某个情绪点突然加速,增强广告的节奏感和视觉张力,吸引观众的眼球。

(二)强调情感和情绪的传达

影视广告剪辑通常会强调情感和情绪的传达,以拉近观众和产品之间的距离。剪辑师在剪辑时需要选择最能传达场景意图和情感的镜头,并使用景别切换和音频处理等手段来营造特定的情绪氛围,如喜悦、温馨、紧张,等等。剪辑师通过情感化的剪辑手法,触发观众的情感共鸣,使观众对广告所传达的信息产生深刻的记忆。

(三)制造冲突和张力

影视广告剪辑可以利用冲突和张力来吸引观众的注意力和保持他们的兴趣。

剪辑师可以运用不同剪辑手法来制造镜头之间的对比和冲突,以产生视觉上的冲击和出乎意料的效果,增加观众的观看体验。

(四)融入品牌风格和调性

影视广告剪辑应该与品牌风格和标识相一致,以确保广告的一致性和品牌的辨识度。剪辑师需要注意剪辑时的镜头选择、过渡效果和色彩风格等方面要与品牌形象吻合。声音(配音、配乐、音效等)与画面的精心融合,对气氛渲染和节奏把控至关重要。声音与视觉元素相辅相成,剪辑师需要感知音频与视频的节奏带来的情绪感染。声音调性要与广告理念一致,突出广告诉求,达到进一步强化广告视听的效果,从而创造出更具影响力的广告作品。

影视广告剪辑通常遵循以下流程:

(1)**预剪辑:**收集和组织所有可用素材,包括视频镜头、音频片段、音乐、图形等。

(2)**粗剪**:初步剪辑,选择最佳镜头,按照分镜脚本组织素材。

(3)**精剪**:细化镜头长度和顺序,调整故事流程和节奏,加入合成和特效。

(4)**音频编辑**:同步对白,音乐和声效,以达到最佳声音效果。

(5)**色彩校正**:调整色彩以增强视觉效果,保持色调一致性。

(6)**字幕校正**:检查字体形式、字号大小、字体颜色、排列方式。

(7)**样片提交**:评估整体效果,对剪辑进行最后微调。

(8)**成片提交**:工程文件的备份,根据不同的播出媒体,选择适合的输出格式。

第二节　后期合成

这里所说的影视后期合成指特效合成,指将3D特效元素和实拍元素合成,制作出最终的效果画面。特效合成的关键是科学的流程,流程的规范合理是确保画面质量的关键。后期合成对合成师的技术要求和经验要求都较高。特效合成离不开合成软件,下面就对合成软件的功能特点做一个简单的介绍,以供同学们参考。

一、常用的后期合成软件

合成软件是基于两种思维模式设计开发的:节点式编辑模式和层级式编辑模式,这两种模式各有自己的特点和优势。

目前国内市场上应用较为广泛的影视合成软件有以下几种:Adobe 公司旗下的 AfterEffect 以及电影合成软件 Eyeon Fusion① 和 Nuke。

Nuke 和 Fusion Studio 属于节点式编辑模式,每个项目的效果都对应着一个节点命令,一部影片好似在一条流水线上,经过这些节点的处理最终成片出炉。但要完成一个后期合成项目,可能不止一条流水线,有的流水线侧重抠像,有的侧重调色,有的侧重镜头跟踪,有的侧重 3D 场景合成,它们最终汇集到一个节点上,输出渲染,完成成片。

节点式编辑模式的好处在于项目结构清晰、易于管理,如果哪处需要调整效果,直接调整其中那个节点就可以了,无需改动其他元素。比如,如果觉得色彩不适合要调整,那就调整色彩节点的参数;如果觉得抠像有问题,那就调整抠像节点。这些节点的修改效果会直接传输到最终渲染的节点上,直接影响最终的输出效果,在合成编辑的逻辑上非常科学高效。

节点式编辑软件在 3D 合成功能上拥有独立的 3D 合成系统,可以导入外部 3D 模型,也可在其 3D 系统中创建物体和场景元素,这套强大的系统能处理数百万 Polygon 多边形,同时拥有自己的材质、贴图、灯光、摄影机等完善的 3D 合成环境。

AfterEffect 属于层级式编辑模式,层本身可以单独做特效,层与层之间不同形式的合成关系可以通过蒙版处理、叠加特效处理或键抠像处理来实现。层级式编辑模式不同于节点式编辑模式,它完全基于类似 Photoshop 的层级理念,而这种层级理念得到了大多数特效合成师的认可,它易于上手,而且直观明了。AfterEffect 3D 合成功能配备有 Cinema 4D 实时 3D 管道,能实现真正意义上的 3D 环境操作。

① Eyeon Fusion 属于 Blackmagic Design 产品系列,被 Blackmagic Design 收购后更名为 Fusion Studio。

以上两种编辑模式虽然理念不尽相同，但软件功能都非常强大，它们之间没有高低之分，只是哪种流程和操作方式更适合才是我们需要思考的问题。

二、非编软件和合成软件的差异化定位

好多刚接触后期制作的同学会把剪辑软件和合成软件搞混，它们虽然都是后期软件，功能之间也有交叉重叠，但侧重点不同。Premiere（简称 PR）含有 AE 的部分功能，Final Cut ProX（简称 FCPX）增加了越来越多的后期合成元素，插件种类也逐渐增多，SONY Vegas 兼有更多的后期合成功能，有将剪辑与合成完全集于一身的趋势。凡是旗下有非编加合成软件的公司，比如 Adobe 公司，它们一般不会手足相残，大力强化 PR 的剪辑功能，不会过多地增加 PR 的合成功能而削弱 AE 的优势。Blackmagic Design 公司旗下的 DaVinci Resolve 软件偏重于调色剪辑，而 Fusion Studio 偏重于特效合成，它们整合到一起的目的就是优势互补，将整体功能做到极致。苹果公司旗下目前只有 FCPX 这款重量级软件，虽然它定位于剪辑软件，但其特效合成功能的比重越来越大，显然是在全面提升软件综合竞争优势。同样，SONY Vegas 这款软件不仅拥有传统意义上的非编软件的功能，其合成功能更加专业。此外，FCPX 和 Sony Vegas 还拥有一些特效插件，能轻松处理大多数特效。

我们之所以讲解以上知识，目的是希望同学们根据自身的发展状况在学习软件时做出明智的选择。人的精力是有限的，在有限的时间内我们不可能精通所有的后期软件。

这势必会让我们面临选择和取舍的问题。

主要知识点

1. 抠像原则。
2. 怎样给高速运动物体抠像。

三、抠像的普遍性应用

随着CG技术的不断成熟,广告拍摄中抠像所占的比重也越来越大。抠像技术的普遍应用大大拓展了创意人员的想象空间,促使广告的表现形式更加个性化、多样化。下面我们讲一下抠像需要注意的几个事项。

在蓝背景、绿背景中进行动态抠像需要注意什么?

(一)前期拍摄的硬件要求

在室内如果有条件,背景最好用蓝箱和绿箱,这样的背景很平整,不会出现褶皱。如果在户外拍摄,最好用蓝幕布和绿幕布,要选用表面不反光的涤棉混纺布,以最大限度地减少褶皱。

(二)抠像原则

拍摄期间一定要保证被摄物体的周围背景平整、颜色纯净,物体运动的最大范围内没有其他干扰因素,如灯光的投影或严重的褶皱。另外,运动物体要与背景保持一定的距离,以防背景的颜色映射到被摄物体的表面,给后期抠像带来麻烦。

后期抠像时,先用Mask笔尖工具将目标运动物体圈选出来,做动态蒙版跟踪,蒙版始终跟住目标物体;然后通过键抠像将运动物体的背景抠掉。或者先抠像,再用Mask笔尖工具将多余的背景圈选掉。这样做就可以集中精力精细地抠掉目标物体周围的背景颜色,把无关的因素排除掉。

(三)高速运动物体的抠像

高速运动物体会形成拖尾效应,高速旋转物体的边缘会形成影像残留,从而给后期抠像造成非常大的麻烦,如花样滑冰运动员。由于他们转速过快,会形成严重的影像残留,在后期抠像时物体边缘根本无法抠干净,即使逐帧抠像也无法解决边缘残留问题,导致抠像画面无法使用。为了解决这一问题,我们可以用升格拍摄高速运动物体,根据运动速率的快慢来确定升多少格数(记下升格数),完成后期抠像后,再恢复初始的高速运动状态。

(四)烟雾、玻璃、水珠的抠像

我们在处理烟雾这类半透明物质的抠像时,除了正常键抠像外,还要精细地处理被抠像物体的边缘羽化,这一点很关键。玻璃、水珠这类物质不但透明,还具有反射、折射的特点,因而拍摄时要控制反射和折射的范围和布光方式,高光区不宜过大,尽量将中间色保留得多一些。抠像时要保留其材质特征,其他地方可以忽略。

总之,抠像的目的是合成,因此边缘处理时要结合背景元素,随时调整、查看边缘与背景的融合程度,尽量在中等明度或暗背景下合成。高亮背景处理不好会形成生硬的边缘痕迹,因而要处理好毛发或线条琐碎的边缘,景深效果中的这些边缘都必须精细地处理。

四、影视调色的规律和方法

目前,市场上的主流调色软件为 DaVinci Resolve、SpeedGrade、Apple Color、Autodesk Lustre 这几款,它们虽然各有侧重,但功能大同小异,都是针对不同的受光区域进行调色、跟踪调色、色键选择调色以及预置调色模块等。

人们心中有一些固有的色彩观念,如电影色彩(胶片色彩)、MV 色彩、纪录片色彩等。这些都是从感官上来定义的。无论什么色彩类型,都离不开其自身特有的规律。下面我们就介绍一下调色的基本规律

(一)画面曝光

影片调色不同于平面调色。一部影片有若干个镜头,因而调色前首先要将在同样环境下拍摄的素材曝光范围调整到一致。专业级的调色软件都具备后期校正曝光参数的功能,从而使基础影调达到一致。如果我们拍摄的是 RAW 格式的素材,万一发现有曝光不足或曝光过度的现象,建议在 Camera Raw 栏中调整基础曝光参数,尽量不要在一级调色轮或一级校色条中调整,这样才能保证最终输出画面的质量。

(二)调色的顺序

针对初始影像画面,先不要急于调整整体的冷暖调性,建议先调整每个画面的黑电平和白电平:黑电平触底,白电平接近上限值。将明暗关系、对比度、色彩饱和度调整到最佳状态,然后通过二级调色调整拍摄的主体画面和背景画面之间的色彩关系,让主体突出、背景弱化,让某些元素强化、某些元素弱化,同时将杂乱的色彩统一归类到整体光线系统下;将这些都调整完之后,再统一所有画面的冷暖调性。

(三)色彩示波器

示波器是调色的重要参考工具,我们可以通过不同的示波器图形和参数来判断图像

的色彩信息。示波器通过数据精确地告诉我们合理的范围值,以便我们根据不同的项目满足调色的不同需求。在这里,我们以 SpeedGrade 调色软件为例(不同软件的调色功能和原理基本相同)来讲解示波器的用法。

主要知识点

1. 示波器在调色过程中的价值。

1. 矢量示波器

矢量示波器显示色彩倾向、色彩饱和度的分布图。如果中心图形非常小,说明画面饱和度非常低,趋近于黑白色;如果整个图形的位置偏移至红黄区域,说明整体画面偏暖调性;如果图形的位置偏移至蓝紫区域,说明整体画面偏冷调性,如下图:

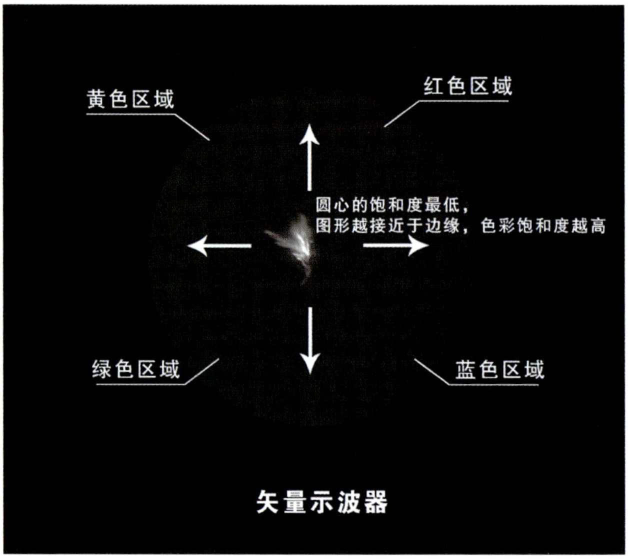

2. 综合示波器

综合示波器由红绿蓝三色组成，其中包含影像明暗、色彩倾向等信息。在调整 Offset、Gamma、Gain 三项数值时，综合示波器上的图形会发生相应的变化。如果画面有色彩倾向，比如影像基调偏红色，那么红色条会向上移动，其他色条会向下移动。调整影像明暗时的情形也是如此：画面越亮，色彩条越接近顶部；画面越暗，色彩条越接近底部。顶部和底部都有一个色彩相对安全值 0—100，向上或向下超出这个数值就进入了危险区域。当然，不是说绝对不可以超出色彩相对安全值，而是要根据我们所要达到的效果看超出多少，超出过多就会出问题，比如造成饱和度过高或过低、画面过亮或过暗等问题。

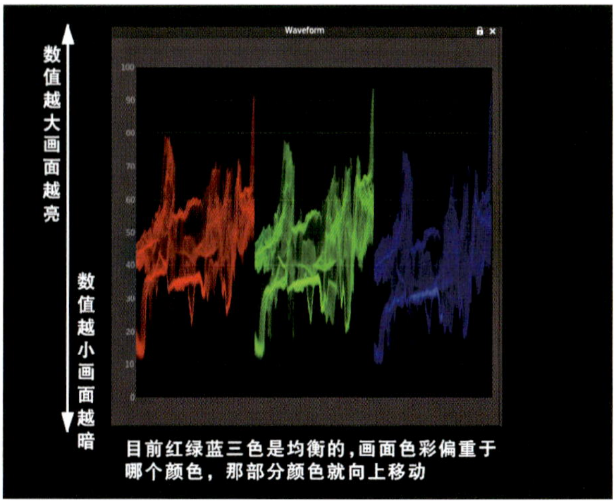

3. 方形示波器

方形示波器的边缘类似山峰状，不同区域的色彩分布比例不同，顶部属于亮部区域，如果此区域红色比例较大，说明亮部偏红；如果底部蓝色较多，说明暗部色彩偏蓝。遵循这个规律，适当增加或减少亮部、中间调以及暗部的色彩分配比例，即可满足色彩分布的需求。

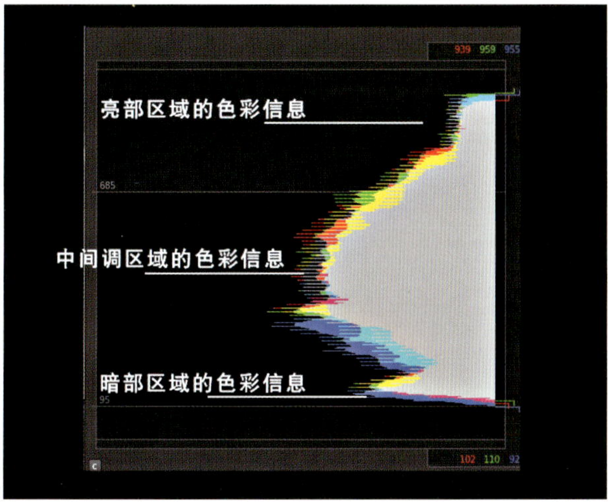

我们看看调色前后的图像对比。这是用 ARRI ALEXA 摄影机拍摄的一组画面,左图为原始素材,右图为调色后的图像:

我们分别看一下不同示波器显示的不同参数:

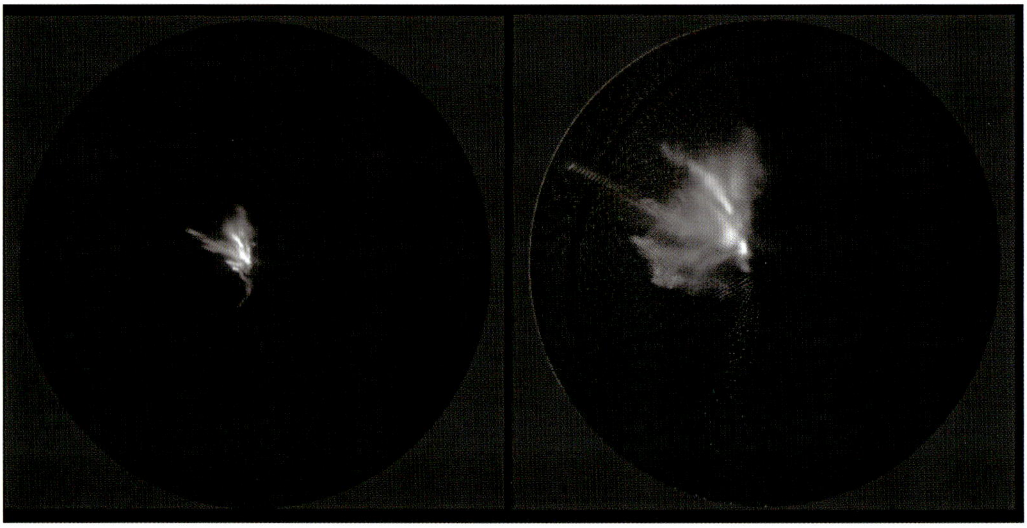

矢量示波器(左图为原始波形,右图为调色后的波形)

左图白色图形集中在很小的区域内,说明画面的饱和度较低;经过调色处理后,右图白色图形的区域向四周扩散,说明饱和度有所提升,位置向左上方偏移,部分进入黄色区域,说明画面整体色调偏暖。

根据波形分布,我们可以从左图中看出原始图像的亮部没有达到 100 的数值,亮部稍显不足,暗部也没有达到 0 的数值,暗部也不够暗,所有色彩都集中在中间部分,画面整体呈灰色状态。经过调色处理后,我们可以从右图中看到画面的明暗关系已经展开,色彩趋于饱满,分布较为均衡,没有明显的偏色倾向。

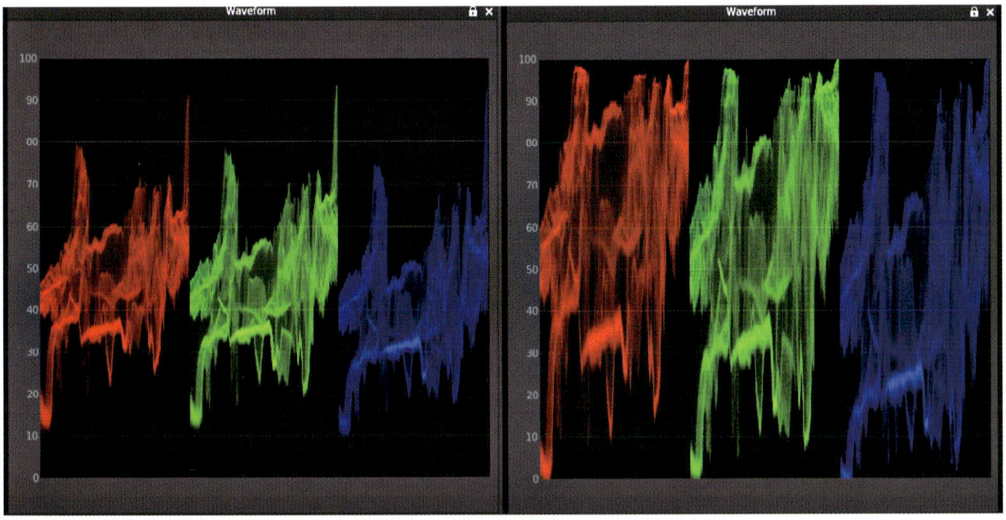

综合示波器（左图为原始波形，右图为调色后的波形）

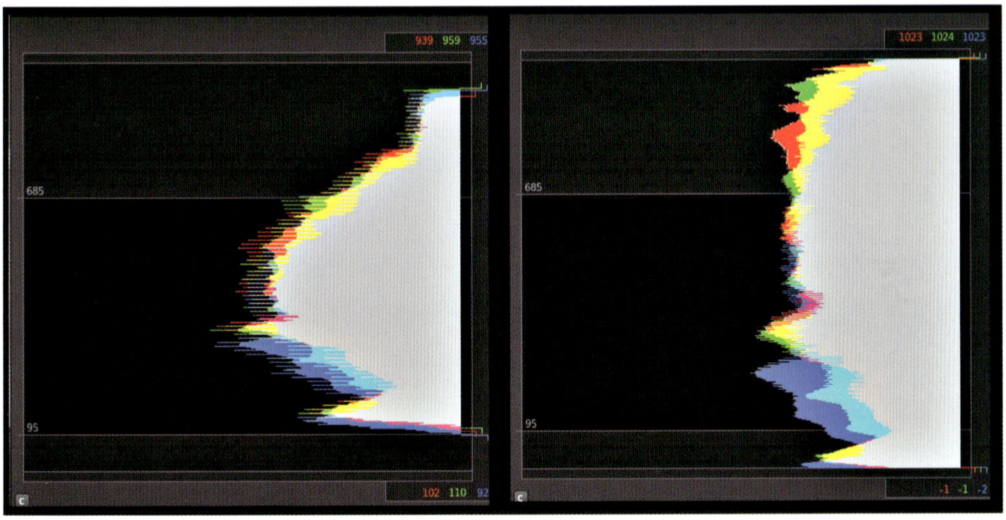

方形示波器

我们从方形示波器图片中的左图可以看出，中间色彩信息饱满，上下两端比较薄弱，说明原始素材的中间调比较丰富，亮部和暗部的色彩比较单一匮乏。调色后，画面亮部区域和暗部区域的色彩更加丰富了，形状整体比较统一，说明色彩信息分布比较均衡。

（四）中间调暗部细节和的处理

色彩是一种感觉，调色的重点其实就是处理中间调，色彩信息也大部分集中在中间调这个区域，中间调决定着调色的成败。因此，我们在调色过程中可以将示波器中间区域的色条稍微拉长，将丰富的中间调层次感表现出来，同时在处理暗部细节时将 Gamma

值亮度稍微提高些,使暗部看上去比较通透、不闷。只要将两部分细节处理好,整个影片就会达到令人满意的效果。

(五)跟踪调色

专业级调色软件都具备跟踪调色这个功能,我们拍摄的画面基本上都是动态影像,在处理某个局部色彩时,不可能像 Photoshop 处理单帧照片那么方便,尤其在整体色彩比较相近的情况下,只有动态跟踪调色才能解决这个问题。

调色时,选定所要调整的目标色彩区域,设定选择区域的路径动画,在跟踪过程中要随时调整蒙版的大小以适应目标范围。这里要注意两点:其一,在变速情况下,视频快慢转折节点上的关键帧设置最好采用手动跟踪来完成,根据画面的速率和节奏手动设置动画关键帧。其二,如果调色主体前有移动的障碍物遮挡,可以避开障碍物,分两个阶段跟踪,障碍物前作为第一阶段,障碍物后作为第二阶段。

(六)关于 LUTS

说到 LUTS,也许有同学会问什么是 LUTS? 1D LUTS 和 3D LUTS 分别有什么作用?

LUTS 最初源于电影胶片,由于电影胶片偏色,调色师在后期调色时需要判断所调的色彩和银幕上放映的色彩是否一致,这时就需要一个色板查找表来进行色彩转换。比如调翠绿色,那么对照色板查找表上给出的 RGB 数值,根据这个数值就可以知道最终呈现在银幕上的是哪种绿色,从而确保调出的颜色和银幕上的颜色一致。这个查找表就称为 LUTS。

胶片退出市场，数字摄影时代到来，工程师将 LUTS 的概念应用到了摄影机出厂设置上，不同的摄影机生产厂家会对外公布一个自家产品的 LUTS，调色师在后期将拍摄的偏灰色画面加上 LUTS 就会还原成正常色彩的画面。

很多专业调色软件可以提供主流摄影机厂家的 LUTS，如 ARRI、RED、Blackmagic Design、SONY、Canon 等。

后期调色时，凡彩色图像都需要加载 3D LUTS，因为只有 3D LUTS 才含有 RGB 色彩元素。如果只调整黑白图像（调整亮度、对比度），则只需加载 1D LUTS 就可以了。

随着后期 3D 特效制作在影视广告制作中所占的比重越来越大，初学者很有必要了解 3D 制作的规律和要点，以便在今后的实际操作中正确、有效地运用。

第三节　3D 动画制作流程及动态捕捉

一、3D 动画制作流程

（一）概念设定

概念设定指根据项目的目标和需求创建概念设计和故事板，确定动画的整体风格、场景元素和角色设计，包括建模方式、材质纹理、角色设定、动画设置、灯光照明、摄影机运动、最终渲染，等等。

(二)建模阶段

33D 建模大体分为 Polygong 建模(又称为多边形建模)、NUBURS 建模 、雕刻建模(Sculpting Modeling) 大部分模型都采用这三种方式制作。Polygong 建模将点、线合并合理布线对面进行挤压和缩放从而通过操作模型的点、线、面进行形体塑造操作起来很容易上手。NUBURS 建模又称曲面建模,基本应用在工业产品模型制作上,如汽车流线型车体或电吹风、熨斗等具有曲面形态的物体。雕刻建模(Sculpting Modeling)类似用现实生活中雕塑的方式来操作数字对象,这种方法的核心在于直观地、动态地添加、去除、拉伸或压缩 3D 模型的表面,从而创造出复杂和高度详细的形态。针对上述特征,同学们在面对不同模型特征时可以采用适合的方式建模。

根据项目的特点来确定不同的建模方式。

1. 多边形建模(Polygon Modeling)

多边形建模基于顶点、边和面的方法构建模型,操作直观,适合构造不太复杂的物体和对尺寸精度没有严格要求的模型,例如,卡通形象、概念场景(包括建筑、机械、场景道具等)。

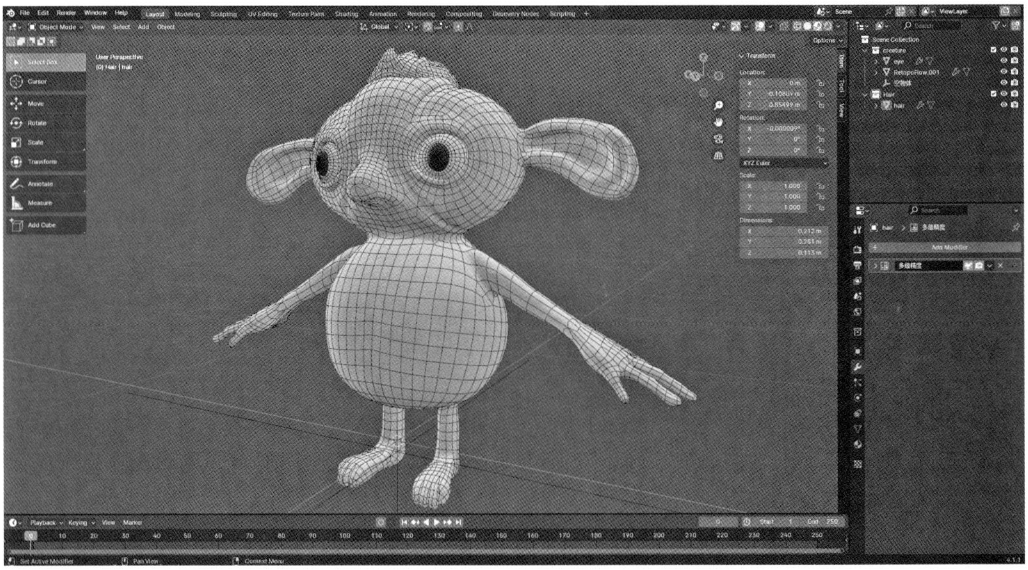

2. 曲面建模(NURBS Modeling)

曲面建模利用控制点、权重和曲线来塑造复杂的连续曲面,较为适合创建流畅的有机形状,形成光滑曲线和曲面,NURBS 曲线建模的优势体现在要求精确尺寸的工业产品设计方面。例如:鼠标、手机、随身听等数码产品,或者化妆品,以及汽车、飞机、船只等交通工具设计。

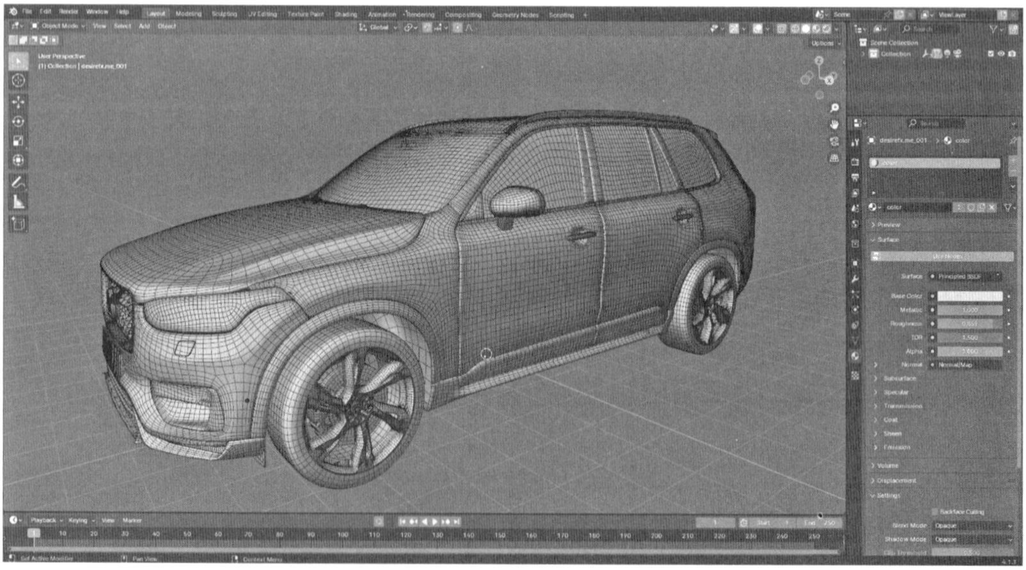

3. 雕刻建模(Sculpting Modeling)

雕刻建模的主要特点是直观,它模拟真实的手工雕塑体验,使建模师能够更加灵活地进行形状调整和细节雕刻。捕捉到极其复杂的表面细节。雕刻建模通常在高细节的有机模型上进行,需要使用专门的雕刻工具或雕刻模式,如 ZBrush、Mudbox 或 Blender 的雕刻模式。它可以帮助建模师在模型上添加皮肤纹理细节如皱纹、肌肉等细节纹理,甚至可以雕刻出轻微突出的静脉血管以及毛孔等,完全可以达到以假乱真的效果。雕刻建模常用于电影、高端影视广告、角色动画等领域。当然,针对一些复杂的工业产品、机械产品,雕刻建模也游刃有余。

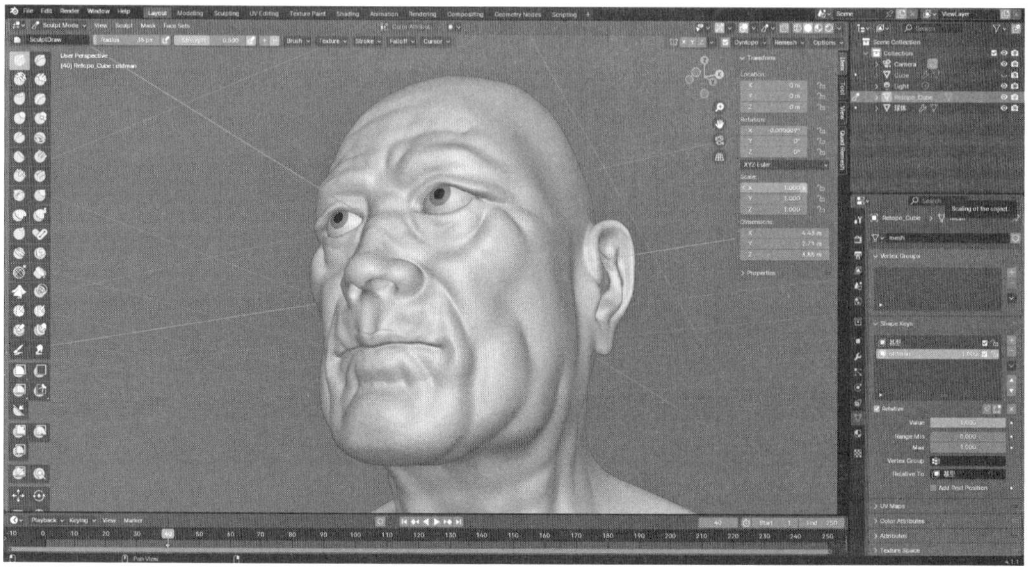

(三)材质纹理

很多刚刚接触三维软件的同学搞不清楚材质和贴图的特点和用法，以下对三维软件的材质和贴图略作介绍。

1. 材质

材质是指物体表面的视觉和物理属性，用于描述物体的外观特性，如物体颜色、反射率、光泽度、透明度、粗糙度，等等。材质决定了物体如何反射、吸收和透射光线，从而呈现出不同的外观效果。材质可以是粗糙的、光滑的、金属的、透明的，半透明的，等等。

2. 贴图

贴图是应用在物体表面的图像或图案，它使物体具有更多的细节和真实感。贴图可以是图案贴图、凹凸贴图、法线贴图、置换贴图、透明贴图等。这些纹理图像在物体表面的坐标空间中映射，并与材质属性相结合模拟物体的真实外观细节、增强物体的真实感和现实感。

一个 3D 物体效果通常是通过材质和贴图的不同组合呈现的，常用的材质种类有漫反射材质、镜面反射材质、透明材质、半透明材质、玻璃材质、自发光材质、金属材质、织物材质、液体材质、皮肤材质等。常用的纹理贴图种类有、程序纹理贴图、图像纹理、法线贴图、凹凸贴图、位移贴图、透明贴图、环境贴图、渐变贴图、环境光遮蔽贴图、菲涅尔贴图、遮罩贴图等。举两个例子，将材质和纹理贴图根据渲染目的任意组合：一个漫反射材质 + 法线贴图 + 图像纹理 + 法线贴图 + 遮罩贴图 + 一个玻璃材质，这种组合可以制作出泥土和玻璃混合效果。金属材质 + 环境贴图 + 渐变贴图 + 环境光遮蔽贴图 + 菲涅尔贴图，这种组合可以制作出落满灰尘的古旧金属效果。

(四)角色设定

角色设定一般包含三个方面内容:角色设定(Character Setup)、骨骼绑定(Rigging)和蒙皮(Skinning)。

1.角色设定

角色设定是指定和创建3D模型角色的所有必要特征和属性的过程,包括确定角色的外观、比例、服装、纹理以及其他视觉属性。在这个过程中可能会完成的工作如下:

(1)**建模**:使用诸如Maya、3ds Max、Blender、C4D等3D软件,按照角色概念设计或参考资料,建立角色的3D模型。

(2)**纹理和材质**:为角色创建材质和纹理映射,这包括为角色的皮肤、服装、发型等附上材质和纹理贴图。

(3)**部表情**:创建角色的面部表情或面部骨骼。

2.骨骼绑定

骨骼绑定就是建立角色骨骼架构的过程,它们同真实世界中的骨骼结构一样,可以帮助动画师实现动画效果。Rigging可以使模型做出复杂而逼真的动作,功能如下:

(1)**创建骨骼**:在3D软件内构建一套骨骼系统,即骨架,它定义了角色身体部分的运动范围。

(2)**控制器设置**:创建控制器和界面,方便动画师对角色进行操作和动画制作。

(3)**表达式和自动化设置**:设置表达式或者驱动器以实现自动化动作,如让一个动作触发另一个动作。

3.蒙皮

骨骼架构制作完成后,角色的几何体(皮肤)需要与骨骼相连,这就是蒙皮。这个过程决定了角色的皮肤如何随着骨骼的运动而变形。蒙皮的过程包括以下两方面:

(1)**权重绘制**:定义骨骼与网格顶点间的关联程度。每个顶点会根据权重值与一个或多个骨骼绑定,权重值越高,骨骼对顶点的影响越大。

(2)**测试与调整**:在绑定完毕后,进行运动测试,观察变形是否自然,然后不断调整绑定权重,直到不出现错误变形,达到自然逼真的运动效果。

(五)动画设置

创建动画大致可以分为两大类:普通动画(或称为对象动画)和角色动画。这两种动

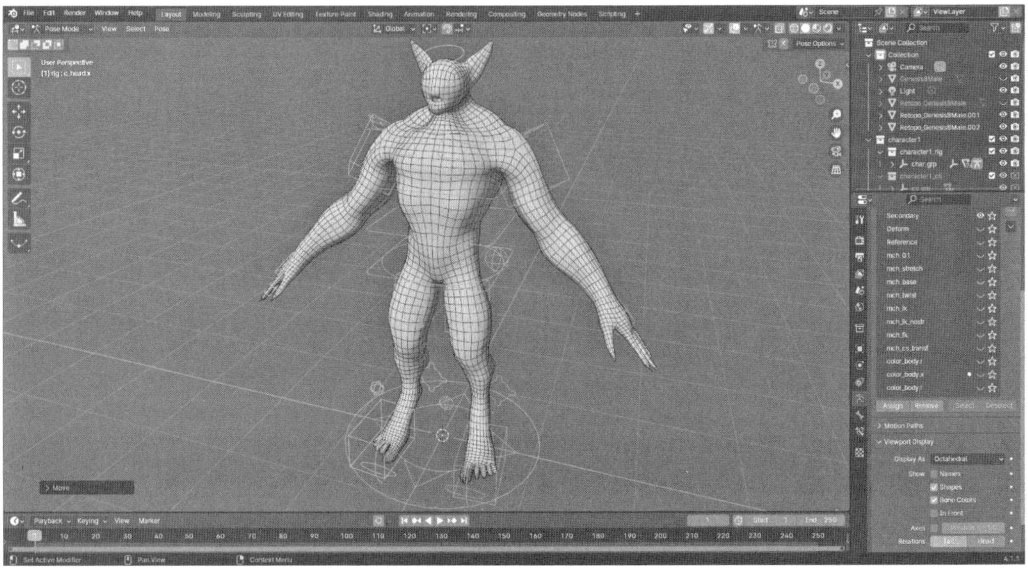

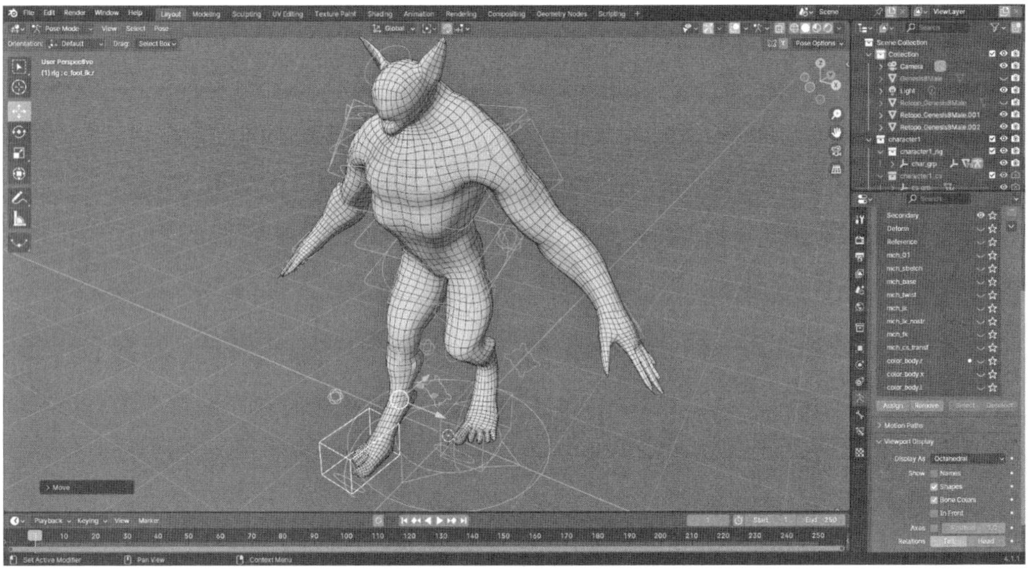

画类型在概念和执行方式上存在着一些差异,但它们共同构筑了3D动画的基石。下面分别阐释这两种类型的动画设置。

1. 常规动画

常规动画主要关注生物对象的动作,如车辆移动、门打开或者环境元素的动态变化等。这类动画通常不涉及复杂的运动或情感表达,其设置步骤相对简单直接。

(1)**关键帧动画:**这是最常见的动画形式。通过在时间轴的不同点上设置对象的不同状态(如位置、旋转、缩放),软件会自动计算这些关键帧之间的中间状态,形成平滑的动画。

(2)**路径动画:**在这种设置中,模型对象沿着预定义的路径移动。创建一条路径,然后将模型与之绑定，设置其沿路径移动。路径动画适用于复杂或预定的轨迹运动，如飞行路径。

2. 角色动画

角色动画更加专注于生物的运动和情感表达，通常比普通动画复杂。它需要建立细腻的骨骼系统，再通过蒙皮技术将皮肤与骨骼相绑定，从而实现各种自然的人体动作和表情。

（1）**骨骼动画**：创建角色动画的核心是 Rigging（骨骼绑定）。一旦角色被正确地绑定，动画师就可以通过移动骨架的各个部分——如手臂、头部、腿部来制作动画。动画师一般利用各种控制器来制作复杂和富有表现力的动画，通常包括反向动力学（IK）控制器、前向动力学（FK）控制器，以及面部表情控制器等。

（2）**形态键动画**：这种类型的动画主要用于创建复杂的面部表情或其他非骨骼驱动的变形动画，如肌肉膨胀。首先设置目标形态（如笑脸、愤怒面孔等），然后在不同的关键帧之间进行插值，以实现平滑过渡的动画效果。

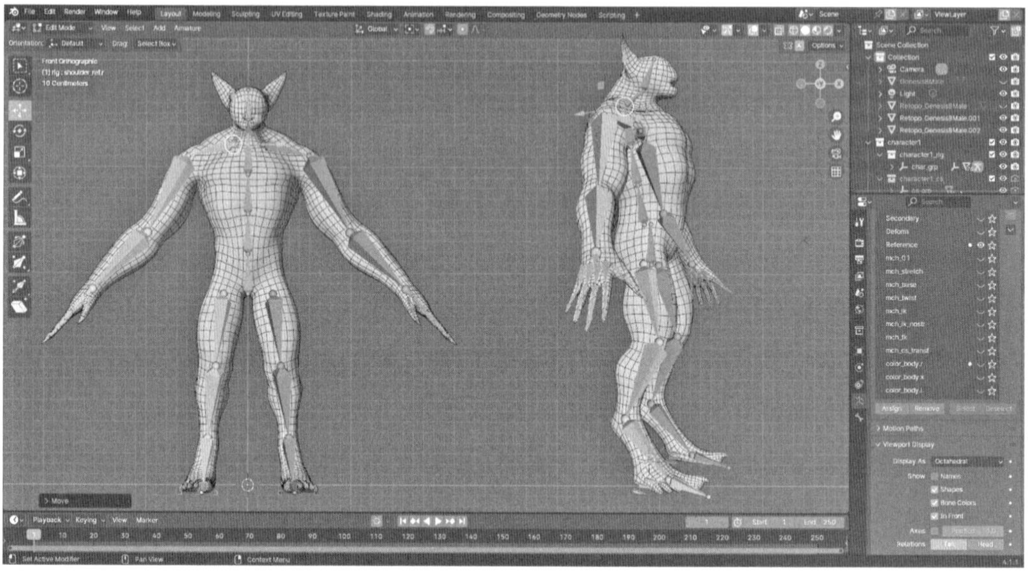

（六）灯光照明

三维场景中的灯光形式种类较多，但基本包含以下几类：

1. 环境光（Ambient Light）

环境光为整个场景提供基本的、无方向的光照。

2. 点光源（Point Light）：

点光源是从一个点向所有方向发散的光源，好比现实生活中的灯泡。它在所有方向上都等同地发出光照。

3. 平行光(Directional Light)

环境光发出一致且平行的光束,模拟远离的光源,如太阳。光源位置在场景中的变化可以影响阴影的角度。

4. 聚光灯(Spotlight)

聚光灯能创建一个圆形的光束,灯光师可以通过调整聚光灯的光束宽度和衰减程度来影响其覆盖区域。

5. 面光源(Area Light)

面光源从一个特定的面发出光,是一种可以创建柔和阴影和更自然光线的灯光,比如模拟窗户光或灯管等。

设置灯光照明时,考虑一系列复杂的因素是至关重要的,每一个细节调整都会极大地影响最终的渲染效果。以下是一些灯光照明设置中需要注意的事项:

(1)光源的组合与主次

1)确定主光源,它是最强的光源,模拟自然光,如太阳或房间的主灯。

2)添加辅助光源,它们补充主光源,强调特定细节或创建阴影的层次。

3)不要过度使用灯光数量,否则可能会导致场景过亮或失去焦点。

4)考虑置入背景光来勾勒物体轮廓,使之在背景中脱颖而出。

(2)色温与亮度

1)色温可以影响场景的情绪和时间感。较暖的色温常用于模拟日落或室内灯光,而较冷的色温则用于模拟月光或电子屏幕。

2)灯光亮度需根据场景需求调整,太亮或太暗都会使画面信息丢失。

(3)光照方向与角度

1)光源的方向和角度会影响物体的阴影投射和整体氛围。

2)改变光线的角度可以增加立体感或强调某些细节部分。

3)动态测试光线:在场景中移动物体或光源,观察光线和阴影的变化。

4)分层渲染(多通道渲染)可以给予后期调整更多灵活性。

(4)观察现实世界的光照

1)观察现实世界中光线是如何影响物体和环境的,这对于创建逼真的灯光照明效果至关重要。

2)了解光线如何影响颜色、材质的呈现,以及灯光营造的氛围如何影响观众的心理和情绪。

最后提醒同学们，要结合自己的艺术直觉创造性地使用这些工具。3D 灯光设置是艺术表达和技术能力的结合，这项能力需要我们通过实践不断磨炼和改进。

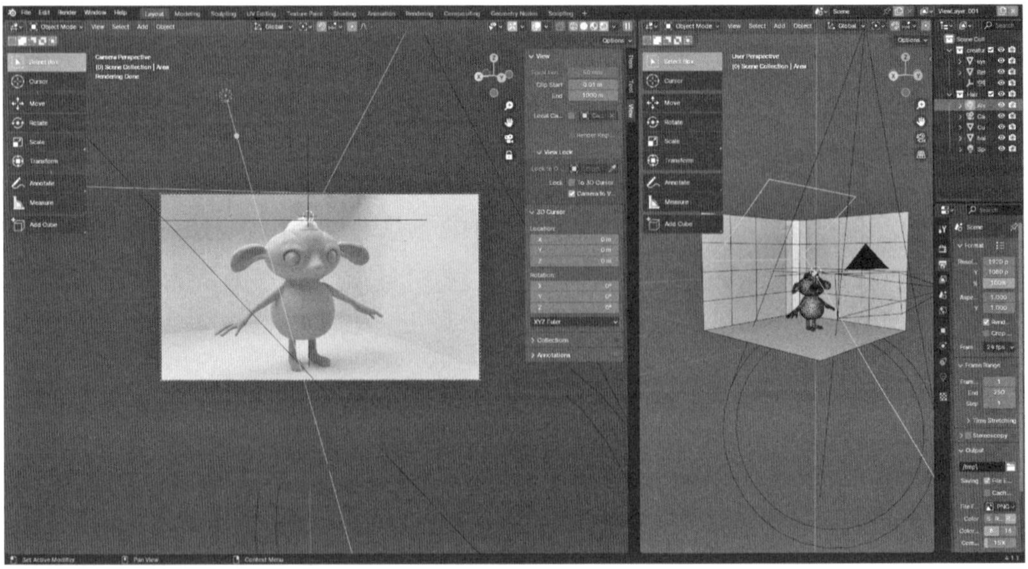

(七)摄影机运动分类

1. 自由摄影机

通常不受任何约束，可以自由移动、旋转、缩放视角，适用于探索或飞越场景。

2. 目标摄影机

摄影机始终指向某一个目标或对象，适合于聚焦特定物体或固定场景中的特定部分。

3. 轨道摄影机（摄影机路径）：

轨道摄影机工作时绕着一个核心点或目标旋转，像卫星绕行行星一样，常用于展示物体周围的环境。我们也可以将摄影机绑定到轨道摄像机的路径上，使其沿着路径方向不停地移动变换。

摄影机种类的选择和运动方式的运用需要根据叙事需求和视觉效果来决定。精心规划摄影机的设置和运动能够引导观众的视线和情感，创造出更加引人入胜的视觉故事。摄影机运动决定了观众在动画中的视角和体验，摄像机运动通过关键帧动画、路径动画或动力学模拟等方式实现。我们可以通过调整摄影机的位置、方向、运动轨迹、光圈、ISO、焦距等参数来达到预期效果。尤其是制作三维动画广告片时，我们需要通过摄影机运动，以及对焦点、景深、透视和运镜呼吸感等效果的应用，达到广告预期效果。

动力学是 3D 软件特有的功能，主要用来模拟物体在现实生活中的自然运动形态，如风吹拂窗帘飘动、落在地上的皮球反弹衰减、汽车碰撞、玻璃碎裂、海浪拍打岸边等,涉及诸多动力学属性,包括重力、摩擦力、反弹力、风力等,也包含一些材质变化属性,如水、火山熔岩、一般液体以及黏液的流动等。动力学特效需要经过反复测试才能达到预期的效果,参数之间互相影响,需要后期工作人员从整体上协调并进行调整。

(八)VFX特效

由于在实际拍摄过程中有时无法达到预期的视觉效果,因此我们只能借助三维VFX特效来实现:将制作好的特效动画与实拍场景通过后期合成使之完美融合,形成最终画面。

1. 环境特效

环境特效主要模拟自然环境和现象,如风暴、云层、山体、海洋等。

2. 物理特效(流体与刚体模拟)

物理特效利用物理引擎模拟真实世界的物理现象,包括用刚体动力学模拟汽车碰撞、爆炸、破碎,以及用流体动力学模拟液体流动、流水、海浪、泥浆等。

3. 粒子特效

粒子特效利用粒子系统和流体动力学模拟火焰、水流、烟雾、尘埃、雪花等效果。

4. 光学特效

光学特效模拟光线的传递,如光晕、星芒、反射、折射、魔法能量等。

5. 生物特效

生物特效可以创建现实不存在的奇幻生物或特殊元素,如外星人、虚拟角色、动力学毛发等。

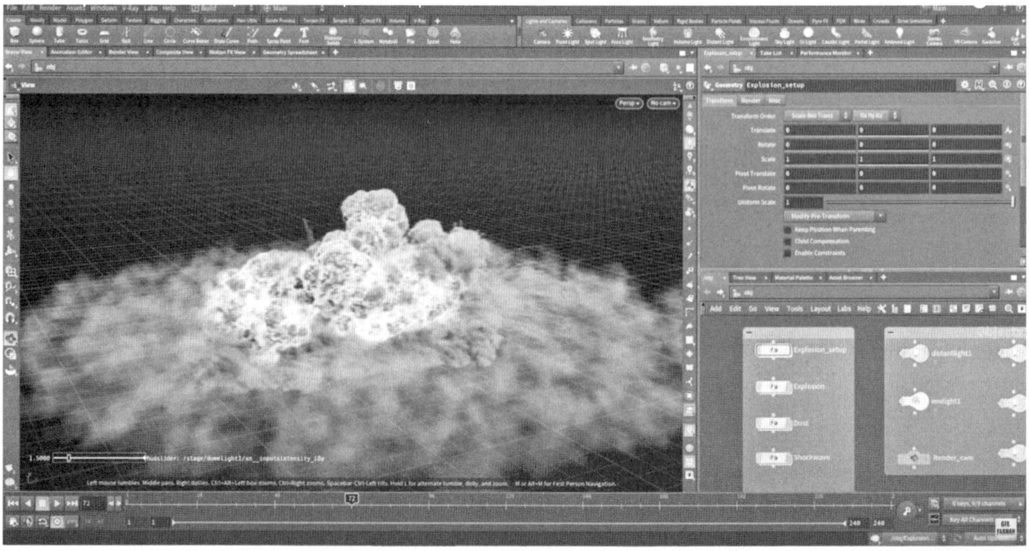

(九)渲染阶段

选择一款适合自己项目的渲染器可以达到事半功倍的效果,俗话说:“编筐编篓,重在收口。”3D作品的最后一步——渲染输出至关重要,我们在这里介绍一下目前主流渲染器的优缺点,便于同学们根据自身需求作出判断。

1. Arnold 渲染器

优点:Arnold 是一款广泛应用于电影和动画制作的渲染器。它以高质量的渲染效果和逼真的光照模拟而闻名。Arnold 具有出色的全局光照和阴影处理能力,能够产生非常真实的图像效果。它还支持众多的材质和纹理功能,可以让用户方便地创建复杂的材质效果。

缺点:尽管 Arnold 提供了出色的渲染质量,但其渲染速度相对较慢,特别是针对复杂场景。此外,Arnold 对于初学者来说可能需要一些时间来熟悉和掌握其工作流程。

2. V－Ray 渲染器

优点:V－Ray 是另一款广泛使用的高质量渲染器,它具有出色的灵活性和可调节性,可以通过调整参数和设置来实现各种不同的渲染效果。V－Ray 虽然渲染速度较慢但渲染效果出色,而且兼容性较好,令人满意。

缺点:与一些其他渲染器相比,V－Ray 的参数比较复杂,学习难度较大,特别是对于初学者来说有一定挑战性。另外,V－Ray 在某些特殊效果和高级功能方面需要外部的插件或定制开发来满足特定需求。

3. Redshift 渲染器

优点:Redshift 是一款基于 GPU 加速的渲染器,具有卓越的渲染速度。它利用 GPU 的并行处理能力,能够在短时间内渲染出高质量的图像。Redshift 具有出色的渲染效果,并且易于学习和使用。

缺点:尽管 Redshift 具有较快的渲染速度且渲染质量可以满足大部分用途,但由于其依赖 GPU 加速,因此对于大型场景和复杂的模型来说,需要较高的硬件要求。

4. Octane Render 渲染器

优点:Octane Render 是一款基于 GPU 加速的渲染器,渲染速度快、质量高,它利用 GPU 的并行处理能力,能够在较短的时间内生成逼真的图像。Octane Render 支持实时渲染和交互式预览,使艺术家能够快速预览和调整材质、光照和相机设置。它还具有友好的用户界面和易于学习的工作流程。一句话概括地说“界面简单,易于上手”。

缺点:Octane Render 对 GPU 有很高的要求,需要较好的显卡才能发挥最佳性能。

5. Cycles 渲染器

优点:Cycles 是 Blender 内置的渲染引擎,也是一款基于 GPU 加速的渲染器,能够生成逼真的图像。Cycles 支持众多的材质和纹理功能,并且与 Blender 的节点编辑器无缝集成,使用户能够方便地创建复杂的材质效果。此外,ycles 渲染器还支持体积渲染和深度合成。

缺点:Cycles 的实时渲染和交互性能相对较弱,对于需要快速预览的项目可能效果不够理想。

6. Corona Renderer 渲染器

优点:Corona Renderer 是一款易于使用的渲染器。它以逼真的渲染效果、易学性和直观的用户界面而受到欢迎。Corona Renderer 具有出色的全局光照和阴影处理能力,它对于自然光和室内场景的渲染效果特别出色,常用于室内设计,汽车、产品设计等行业。

缺点:与其他一些主流渲染器相比,Corona Renderer 渲染速度较慢,功能相对较少,不够完善,目前主要集中在建筑可视化领域。

二、动态捕捉

动态捕捉(Motion capture)是一种通过跟踪和录制真实移动对象的动作,再将这些动作数据应用到数字模型上的技术。在电影、游戏开发和动画制作中,它被用来制作逼真的人物动作和其他复杂的动画效果。动态捕捉不仅能够捕捉人体动作,也可以用于捕捉面部表情。如果你正在制作一个角色动画项目,涉及表情动作这些关键要素时,运用传统手动 k 帧的方式毕竟效率低,效果也不尽如人意,这时可以借助动态捕捉达到理想效果。

下面我们逐一介绍动态捕捉的主流方式以及它们各自的特点。

1. 光学动态捕捉

光学动作捕捉系统是以红外光学为原理的动作捕捉系统,本质是定位系统,它通过计算分析,来获取速度、加速度等多种运动学数据。光学动作捕捉系统是目前捕获精度最高的一种方式,能够检测出人体的精细动作,可以更准确地模拟出真实的动作。演员穿上动捕服装,做出各种动作,服装上有反光标记点(一种表面涂有特殊反光物质的银灰色小球),动作捕捉镜头上的 LED 灯向外发射红外光,同时接收反光标记点反射回来的红外光,这一标记点在空间中的三维位置就会被确定。影响光学动态捕捉数据精度的因素通常包括以下几个方面:

(1)LED 灯的数量。LED 灯的数量越多,覆盖范围越广,捕获数据的精度就越高。

(2)标记点的质量和数量。身体上放置标记点,用于跟踪和重建姿势。标记点的质量和数量对于精度至关重要,高质量的标记点应具有明确的形状和纹理,以便于跟踪算法的准确识别,足够数量的标记点可以提供更多的数据点,从而提高姿势和动作的精度。

(3)摄像头的分辨率和帧率。镜头获取到反光标记点空间位置信息后,这些信息会通过网线传输到交换机,再由交换机统一传输到相连的电脑中,并实时被动作捕捉软件接收,因此摄像头分辨率决定了它能够捕捉到的细节和精度。较高的分辨率可以提供更多的像素信息,从而提高姿势和动作重建的精度。另外,摄像头帧率也是一项重要指标:帧率决定了每秒捕捉到的图像数量。较高的帧率可以提供更多的动作细节,减少动作卡顿和失真。

(4)摄像头的视野范围。摄像头的视野范围决定了它能够捕捉到的动作范围。较大的视野范围可以捕捉到更全面的动作信息,而较小的视野范围可能导致部分动作被遮挡而出现丢帧错误(遮挡物会阻碍并影响摄像头对标记点的跟踪)。

(5)光照和环境条件。光照和环境条件对于光学动态捕捉的精度至关重要,良好的光照条件可以提供清晰的图像,减少阴影和反射,有利于跟踪算法的准确性。

光学动作捕捉系统对装备、场地和环境的要求比较高,目前相对其他动捕方式比较昂贵,适合预算充足的广告项目。这种方式的最大优势是捕获数据的精度比较高,可以确保高质量的角色动画输出。

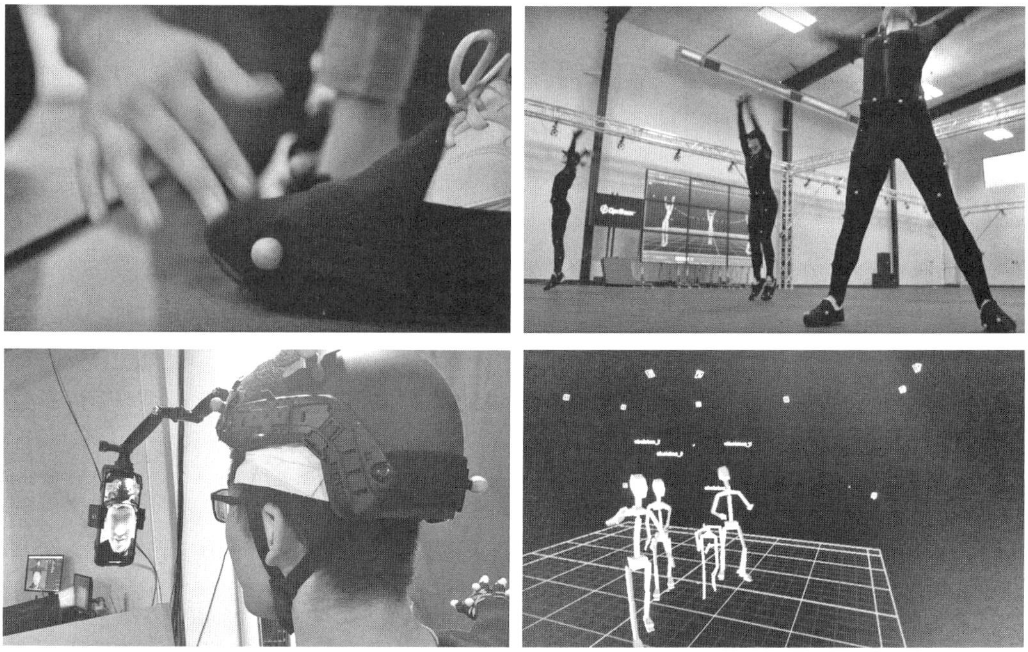

2. 惯性动态捕捉

惯性动作捕捉系统采用陀螺仪、加速度计和磁力计组成的惯性测量单元来测量传感器的运动参数。它将多个惯性无线传感器布置在人体关键部位,如头部、手臂、腰部、肩部,腿部等,实时采集身体部位的姿态方位和各种动态参数,进而还原人体的运动轨迹;同时将数据无线传输到电脑软件里,经过数据修正、处理后,最终驱动三维模型。惯性动作捕捉系统可以实时完成姿态跟踪任务,对捕捉环境适应性高,不受光线、场地等外界环境干扰,可以在室内和室外进行,设备小巧轻便,具有更大的自由度和灵活性,而且它克服了光学动捕系统摄像机监测区域受限的缺点,规避了遮挡问题,可以准确实时地还原如下蹲、拥抱、扭打等动作。相对于光学动态捕捉,惯性动态捕捉设备成本较低,它不需要大量的摄像头和严格的场地条件。但是它

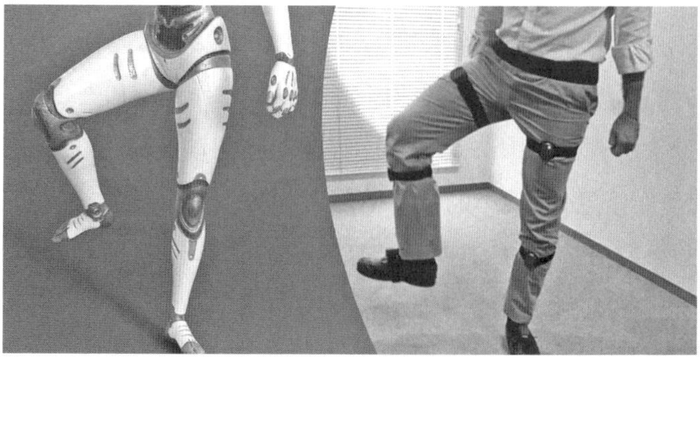

也有些不足之处，比如累积误差：惯性传感器容易受到累积误差的影响，随着时间的累积，姿势和动作的准确性会下降，因此相对于光学动态捕捉，惯性动态捕捉的精度稍微低些。

对于一些预算适中、角色动作较简单、精度要求不高的广告项目，惯性动态捕捉的方式还是很适合的。

3. 视频 AI 动态捕捉

视频 AI 动态捕捉基于深度学习和计算机视觉技术，通过对人体动作视频进行分析和处理，实现对人体动作的实时跟踪和捕捉。AI 借助深度学习算法对大量的人体动作数据进行训练和学习，从而能够快速准确地识别人体关节的位置和运动轨迹，并将其转化为动作数据。首先，我们需要使用摄像设备（如摄像机、智能手机等）录制包含人体动作的视频数据或者在视频网站上找一些人物动作视频对 AI 进行训练，AI 的关键点提取算法可以识别人体的关键关节（如头部、肩膀、手肘、膝盖，腿部等），并在每个关节位置上提取关键点。通过分析关键点的空间位置和关系，AI 可以进行姿势识别，推断出人体的姿势状态，包括关节的角度、方向和位置等信息。在连续的序列帧中，AI 使用跟踪算法对人体姿势进行跟踪，以实现动作的连续性和一致性。跟踪算法可以根据前一帧的姿势预测下一帧并进行相应的调整和修正，最终将这些数据应用于角色模型。

视频 AI 动态捕捉的发展前景广阔，将成为小型工作室的主流。它几乎没有设备投入成本，不需要使用传感器或穿戴设备，只需使用普通的摄像机或智能手机即可，这使得它易于使用且操作非常方便，视频 AI 动态捕捉可以利用多个摄像头同时捕捉不同视角的视频数据，通过将多个视角的数据进行融合和分析，它可以模拟更全面和精确的姿势，这些动作数据（包括关节角度、位置、速度）直接用于 3D 模型并驱动 3D 角色的动作。视频 AI 动态捕捉也可以实时地呈现姿势和动作的跟踪结果，这使得它在实时反馈和交互应用场景中非常实用。

4. 机械动态捕捉

机械动态捕捉也被称为外骨骼动态捕捉(exoskeleton motion capture),这是一种通过在演员身上穿戴有线的机械设备来记录动作的技术。这种动态捕捉技术依靠装备中的实体关节和传感器来捕获演员运动的确切参数。每当演员移动身体某个部位时,传感器会记录角度变化并将这些数据传输到计算机系统中,计算机通过建模和计算就可以重建出人体的三维骨骼动作。由于数据是直接从穿戴设备上的物理传感器获取,不受光线、遮挡等环境影响,因此机械动态捕捉数据精度就会非常高,能够捕获微小的动作细节。与依赖相机和特殊照明设备的光学捕捉系统相比,机械动态捕捉不依赖于外部环境,因此可以在任何地方使用。不过机械动态捕捉也存在很多局限性,如设备的体积较大、重量较重,不利于演员长时间表演,很消耗演员体力,使其疲劳。演员需要穿上带有多个传感器和有线连接的机械装置,这也会限制其行动范围,尽管可以提供即时反馈,但硬件的响应时间和动作的捕捉到呈现之间还是可能存在微小延迟,而精密的机械传感器和控制系统通常十分复杂和昂贵,预算很高。

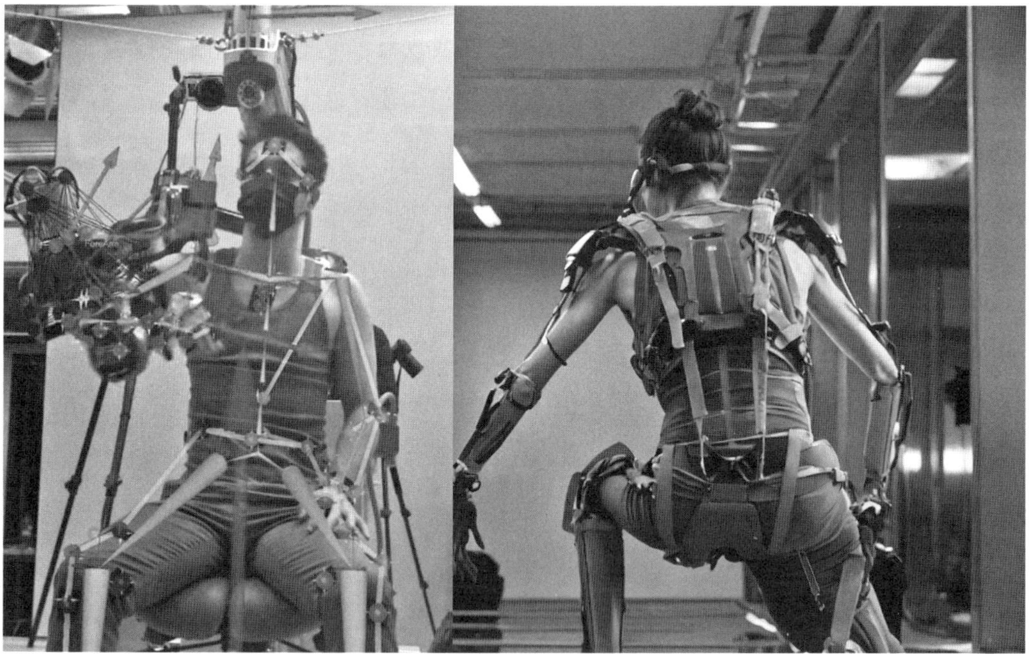

5. 摄像头动态捕捉

摄像头动态捕捉通过摄像头获取人体骨骼关键点的数据信息,结合关节点移动的数据和算法确认人体的运动轨迹,再根据对运动轨迹跟踪、测量后进行的数据处理来完成人体动作姿态的定位,最后将这些数据应用于3D角色模型。这种捕获方式比较便捷，普通环境光即可，背景要求也不那么严格。只不过摄像头动捕的动作数据精度相对较低，而且得到的动作姿态相对之前的三种捕获方式比较生硬，这种方式对于项目预算少的个人来说也许是一种不错的选择，如果想要进一步追求更好效果，则需要在摄像头的硬件配置上注意以下几点：首先，我们最好采用自动变焦摄像头，因为手动变焦用摄像头起来不太方便. 其次，摄像头要有更高的分辨率（至少达到 1920x1080 分辨率，最好达到 4K 分辨率）。再次，还有一点也比较重要，帧速率要不低于 30 帧，过低的帧速率会造成动作生硬和不连贯。最后，摄像头的视角和覆盖范围要相对大一些，较宽的视角可以提供更全面的姿势和动作信息；摄像头应具备良好的光线适应性，能够在不同光线条件下获得清晰的图像，较好的低光性能和自动曝光调节功能可以确保摄像头在不同光线环境下获得可靠的捕获效果；如果有条件最好配置两个高清摄像头，分别放置在不同角度拍摄，捕获的数据越丰富，动作精度和丝滑程度就会越高。

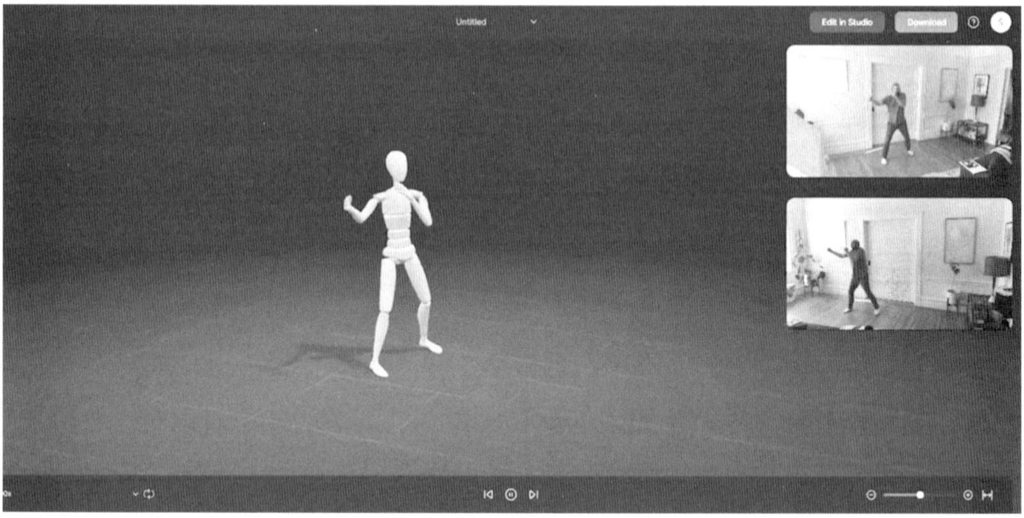

第四节 音频制作

一、声音设计

随着广告制作品质的提升，音乐、同期声、音效、编曲在广告后期制作中的地位也越来越高。在广告的后期制作阶段中，导演往往通过语言描述将自己对广告音乐表现的设想传达给音乐制作者，这就容易导致音乐制作者提供的音乐参考样片的音乐效果与导演的设想有所出入。这种问题在当前的广告制作领域非常普遍。声音设计在广告制作中非常关键,因此我们要尽量避免出现上述沟通和创作上的问题。

音乐制作者首先要与导演沟通拍摄素材,然后画出声音图,详细标注音效声及环境声,如哪个地方是声音的高潮、哪个地方需要静音、哪个地方的声音要设计情绪提示、哪个地方需要转折、整体节奏如何。这些都需要以图形图表的方式标注出来,然后音乐制作者根据这张图,再结合导演的要求创作相关音乐、制作音效等。

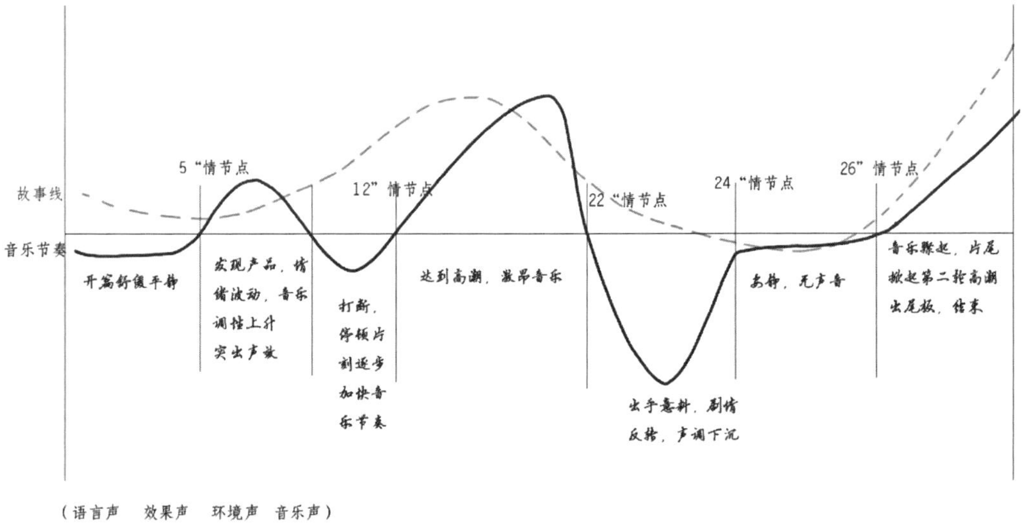

二、广告编曲和作曲

本节不涉及如何编曲和作曲,这些音乐专业任务需要专业的编曲人员和作曲家来完成,我们在此仅以导演的视角来看待编曲和作曲在影视广告中的作用。音乐是广告片中必不可少的要素,我们这里所定义的编曲,指利用相关音乐素材进行二次加工编辑,最终使其形成符合广告片本身音乐风格的一个过程;作曲则指原创音乐,由作曲家根据广告片的风格量身定制。这两种方式各有利弊,编曲的优势是借用版权素材音乐,混编进行二次创作,如果挑选的音乐素材好,加上音乐编排合理,就可以得到非常理想的广告音乐。这种方式比较节约成本,性价比较高。不足的是这种编曲方式完全依赖于音乐素材,“巧妇难为无米之炊”,一旦没有合适的音乐素材,效果就会大打折扣。

作曲在这方面就不一样了,它针对广告片的内容原创音乐,不受素材音乐的限制,专门针对广告本身的独特风格来作曲,是纯粹的广告音乐,具有强烈的识别性,能充分表达广告诉求的商业属性,这一点是素材音乐编曲无法达到的。原创音乐的不足是,它非常考验作曲家的能力和水平，一旦作出的曲子达不到广告本身的要求，对广告片的伤害就很大。如果是理解方向上的问题，音乐效果尚可调整过来；但如果是能力问题，麻烦就大了。

虽然原创音乐成本较高，但这种音乐形式还是值得鼓励的。音乐素材很容易与别人重复，识别度低，因此，如果预算充足，最好采用原创音乐，这可以使广告片更加多元化和个性化，从音乐创作的角度讲，这也是对原创音乐的一种尊重。

这里有个误区要提醒同学们，很多人认为广告音乐只是作为背景音乐而存在的，是附属于广告片的一种情绪表达和意境渲染。其实不然，广告音乐更重要的作用是推进情节的发展或转折，并非完全只起到背景音乐的作用，它更重要的作用是促使广告迸发出综合的传播能量。广告音乐的这个特点值得我们关注。

附：后期整体制作流程

每个导演的后期制作习惯有所不同，在此仅介绍作者本人经历过的某矿泉水广告后期整体制作流程，以供大家参考。

1. 初剪

由于一个镜头大概要拍 5 组—6 组，所以剪辑师需要导演在后期确定最适合的镜头，并按照广告创意的表现进行剪辑，构建每个镜头的关系，形成完整的视频成片。

2. 音乐风格定位

将初剪成片交给编曲人员进行音乐的整体风格定位。

3. 精剪

确定最终的镜头逻辑关系,精确到每一帧,确定不同版本的最终成片时长、镜头数量、特效数量、场景合成数量,将精确的数据传送给后期合成师。

4. 单个镜头抠像合成

在 Nuke 和 Dfusion 软件中进行场景抠像合成。

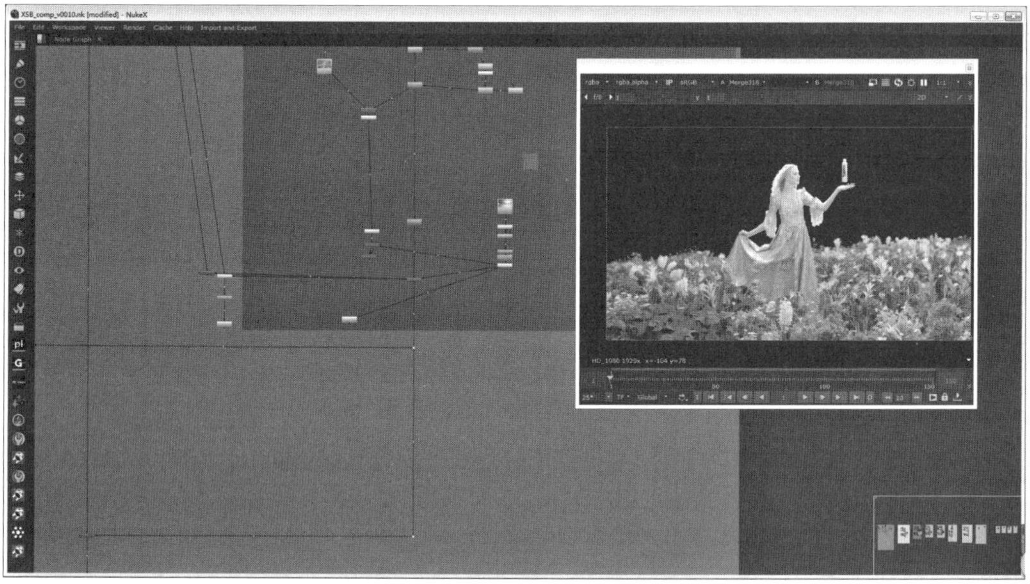

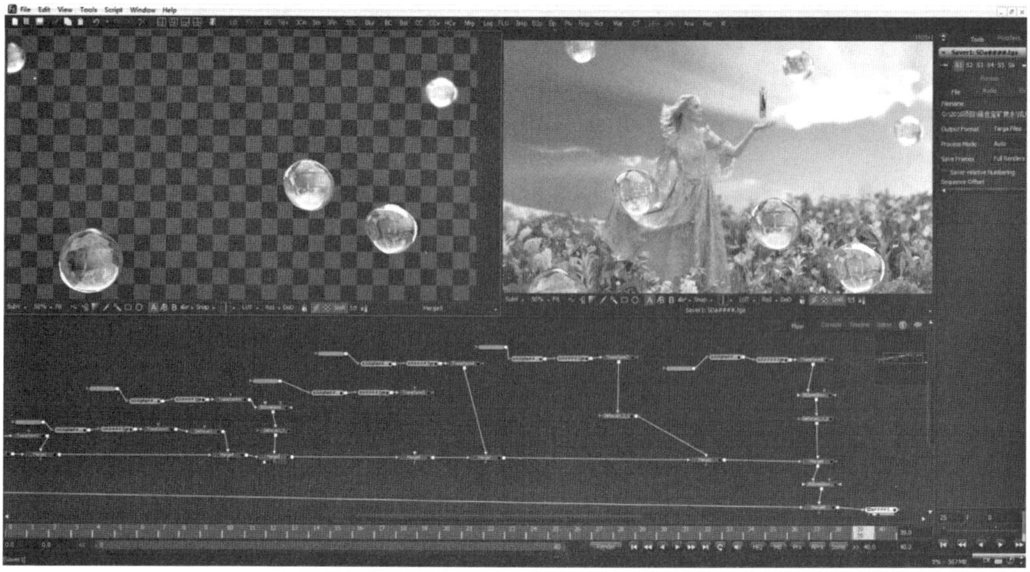

5. Matter Painter 场景绘制

在 Photoshop 中分层绘制，便于后期制作动态特效，将前期拍摄的演员画面和绘制的场景画面在 Dfusion 和 Nuke 中合成。

6. 制作特效

用 3dMax 制作水滴,结合 Realflow 流体制作水从瓶口中喷涌而出的特效,在 Maya 中制作花草生长的特效。

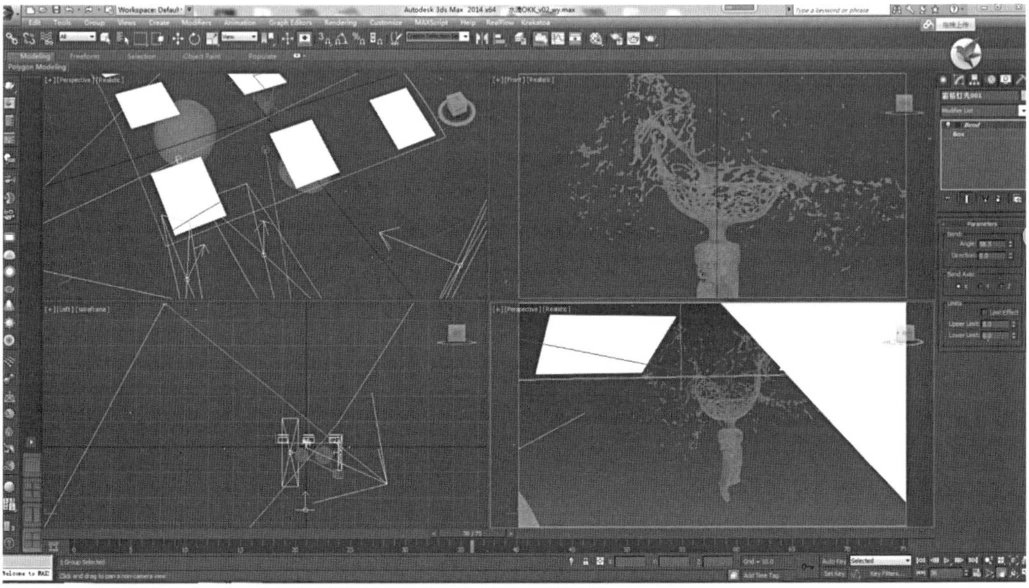

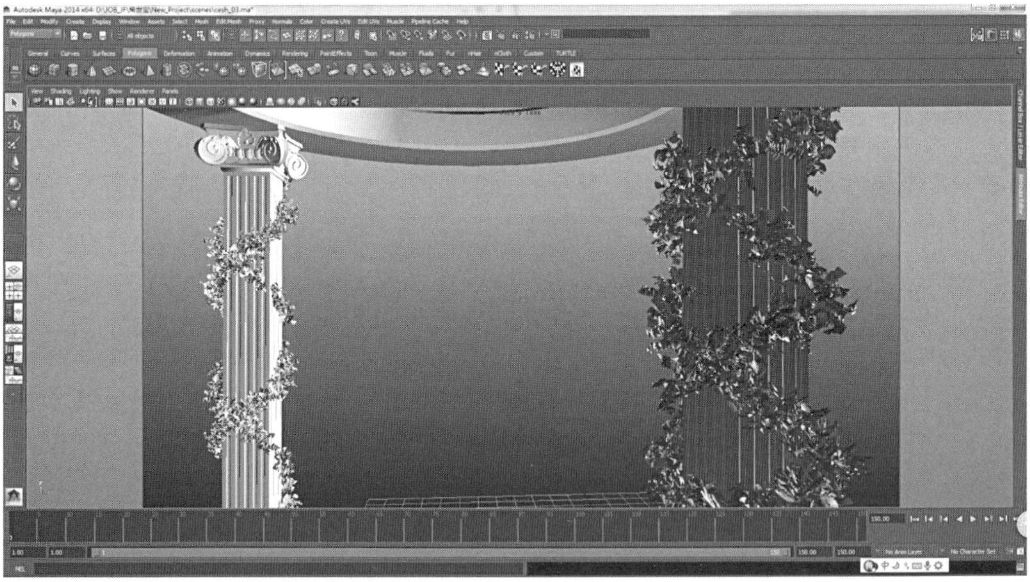

7. 成片合成

将每个完整的合成镜头以序列帧的形式或以 MOV 格式导入剪辑软件。

8. 画面整体调色

确定总体色彩基调和色彩冷暖倾向，在 Speedgrade 中进行调色，以每个镜头为单位进行精细的调色，注意强调每个镜头之间的色彩关系。

9. 配乐合成

将编辑好的配乐合成到音轨上，输出成片。

第五节　AI 在影视广告制作中的应用

一、AI 人工智能扩散模型生成图像的方式

我们已经从互联网时代进入 AI 人工智能时代，各行各业或多或少都受到了 AI 人工智能的影响，AI 人工智能已经逐步应用在广告行业的各个领域，尤其是在图像、影像生成领域，AI 人工智能扩散模型生成图像的方式主要有两种：文生图和图生图。

（一）文生图

文生图简单说就是将文本描述转换为图像，通过输入 AI 的 prompt 提示词生成所需的图像，AI 文生图的训练通常需要大规模的图像和文本配对数据集。这些数据集包含了图像和与之对应的文本描述。在训练过程中,生成器会通过文本描述生成与之对应的图像,并与真实图像进行对比,以计算生成图像的损失函数。生成器负责生成图像,判别器负责区分生成的图像和真实的图像。具体来说,文生图的工作范围主要包括以下几个方面:

(1)判别器通过比较生成的图像和真实图像的差异来计算损失函数,并用于优化判别器的参数。

(2)通过反复迭代训练过程,生成器和判别器的参数得到不断的调整生成器得以生成更逼真的图像,使得判别器很难区分哪个是生成的图像哪个是真实的图像。

(3)生成器在生成图像时更加关注与文本描述相关的区域和特征,从而提高生成图像的准确性和一致性。

(二)图生图

简单说就是通过一张参照图生成你期望的图片,它利用参照图的结构和特征信息,生成更具创造性和多样性的图像,核心原理是从随机噪声或输入图像开始,通过多次迭代生成逼真的输出图像。每次迭代都会对生成的图像进行微小的调整,直到达到期望的转换效果。

(1)AI 图生图扩散模型可用于风格迁移任务。通过学习目标图像的风格特征,扩散模型可以将输入图像转换为具有相似风格的输出图像,我们可以理解为将一张普通摄影图像转换成梵高风格的图像。

(2)该模型还可用于特定属性转换,如将图像中的天空从晴朗转换为多云、将图像中的物体颜色由红色变为绿色、将布料材质转换为金属材质等。通过学习目标属性的特征,扩散模型可以将输入图像转换为具有所需属性的输出图像。

无论文生图还是图生图都需要 AI 提示词(Prompt)的帮助才能生成预期的图像。

二、AI 提示词(prompt)的表述形式

AI 创作方式不同于人类,把能指的语言符号转化为所指的具体形象,AI 通过理解提示词来生成具体形象,因此正确地设定提示词至关重要。我们可以参考以下生成图像来更准确地设定提示词:

(一)正向提示词(Prompt)

1. 详细表述

尽可能地提供详细的提示词,提示词中的词语越具体、细节描绘得越生动,信息量就

越多,也就越接近你心目中的图像。例如,你希望生成一张山的图片,那么“远景,朝霞中的一座高山,满山红叶的秋季”要比“山”更能生成你心目中的图像。

2. 指明对象具体属性

明确指出画面关于颜色、形状、物体位置、光线等方面的描述,如“傍晚,一只毛发蓬松的黄色的猫在铺着蓝色桌布的桌子上睡觉”。

3. 使用明确的形容词

运用生动的形容词、比喻和拟人手法,在 AI 模型的脑海中描绘一幅清晰的画面。例如,“一条快乐的白色小狗”“一只眼神忧郁的猫”。

4. 考虑语序和连接词

合理安排提示词中的语序,使用适当的连接词引导逻辑关系,这有助于 AI 正确理解上下文关系,生成符合预期的图像。

5. 尝试不同的表述

如果初次生成的结果并未达到预期,不妨尝试其他方式来表述。例如,你可以将“一座灯塔在夜晚的海滩上”修改为“一座照亮夜晚海滩的灯塔”。

6. 指定风格和氛围

使用视觉形容词或艺术流派名称,明确指定希望生成图像的风格和氛围,如“写实风格、印象派风格、超现实主义”等。

7. 考虑上下文

要知道某些词语和表述具有特定的意义和与上下文的关联。AI 不会理解所有的文化和历史背景,所以如果可能,要使用具有普遍意义和认知的词汇和语句作为提示词。

在 AI 图像生成的文本提示(Prompt)中,我们除了用正面提示词来指示 AI 应该生成什么样的内容之外,也可以用负面提示词(Negative Prompt)告诉 AI 避免使用或排除特定的内容和要素、限制生成范围等。

(二)负面提示词(Negative Prompt)

1. 排除不想要的元素或不相关的元素

我们通过制定负面提示词,可以通知 AI 避免在图像中包含某些我们不希望出现的元素,能使得生成的图像更加符合预期。

2. 限制生成范围

负面提示词可以帮助框定生成图像的范围,使结果更加集中、专注。

3. 增加图像准确性

当你有一个非常具体的想法或图像概念时,负面提示词有助于生成的图像尽可能接近预期,提高图像的相关性和专一性。

4. 减少模糊性

有些 AI 只支持英文提示词,因此有些单词可能有多种解释,导致生成结果存在歧义。通过排除某些解释,负面提示词能够消除这种模糊性。

5. 控制细节

负面提示词能够对图像细节实现更精细的控制,如排除某些特定物品、颜色、纹理等,使生成图像更加精准。

6. 控制图像主题

如果正在处理一个具有特定主题的项目,负面提示词可以帮助排除与该主题不符的元素,确保生成的图像保持一致性。

7. 实验与风格变化

如果你正在尝试以不同的风格创作图像,你可以使用负面提示词来排除某些你已使用过或认为不合适的风格,这有助于引导 AI 尝试新的创作方法。

8. 避免敏感内容

在某些情况下,你可能想要确保生成的图像不包含敏感或不恰当的内容,这时就可以使用负面提示词来避免血腥、暴力,或儿童不宜内容,以及任何可能引起争议的图像元素。

(三)提示词(Prompt)的表达基本模式

(请同学们理解其中含义,在此基础上可以无限延展)

人物的主体特征	性别、年龄(儿童、成人等)、五官特征(眼睛、嘴巴大小)、形体特征(高矮胖瘦)、肤色、发型(长发、短发、马尾辫等)、姿态(坐姿、站姿、跑、跳等)、手势(手插口袋、OK 手势等)等
人物服饰	衬衫、T 恤、西装、毛衣、夹克、牛仔裤、百褶裙、兜帽、羽绒服、旗袍、汉服、金属盔甲、遮阳帽、鸭舌帽、礼帽、运动鞋、皮鞋等

续表

场景特征	季节、清晨、傍晚、室内、户外、天气(闪电、雷雨、风雪等)、节日氛围(春节、七夕、中秋、万圣节等)、建筑(庙宇、体育场、游泳馆等)
环境光照	白天、多云、蓝天、日落、晚上、电影照明、轮廓光、丁达尔效应等
画质和视角	物理渲染、4K/8K 高清画质、高品质、丰富细节、背景虚化、鸟瞰视角、广角镜头、中景、远景、特写镜头等
画面风格	写实风格、二次元漫画、吉卜力风格、古典主义、未来主义、立体派、超现实主义、赛博朋克、蒸汽朋克、水墨风格、油画、插画、水彩画、素描、速写等
负面提示词	丑陋的、多余肢体、变异手指、畸形的手、比例失调、水印、低画质等

(四)提示词(Prompt)的构成元素

我们将这些提示词(Prompt)的构成元素进一步阐释并分类汇总,供大家参考,以便让生成的作品达到更好的预期效果。

1. 风格

绘画流派的风格,比如:写实主义(Realism),美式漫画(Comic Book),吉卜力风格(Ghibli Studio),中国水墨画(Radition Chinese Ink Painting),日本浮世绘(Japanese Ukiyoe),印象派(Impressionism),野兽派(Fauvism),立体派(Cubism),超现实主义(Surrealism)等,或者直接提供艺术家的名字,AI 会自动识别该艺术家的风格,例如:by Leonardo Da Vinci(列奥纳多·达·芬奇)、Pablo Picasso(巴勃罗·毕加索)、Oscar – Claude Monet(奥斯卡·克劳德·莫奈)、Vincent Willem van Gogh(文森特·威廉·梵高)、Piet Cornelies Mnodrian(皮特·科内利斯·蒙德里安)、Francis Bacon(弗朗西斯·培根)、Andy Warhol(安迪·沃霍尔)等。

2. 视角

鸟瞰图(A Bird's-Eye View),顶视图(Top View),人物侧面(A Side View of A Face),仰视(Look Up),特写(Close Up),大特写(Extreme Close Up),广角镜头(Wide Angle View),超广角镜头(Ultra Wide Shot),景深(Depth of Field),中景(Medium Shot),中远景(Medium Long Shot),远景(Long Shot),变焦镜头 (Zoom Shot),等等。

3. 光照

体积照明(Volumetric Lighting),冷光(Cold Light),情绪照明(Mood Lighting),明亮的(Bright),柔和的照明/柔光(Soft Illuminaotion / Soft Lights),微光/晨光(Rays of Shimmering Light / Morning Light),黄昏射线(Crepuscular Ray),电影灯光/戏剧灯光(Cinematic lighting / Dramatic lighting),背光照明(Back lighting),轮廓光(Rim lights),全局照明

(Global illuminations),等等。

4. 色彩

暖色调(Warm colors),冷色调(Cool colors),互补色(Complementary colors),相似色(Analogous Colors),单色调(Monochrome),高饱和度(High Saturation),低饱和度(Low Saturation)。

5. 材质

主要用于描述角色的衣服、饰品以及场景物品的材质:皮革(Leather),棉(Cotton),乳胶制品(Latex),碳纤维(Carbon Fibre),布料(Fabric),尼龙(Nylon),木制品(Wooden),纱(Yarn),等等。

6. 场景

室内场景(Indoor Scene),室外场景(Outdoor Scene),白天场景(Daytime Scene),夜晚场景(Nighttime Scene),城市场景(City Scene),自然场景(Nature Scene),乡村场景(Rural Scene),历史场景(Historical Scene),未来场景(Futuristic Scene)。

7. 情绪

快乐的(Joyful),宁静的(Serene),俏皮的(Playful),神秘的(Mysterious),忧郁的(Melancholy),强大的(Powerful),怀旧的(Nostalgic),强烈的(Intense),浪漫的(Romantic),充满希望的(Hopeful),梦幻的(Dreamy),戏剧的(Dramatic),沉思的(Pensive),乐观的(Optimistic),充满冒险的(Adventurous),等等。

8. 精度

高细节(High Detail),高品质(High Quality),高分辨率(High Resolution),全高清(HD 1080P),2K,4K,8K,等等。

9. 画幅

16:9,9:16,4:3,2.39:1,等等。

10. 渲染

电影风格(Film Style),虚幻引擎(Unreal Engine),辛烷值渲染(Octane Render OC),C4D 动画渲染(Maxon Cinema 4D),V – ay 渲染(V – Ray),等等。

11. 通用负面提示词

为了避免 AI 生成人物的随机性造成人物肢体残缺、变形的现象,以下负面提示词供同学们参考。我们可以根据不同情况对这些负面提示词进行可以适当增减、变动和调整。

Worst quality 最差质量，Low quality 低质量，Ugly 丑陋的，Duplicate 重复，Morbid 病态的，Mutilated 残缺的，Mutated hands 变异的手，Poorly drawn hands 画得不好的手，Blurry 模糊的，Bad anatomy 解剖结构不良，Bad proportions 比例失调，Extra limbs 额外的肢体，Disfigured 毁容的，Missing arms 缺少手臂，Extra legs 多余的腿，Fused fingers 融合的手指，Too many fingers 太多的手指，Unclear eyes 眼神不清，Bad hands 损坏的手，Missing fingers 手指缺失，Extra arms and legs 额外的手臂和腿，Watermark 水印。

经过以上诸多要素的限定，就能确定 AI 生成的各个方面，我们可以理解为给 AI 制定了规则，让它在规则允许范围内自由发挥。

（五）用提示词（Prompt）生成一幅作品案例

下面举个例子，如何用提示词生成一幅画面：

"傍晚，夕阳的映照下，一个银白色的机器人正在篮球场上练习投篮。该机器人有光滑的圆形头部和苗条的四肢，体现出精密的工程设计，整个场景呈现出一种神秘和充满科技感的气氛，画面为电影质感、赛博朋克风格"。

提示词如下：

主体：A sleek，silver-white robot with a smooth rounded head and slender limbs showcasing precise engineering design，raise the basketball with both hands，ready to shoot toward a backboard on an outdoor court under the setting sun，creating a sense of mystery and technological wonder in a cyberpunk style，high detail.

景别：Medium shot，long shot.

风格：Cyberpunk，futuristic，cinematic lighting，detailed textures.

负面提示词：Humans，background clutter，text，logos，extra limbs，bad hands，missing fingers，low quality.

这样的提示词文本格式提供了足够的信息来引导 AI 创建一个详细和丰富的场景，同时也保留了一定程度的创造空间，让 AI 在给定的框架内发挥其生成图片的能力。

三、利用 AI 制作影视广告分镜头脚本

(一)文本描述和参考图像

(1)为每个镜头编写简短的文本描述,包括场景、人物、动作和对白。

(2)提供参考图像以帮助 AI 工具理解您的视觉风格和期望。

(3)使用关键词和短语来引导 AI 工具生成所需的图像。

(二)AI 影视广告脚本构成:

(1)镜头编号。

(2)景别。

(3)画面内容。

(4)文案旁白。

(5)时长。

(6)声效。

(7)配音参考。

(8)配乐参考。

(9)备注。

接下来,使用 AI 工具来创建一个预可视化的样片,让分镜头画面生成视频“动起来”,这相当于动画故事板。你可以看到广告片的预览,如画面构图、镜头变化、场景变换、角色路径,以及广告视觉效果是如何呈现的。

在这个过程中,你可能会发现一些需要调整的地方,比如某个角色的行动需要修改,或者某些镜头需要增加或删除。AI 工具可以根据你提供的调整参数实时修改分镜头脚本和预可视化样片。

使用 AI 创建广告分镜头脚本可以帮助创意团队节省时间、提高效率,实现新创意的快速迭代,从而得到更好的广告成片。

镜号	景别	画面内容	文案旁白	声效	时长	备注
1	广角,全景俯拍		一缕阳光照射进图书馆	图书馆嘈杂人声,翻书声	3 秒	
2	运动镜头,跟拍		走进知识的长廊,遇见未来的自己		3 秒	
3	中景,仰拍		偶然看到不远处的一位男生正在认真阅读	环境嘈杂声逐渐减弱	4 秒	
4	半身近景		翻开新的一页,开启新的旅程	静音(主观音效)	5 秒	
5	中远景		从书架上找到了那本书,她随即坐下来	翻阅书籍的声音	5 秒	

配音参考: 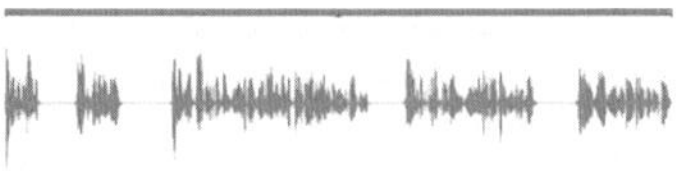

配乐参考：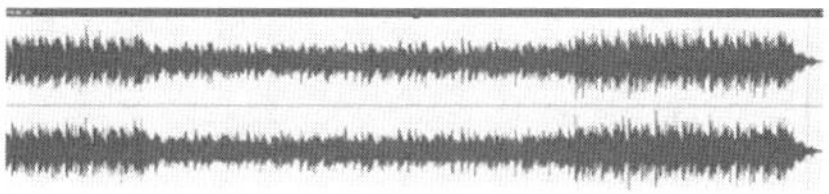

镜号	景别	画面内容	旁白/对白	声效	时长	备注
1	中景		“早上好”男生向她打招呼	早上好	3 秒	
2	特写		她回头，向男生望去		2 秒	
3	中景		男生站起身，手里拿着一本书向她走过来	挪动椅子的声音	4 秒	
4	运动镜头，主观视角俯拍		她面带微笑	画外音，男生提问着	3 秒	
5	中景		两人兴致盎然的讨论着	低声讨论	5 秒	

四、AI 将颠覆传统影视广告制作流程及模式

(一)AI 正在悄然改变广告制作的思维方式

(1)AI 可以分析大量的市场数据和消费者数据,帮助创意策划团队了解目标受众的偏好以及竞争对手的广告策略。这有助于团队更好地定位广告创意,满足目标受众的需求。

(2)AI 可以提供关于广告目标、品牌形象和目标受众的信息,以及相关行业的背景,激发团队思考不同的概念、场景、角色服装、化妆风格和道具选择。

(3)AI 收集和分析大量的视觉参考素材,包括图片、视频、广告作品等,为创意策划团队提供有关的视觉表达方式和风格指导。AI 可以帮助团队创建创意板,将不同的元素组合在一起,形成具体的广告概念和创意想法。

(4)AI 可以提供关于时尚、风格和文化趋势的建议,帮助策划团队设计符合品牌形象和目标受众偏好的角色形象。模特可以通过 AI 仿真服装进行虚拟试衣,这可以帮助摄制组在拍摄前进行服装风格的挑选与搭配。AI 可以根据角色设定、情节需要等,自动生成化妆风格方案,加快定妆造型的过程。

(5)AI 可以分析广告诉求,提供道具选择和拍摄场景的建议,AI 可以基于品牌形象、目标受众和广告创意,分析剧本内容和场景需求,从海量的道具数据库中快速匹配合适的道具选项。AI 也可以根据剧本描述生成三维场景模拟,帮助团队在实际搭建前预览场景效果,做出更合适的场景选择。AI 根据实际情况和制作预算推荐适合的拍摄地点、布景和背景元素,以营造符合广告主题和情感表达的氛围。

(6)AI 可以提供有关广告影像风格的建议,推荐适合的色彩调性、摄影风格和视觉效果,帮助团队确定最佳的视觉呈现方式,以突出广告的主题、丰富情感表达。

在此以家居广告为例,介绍如何利用 AI 制定广告制作方案:

AI 可以根据这个家居品牌的市场数据和消费者或目标受众的偏好提供广告创意定位的建议。例如,AI 可能会建议将广告创意定位为现代、时尚,强调品质、功能和个性。

AI 可以分析大量的室内家居设计方案和场景数据,进一步提供关于拍摄场景的建议。AI 推荐适合的拍摄地点、布局和装饰元素,以创造出具有吸引力和创意感的场景。

AI 可以分析家居行业的最新潮流和视觉趋势,推荐适合的色彩倾向和调性、摄影风格和视觉表现效果,以突出该品牌家居的应用性和设计感。

AI 根据时尚趋势和消费者喜好,推荐适合该家居品牌形象的服装风格和化妆风格,

以创造出与家居产品相协调的数字演员形象。

AI 通过分析家居市场的竞争环境和目标受众的审美偏好,确定广告片的色调、构图、剪辑风格,帮助团队确定最佳的视觉呈现方式,例如营造温馨舒适的氛围、张弛有度的镜头切换和国际时尚的影像风格,以达到广告片的预期效果。

(二)AI 在音频、编曲、作曲、自动生成字幕等方面对广告制作的帮助

在广告开机拍摄前,我们首先要通过 AI 编曲、作曲、配音,并结合动态分镜头脚本制作出广告预览影片,帮助客户或制作团队更好地把握广告的概念和呈现效果。

根据分镜头脚本的呈现要素,我们要将分镜头脚本视频化。AI 可以根据品牌的定位和目标受众的偏好,生成与品牌形象相符的音乐,帮助塑造品牌的个性和认知度,增强广告的表现力和吸引力。这种预览影片为后续的成片提供参考和指导,可以节省大量的时间和制作成本,并确保最终广告片达到满意效果。

AI 可以模拟不同的声音特点和语调,为广告中的角色或旁白提供合适的声音表现,尤其是英文配音,这可以节省大量成本,从而为下一步挑选合适的配音演员给出更为准确的参考。

广告片往往需要不同语言版本,AI 利用配音自动生成字幕可以轻松应对多语言需求,快速生成不同语言版本的字幕内容。传统手工上字幕的方式低效又烦琐,逐渐被 AI 自动生成字幕的新方式淘汰,当然 AI 自动生成字幕无法做到百分百准确,最终也需要人工复查,即便如此,AI 自动生成字幕也能节省大量的时间和制作成本。

让我们梳理一下流程:AI 将分镜头脚本视频化,团队将其结合 AI 生成的配乐和配音在后期软件中进行剪辑和合成,生成广告预览影片。制作团队内部评估该预览影片的创意定位、主题诉求、整体效果、影片节奏、配乐的契合度以及配音的表现力。根据反馈,发现问题并进一步调整和优化,将开机前的广告片拍摄制作建议及时反馈给客户,双方达成共识,这样就可以有效避免广告片拍摄制作过程中或制作完成后因不确定因素引发的反复修改,确保生成的内容符合广告目标和品质要求。

(三)AI 在影视广告制作领域的发展前景

首先,AI 可以对广告数据进行分析和挖掘,利用大数据对广告效果进行更准确的预测和评估。AI 技术可以根据用户的个人偏好和行为数据,为广告定制个性化的内容。通过分析用户数据,AI 可以提供有针对性的意见和建议,AI 可以根据不同的媒体环境和观众特征,实现智能化的广告推广策略,帮助广告制作团队做出更明智的决策,优化广告效果。

其次,AI 在影视广告制作中的迭代发展将进一步加强它与其他媒体和平台的整合,AI 能够基于给定的数据生成脚本草案、故事板,甚至是初步的视频片段,这大大加速了内容创作流程,让创作者快速迭代和优化想法。AI 正在加速许多此前只能依靠人工制作的流程,如影片内容分析、剪辑、视频压缩优化等,显著缩短了制作周期。

再次,AI 可以生成逼真的虚拟人物,针对产品或品牌特点实现广告中的个性化角色定制。此外,相关的 AI 插件还能生成高质量的特效和视觉效果,让广告更加引人注目,从而增强广告的视觉冲击力和创新性。

最后,AI 的不断迭代将使影视广告可以实现实时互动和个性化体验,AI 根据观众的实时反馈和偏好,调整广告内容和呈现方式,使广告表现更具个性化和针对性,在提高观众参与度的同时也有利于品牌的传播。

实训项目：

使用 Premiere Pro 剪辑,在 Aftereffects 中对个别抠像场景进行合成。

实训目的:深入了解非编软件的剪辑功能,以及后期合成的具体操作细节。

实训条件:每人一台电脑,运用剪辑和后期合成软件实际操作。

实训步骤:

1. 拍摄一段素材或选取一段视频素材,其中包含蓝幕或绿幕抠像素材。
2. 将素材导入非编软件 Premiere Pro 中进行剪辑。
3. 通过 AE 进行后期合成。
4. 将合成的视频片段导入 Premiere Pro 中精剪。
5. 将每个镜头片段放在 Speedgrade 中调色。
6. 导入配乐素材,输出最终成片。

思考题：

1. 前期拍摄素材的优劣对后期制作有多大影响？后期制作对前期拍摄又有多大的提升？
2. 单纯从制作层面上看,一条优秀的广告片需要具备哪些要素？

图书在版编目(CIP)数据

影视广告制作基础 / 金水，于术编著. -- 2版 -- 北京：中国传媒大学出版社，2024.9（2025.8重印）

ISBN 978-7-5657-3674-2

Ⅰ. F713.851

中国国家版本馆CIP数据核字第2024TM9940号

影视广告制作基础(第二版)

YINGSHI GUANGGAO ZHIZUO JICHU(DI-ER BAN)

编　　著	金　水　于　术		
策划编辑	姜颖昳		
责任编辑	姜颖昳		
封面制作	大鹏设计		
责任印制	李志鹏		
出版发行	中国传媒大学出版社		
社　　址	北京市朝阳区定福庄东街1号	**邮　　编**	100024
电　　话	86-10-65450528　65450532	**传　　真**	65779405
网　　址	http://cucp.cuc.edu.cn		
经　　销	全国新华书店		
印　　刷	北京中科印刷有限公司		
开　　本	787mm×1092mm　1/16		
印　　张	黑白16.5　彩插0.5		
字　　数	341千字		
版　　次	2024年9月第2版		
印　　次	2025年8月第2次印刷		
书　　号	ISBN 978-7-5657-3674-2	**定　　价**	59.00元

本社法律顾问：北京嘉润律师事务所　郭建平